Preparazione al NEW

GCSE in Italian

Marco De Biasio

Updated Edition for the
GCSE (9-1) course

EDILINGUA

Marco De Biasio has a BA in Foreign Languages and Literature from Ca' Foscari University in Venice and holds an ITALS Masters Degree in Teaching the Italian language and culture. He obtained an MSc in Education with Distinction at Birkbeck, University of London.

After teaching Italian at the Istituto Italiano di Cultura and also at the Universidad Rafael Landivar of Guatemala City, he moved to London where he prepared students for the GCSE exam in Italian at Westminster Tutors School.

From 2014 to 2016 he taught Italian and Spanish at the Sixth Form College, Solihull.

Marco De Biasio is the author of *Mosaico Italia*, published by Edilingua, which covers Italian language and culture and which is ideal for students who are at level B2 of the Common European Reference for Languages.

Marco De Biasio is currently an Italian lecturer at LEXIS — The Language Center at PUCRS (Pontifìcia Universidade Catòlica do Rio Grande do Sul).

I would like to express my most sincere gratitude to Martin Smith, whose educational expertise and knowledge have shaped an excellent Italian Department at the Sixth Form College, Solihull. His valuable support and important advice have played a decisive role not only in the process of writing the book but also in the whole didactic scope of my teaching.

Marco De Biasio

© Copyright edizioni Edilingua
Headquarters
Alberico II, 4 00193 Rome, Italy
Tel. +39 06 96727307
Fax +39 06 94443138
info@edilingua.it
www.edilingua.it

Depot and Distribution Centre
Moroianni Street, 65 12133 Athens, Greece
Tel. +30 210 5733900
Fax +30 210 5758903

Thanks to the adoption of this book, Edilingua sponsors children who live in Asia, Africa, and South America. Together we can do so much! More information can be found in the "About Us" section of our website.

1st **Edition:** December 2019
ISBN: 978-88-99358-78-5
Editing: Laura Piccolo, Antonio Bidetti
Layout and graphics: Edilingua
Photographs and illustrations: © Shutterstock
Audio recordings: *Autori Multimediali*, Milan

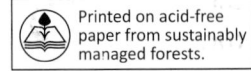

Printed on acid-free paper from sustainably managed forests.

The author would appreciate any suggestions, remarks, or concerns about this volume (to be sent to redazione@edilingua.it).

All rights reserved. Any reproduction of this publication – partial or complete, including photocopying – is strictly prohibited. All forms of storage and distribution – including digital or online – are prohibited without permission from the publisher Edilingua.

The editor is happy to hear from anyone we were unable to contact whose interests have been infringed; the editor will also put right any omissions or inaccuracies in referencing sources that are brought to our attention.

AQA material is reproduced by permission of AQA.
The questions contained in the tasks were entirely created by the author.
The Edexcel board was not involved at all.

Introduction

The **General Certificate of Secondary Education** (GCSE) represents a critical step in the educational career of students in the UK, and the exams are taken during a decisive period of thorough assessment. The grades obtained during these years will have a significant impact upon their higher education and will ultimately determine their chances of attending university. For this reason — and I speak from experience — students, teachers and parents cooperate extensively during this time in order to ensure the best possible result through classroom tuition supplemented by additional study guides. This is done not only to facilitate study and practice through exercises, but also help students to become familiar with the style of the exam itself.

In the UK there is a specialised bibliography for use in the preparation of *Modern Foreign Language* GCSE exams, which is widely utilised by schools and private students. However, this is the first publication entirely conceived for the GCSE in Italian. For the explicit purpose of meeting the needs of students and teachers, I have adapted this guide specifically around the *AQA* and *Edexcel* specifications. The four chapters of the book (*Media and Arts*, *Sports and Free Time*, *Holidays and Geography* and *Education and Work*) are divided into different subsections, each of which presents a specific topic through an introductory text followed by a comprehensive list of words correlated to the general topic proposed. This guarantees that students develop a robust vocabulary, communicative abilities and a thorough comprehension of grammar so that they are easily able to fulfil the linguistic requirements of the GCSE exam in Italian.

The guide contains drills, exercises and tasks which will develop the reading, listening, writing and speaking skills necessary for both the controlled assessment portion of the exam (*Speaking* and *Writing*) and for the exam component (*Listening* and *Reading*). It also contains two complete GCSE practice exams in line with *AQA* and *Edexcel* (the latter is available in a specific online section on the Edilingua website) new specifications. In fact, after the introduction of **the GCSE reforms, which for the Italian occurred in 2017 (first teaching with the new reforms, first exams in 2019)**, a new updated version of this volume was needed. Thus, not only have important elements of the new curriculum been included (for example the final section dedicated to the Congiuntivo, which is one of the most challenging grammar topics), but also all the activities, as well as the tests themselves, have been readjusted to the new *Edexcel* and *AQA* exam structure. In this sense, students are introduced to some literary fragments from Italian classics in the reading sections, become familiar with certain Italian cultural aspects related to the Arts, Literature, History, Sports, etc., and practise translating small texts. In this way, far from being obsolete in its content and operational planning, this book keeps providing candidates with wide theoretical knowledge and effective practical strategies to perform the GCSE tasks. Furthermore, the writing and speaking strategies provided will allow students to cover a wide range of topics for spoken dialogues while improving linguistic ability and accuracy. In this way, readers can approach the GCSE exam through the use of strategic planning and creativity, which will allow them to tailor the design and speaking tasks to suit their topic preferences and ability level.

Preparazione al
GCSE in Italian

In order to implement the specific skills required for the controlled assessment, in each chapter there is also a *Tips* section, where students can learn useful and effective strategies to improve both their writing and speaking abilities.

At the end of each chapter there is also a comprehensive grammar summary followed by some exercises to reinforce the students' knowledge. The explanation of grammar is provided in both Italian and in English so that students may achieve a good understanding of key grammatical concepts in both languages.

While the idioms and colloquial linguistic structures are fully described alongside the topics, the order of the chapters does not follow a chronological progression of difficulty. For this reason, the guide can be used in a flexible way, such that students and teachers can focus on those language topics which they think are most useful to improve specific skills or to fill gaps in understanding. Such flexibility is ideal for the thematic planning of the *controlled assessments*.

The book includes an Audio CD and the keys to the exercises.

It is my hope that this guide might serve to assist students learning the Italian language at GCSE level. In particular, I am confident that it will assist students in achieving their full potential. Moreover, it is my wish that through the materials provided in this book they might develop a lifelong appreciation for the scope and diversity of the Italian language, culture and people.

CEFR: A2-B1

Marco De Biasio, BA, MA, Msc
Italian teacher

Contents

Chapter 1

Media and Arts
Cinema, TV Programmes, Newspapers and Magazines, Internet, Cultural Events, Books

SECTION	COMMUNICATION	VOCABULARY	GRAMMAR	GCSE TASKS
CINEMA page 13	• Phrases for talking about films: title, genre, setting, plot, characters, running time • How to open and close an e-mail to a friend • Recommending a film • Making invitations • Accepting an invitation • Declining an invitation	• Vocabulary of the cinema: genre, characters, actors, actresses, setting, plot • Adjectives to describe a film	• Definite articles: form and use	• *Writing task (Edexcel – H)* • *Speaking task (Edexcel – Task 1: Role-play – H)* • *Reading task (Edexcel – H – Section A)* • *Listening task (Edexcel – H – Section A)*
TV PROGRAMMES page 21	• Phrases for talking about channels and TV programmes • Scheduling/Time • Phrases for talking about your tastes, preferences and interests • Forms and uses of the verb piacere • Expressing a desire with vorrei or mi piacerebbe • Suggesting doing something else • Opening and closing a formal letter • Phrases for talking about the TV programmes you like and why • Phrases for talking about the TV programmes you don't like and why • Phrases for talking about the positive and negative aspects of television	• Vocabulary of television: channels and TV programmes • Positive and negative aspects of television	• Indefinite articles: form and use	• *Speaking task (Edexcel – Task 1: Role-play – H)* • *Writing task (Edexcel – H)* • *Reading task (Edexcel – H – Section A)* • *Listening task (Edexcel – H – Section B)*
NEWSPAPERS AND MAGAZINES page 29	• Expressing an opinion with secondo me, per me, a mio avviso and supporting it • Phrases to express the positive and negative aspects of someone or something (se da un lato ... dall'altro, ma/però, d'altra parte) • Talking about daily habits with normalmente, di solito, generalmente, in genere	• Vocabulary of press media: newspapers, magazines, sections of a daily paper	• Connectives/Transition words to give the text a logical organisation and a structure • Present Tense (Presente Indicativo): regular verbs of the three conjugations (-are, -ere, -ire and verbs in -isc-) • Present Tense (Presente Indicativo): irregular verbs	• *Speaking task (Edexcel – Task 1: Role-play – H)* • *Writing task (Edexcel – H)* • *Reading task (Edexcel – H – Section A)* • *Listening task (Edexcel – H – Section B)*

Preparazione al NEW GCSE in Italian

Preparazione al NEW
GCSE in Italian

Chapter 1

Media and Arts
Cinema, TV programmes, Newspapers and Magazines, Internet, Cultural Events, Books

SECTION	COMMUNICATION	VOCABULARY	GRAMMAR	GCSE TASKS
INTERNET page 38	• Expressing a purpose with per + Infinitive • Giving advice with the verb potere • Expressing an opinion and supporting it (in primo luogo, e poi, in conclusione)	• Vocabulary of the computer and the Internet: the computer and its parts, websites • Use of the computer for study and leisure	• Adverbs of time (spesso, qualche volta, ogni tanto, sempre, non ... mai) • Modal verbs ("verbi servili") dovere, volere and potere + Infinitive: meaning, use and conjugation	• *Speaking task (Edexcel – Task 2: Picture-based task – H)* • *Writing task (Edexcel – H)* • *Reading task (AQA – H – Section A)* • *Listening task (AQA – H – Section A)*
CULTURAL EVENTS page 47	• Describing past events • Describing past habits, feelings, sensations and situations in the past • Describing facts in the past in chronological order	• Cultural events (concerts, plays, exhibitions) • Anniversaries and important occasions: birthdays, weddings, graduations	• Adverbs and other expressions of time (ieri, l'altroieri, tre giorni fa, la settimana scorsa) • Time connectives (prima, e poi, e dopo, alla fine) • Passato Prossimo: form and use • Past Participle: regular and irregular verbs • Imperfetto: form and use	• *Speaking task (AQA – Role-play – H)* • *Writing task (AQA – H)* • *Reading task (AQA – H – Section A)* • *Listening task (AQA – H – Section A)*
BOOKS page 60	• Announcing news • Showing surprise and amazement in response to news • Asking for help • Agreeing to help • Declining to help • How to describe a book (title, author, genre, characters, setting, plot)	• Vocabulary of literature: fable, fairy tale, novel, short story, poem, play, essay • Adjectives to describe a book	• Direct object pronouns and the pronoun ne • Direct object pronouns and the pronoun ne with the modal verbs volere, dovere, potere • Direct object pronouns and the pronoun ne in the Passato Prossimo	• *Speaking task (Edexcel – Task 1: Role-play – H)* • *Writing task (Edexcel – H)* • *Reading task (Edexcel – H – Section B)* • *Reading task (Edexcel – H – Section C: Translation)* • *Listening task (Edexcel – H – Section A)*

EDILINGUA

Contents

Chapter 2

Sports and Free Time
Sports, Free Time, Food and Drink, Lifestyle, Fashion

SECTION	COMMUNICATION	VOCABULARY	GRAMMAR	GCSE TASKS
SPORTS page 72	• Talking about sports performances • ..., vero/giusto? to ask for confirmation, like the question tag in English • Complimenting, congratulating • Thanking somebody for compliments	• Vocabulary of sport: sport disciplines • Athletic disciplines • The Olympics and Olympic medals	• Ordinal numbers • Reflexive verbs • Reflexive verbs with the modal verbs dovere, volere and potere • Passato Prossimo of reflexive verbs	• Writing task (*Edexcel – H*) • Speaking task (*Edexcel – Task 1: Role-play – H*) • Reading task (*Edexcel – H – Section A*) • Listening task (*Edexcel – H – Section B*)
FREE TIME page 86	• Talking about free time • Talking about future plans • Expressing the intention or the desire to do something (vorrei/mi piacerebbe/ho voglia di + Infinitive) • Asking questions • Expressing possibility, probability with the adverbs forse, magari, probabilmente	• Young people's hobbies and leisure • Parts of the day • Days of the week • Future time expressions	• Question words: chi, come, quando, perché, dove, (che) cosa, qual(e)/i, quanto/a/i/e • Verbs of opinion credere/pensare/ritenere + di + Infinitive • Future Tense (Futuro Semplice): form and use, regular and irregular verbs	• Speaking task (*AQA – Photo card – H*) • Writing task (*AQA – H*) • Reading task (*AQA – H – Section A*) • Listening task (*AQA – H – Section A*)
FOOD AND DRINK page 97	• Talking about food • Ordering in a bar and in a restaurant • Describing food	• Vocabulary of food: dishes and courses (antipasti, primi, secondi, contorni, dolci and frutta), drinks • The meals of the day (colazione, spuntino, pranzo, merenda and cena) • Adjectives to describe food	• Indirect object pronouns • Indirect object pronouns with the modal verbs dovere, volere and potere	• Speaking task (*Edexcel – Task 2: Picture-based task – H*) • Writing task (*Edexcel – H*) • Reading task (*Edexcel – H – Section A*) • Listening task (*Edexcel – H– Section B*)

Preparazione al NEW GCSE in Italian

Preparazione al NEW
GCSE in Italian

Chapter 2
Sports and Free Time
Sports, Free Time, Food and Drink, Lifestyle, Fashion

SECTION	COMMUNICATION	VOCABULARY	GRAMMAR	GCSE TASKS
LIFESTYLE page 109	• Talking about lifestyle and health problems • Talking about what is good and bad for your health • Stress/Emphasize a contrast with *mentre/invece* • Giving advice with the Imperative or with *ti consiglio* + *di* + Infinitive • Expressing a consequence of an opposite action with *altrimenti/se no/in caso contrario…* • Describing physical and psychological conditions • Introducing a condition with *se* (*if*)	• Health problems and remedies • Parts of the body • Physical and psychological conditions • Consequences of bad habits	• Informal Imperative: form and use • Negative Imperative • Imperative with pronouns	• *Speaking task (AQA – Role-play – H)* • *Writing task (AQA – H)* • *Reading task (AQA – H – Section A)* • *Listening task (AQA – H – Section B)*
FASHION page 124	• Describing clothes • How to communicate in a clothes shop or in a shoe shop (asking to try something on, asking the price, describing the size, paying) • Making comparisons • How to dress according to the occasion	• Vocabulary of clothing: clothes, materials and colours • Cardinal numbers • Payment methods • Clothing and shoe size • Adjectives to describe clothes and shoes	• The demonstrative adjective *quello* (*quello, quella, quel, quell', quei, quegli, quelle*) • Comparisons (*comparativo di maggioranza, minoranza* and *uguaglianza*) • The simple preposition *di* + definite article	• *Speaking task (Edexcel – Task 1: Role-play – H)* • *Writing task (Edexcel – H)* • *Reading task (Edexcel – H – Section B)* • *Listening task (Edexcel – H – Section A)*

EDILINGUA

Contents

Holidays and Geography
Holidays, Excursions and Accommodation, Houses and Public Places, Geography and the Environment

Chapter 3

SECTION	COMMUNICATION	VOCABULARY	GRAMMAR	GCSE TASKS
HOLIDAYS, EXCURSIONS AND ACCOMMODATION page 139	• Describing a holiday • Asking for information about/booking a hotel room • Asking for information in a travel agency • Recommending a holiday • Saying where you would like to go on holiday	• Means of transport • Months and seasons • Religious and national holidays • Activities that you can do on holiday • Holiday destinations • Hotel services • Specifying the date • Nationalities	• Simple prepositions	• Writing task (*Edexcel – H*) • Speaking task (*Edexcel – Task 1: Role-play – H*) • Reading task (*Edexcel – H – Section B*) • Listening task (*Edexcel – H – Section A*)
HOUSES AND PUBLIC PLACES page 158	• Describing a house or a flat • Describing a room • Locating objects and people • Asking for and giving directions • Indicating the time necessary to do an action with the verb metterci	• Rooms of a house • Furniture and appliances • Public places	• Use of c'è/ci sono • Adverbs of place • Preposizioni articolate (simple prepositions with definite articles)	• Speaking task (*AQA – Role-play – H*) • Writing task (*AQA – H*) • Reading task (*AQA – H – Section A*) • Listening task (*AQA – H – Section B*)
GEOGRAPHY AND THE ENVIRONMENT page 172	• Talking about geography and the environment • Explaining, clarifying, specifying with cioè, ovvero, ossia, vale a dire (che) • Talking about the weather • Emphasizing good news with grazie a Dio, fortunatamente, meno male che • Emphasizing bad news with purtroppo, sfortunatamente, ahimè • Expressing an indefinite quantity	• Vocabulary of the environment: natural places and animals • Italy and its regions • Cardinal directions • Names of countries/nations • Environmental problems and possible solutions	• Use of ce n'è/ce ne sono • Indefinite adjectives	• Speaking task (*AQA – Role-play – H*) • Writing task (*AQA – H*) • Reading task (*AQA – H – Section B*) • Listening task (*AQA – H – Section B*) • Writing task (*AQA – H – Translation*)

Preparazione al NEW GCSE in Italian

Preparazione al NEW
GCSE in Italian

Chapter 4

Education and Work
School and University, Work and Employment, Family

SECTION	COMMUNICATION	VOCABULARY	GRAMMAR	GCSE TASKS
SCHOOL AND UNIVERSITY page 191	• Talking about school • Saying which year and level you are in at school • Drawing a logical conclusion with questo/ciò significa che/questo/ciò vuol dire che • Giving advice with the Conditional tense (Condizionale)	• Vocabulary of schools • School subjects • University courses and faculties • Objects and furniture in a classroom • The Italian school system (years and levels)	• Adverbs of quantity: non … affatto/per niente, poco, un po', piuttosto/abbastanza, tanto, molto, solamente/solo/soltanto, troppo • Conditional: conjugation and uses	• *Writing task (Edexcel – H)* • *Speaking task (Edexcel – Task 2: Picture-based task – H)* • *Reading task (Edexcel – H – Section B)* • *Listening task (Edexcel – H – Section B)*
WORK AND EMPLOYMENT page 207	• Talking about work • Talking about one's skills with the verbs potere, sapere, essere in grado di/essere capace di + Infinitive • Adding information with non solo … ma anche/oltre a (+ Infinitive) • Describing an action done in the moment one is speaking • Describing an imminent action	• Job sectors, jobs, professions, vocations • Workplaces • Professional skills • Personal skills • Working activities	• stare + Gerund • stare + per + Infinitive	• *Speaking task (AQA – Role-play – H)* • *Writing task (AQA – H)* • *Reading task (AQA – H – Section B)* • *Listening task (AQA – H – Section B)*
FAMILY page 221	• Talking about family • Giving a physical description of people and describing character • Identifying a person with quello/a + adjective, quello/a + con + description of part of the body	• Vocabulary of the family: family tree • Adjectives to describe people: physical description and character	• Possessive adjectives	• *Speaking task (Edexcel – Task 1: Role-play – H)* • *Writing task (Edexcel – H)* • *Reading task (Edexcel – H – Section B)* • *Listening task (Edexcel – H – Section B)* • *Writing task (Edexcel – H – Translation)*

Introduzione al Congiuntivo — page 237

Contents

ESAME *AQA* - H	**page 241**
Paper 1 - Listening	page 242
SECTION A	page 243
SECTION B	page 254
Paper 2 - Speaking	page 257
Role-plays	page 257
Photo cards	page 261
Paper 3 - Reading	page 267
SECTION A	page 268
SECTION B	page 278
Paper 4 - Writing	page 283
Chiavi degli esercizi/Keys to the exercises	**page 289**

Preparazione al NEW GCSE in Italian

ESAME *EDEXCEL - H* The Edexcel tests can be downloaded from the website of Edilingua	
Paper 1 - Listening and understanding in Italian	page 1
SECTION A	page 3
SECTION B	page 5
Paper 2 - Speaking in Italian	page 15
Task 1: Role-plays	page 17
Task 2: Picture-based tasks	page 37
Paper 3 - Reading and understanding in Italian	page 59
SECTION A	page 61
SECTION B	page 70
SECTION C	page 74
Paper 4 - Writing in Italian	page 75

Media and Arts

Chapter 1

Cinema, TV Programmes, Newspapers and Magazines, Internet, Cultural Events, Books

Goals: in this chapter you will learn...

- how to talk about a film (plot, setting, director, etc.)
- how to discuss a television programme
- how to talk about newspapers and magazines
- how to talk about the Internet
- how to talk about cultural events (concerts, plays, art exhibitions, etc.)
- how to describe books (plot, setting, genres, etc.)

CINEMA

1 **Leggi la seguente mail.** *Read the following e-mail.*

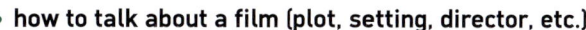

A... marco87@gmail.com
Cc...
Oggetto: Ciao

Caro Marco,
come stai? Spero bene. La settimana scorsa sono andato al cinema con la mia amica Giulia. Abbiamo visto un film molto bello e interessante. È una commedia che si intitola *Caterina va in città*. Gli attori protagonisti sono Sergio Castellitto, Margherita Buy e Alice Teghil. Il film è ambientato a Roma e i protagonisti sono Caterina, la sua famiglia e alcuni suoi amici. La trama è molto semplice: una ragazza di tredici anni di nome Caterina va a vivere a Roma e lì conosce nuovi amici. Il padre fa l'insegnante e sogna di diventare scrittore, mentre la madre è una casalinga infelice. Il film mi è piaciuto molto perché descrive bene il mondo dei giovani italiani di oggi. Ti consiglio di andare a vederlo perché è molto bello.

Ci vediamo sabato prossimo a casa di Paolo.
Roberto

2 **Rispondi alle seguenti domande (prima a voce e poi per iscritto).**
Answer the following questions (first orally and then in writing).

1. Quando e con chi è andato al cinema Roberto? ....

2. Quale film ha visto? ....

3. Dov'è ambientato il film? ....

4. Di cosa parla il film? ....

5. Perché il film è piaciuto a Roberto? ....

Preparazione al NEW GCSE in Italian

Preparazione al NEW GCSE in Italian

a. Vocabolario *Vocabulary*

ambientazione = *setting*
attore = *actor*
attrice = *actress*
biglietto = *ticket*
botteghino = *ticket booth/box office*
coda = *queue*
colonna sonora = *soundtrack*
copione = *script*
durata = *running time*
effetti speciali = *special effects*
fare la coda/la fila = *to queue*
film = *film*
locandina = *poster*
premio = *award*
produttore = *filmmaker*
protagonisti = *main characters*
recitare = *to act*
regista = *director*
sceneggiatura = *script*
spettatori = *spectators/audience*
successo = *success*
trama = *plot*

A film can be:
bello (*beautiful*)
stupendo (*wonderful*)
avvincente (*engaging*)
banale (*banal*)
noioso (*boring*)
commovente (*moving*)
interessante (*interesting*)
divertente (*entertaining*)

b. I generi cinematografici. Scrivi le seguenti parole sotto le immagini come negli esempi.
Film genres. Write the following words under the images as in the examples.

drammatico (*drama*) • d'azione (*action*) • commedia (*comedy*) • di guerra (*war*)
western (*western*) • fantascienza (*sci-fi*) • storico (*history*) • dell'orrore (*horror*)

1. *d'animazione*
2.
3.
4. *documentario*

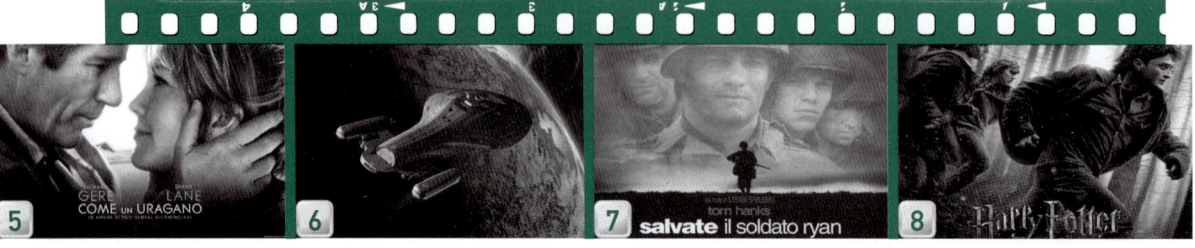

5.
6.
7.
8. *fantastico*

Media and Arts

Chapter 1

Cinema, TV Programmes, Newspapers and Magazines, Internet, Cultural Events, Books

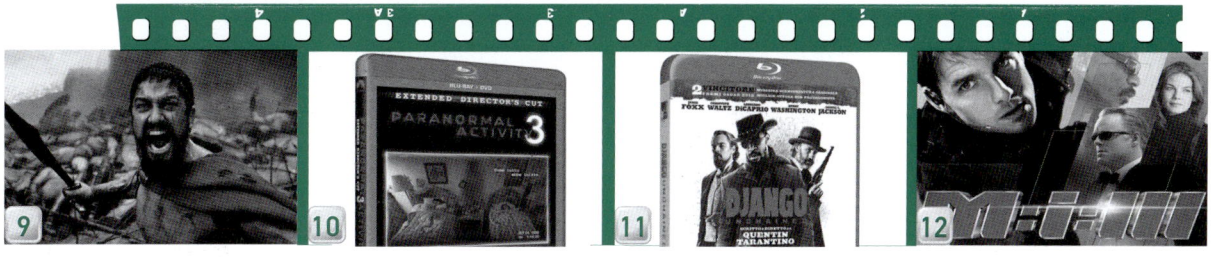

.... d'azione

3 **Completa le seguenti frasi con le parole dei punti a e b.**
Complete the following sentences with the words given in points a and b.

1. Catherine Zeta Jones è un'.. molto bella.
2. Il .... di *ET* è Steven Spielberg.
3. Ho dovuto fare una .... molto lunga al botteghino.
4. La .... sonora è degli *U2*.
5. Angelina Jolie ha avuto un grande ....
6. In un film .... ci sono i cowboy.
7. Tom Hanks è un .... che ha vinto numerosi premi.
8. Ho già comprato i .... per il film di questa sera.
9. Nella mia camera da letto c'è la .... di *Django Unchained*.
10. *The Hobbit* ha molti .... speciali.
11. *2 Guns* è un film d'.. mentre *The King's Speech* è un film drammatico.
12. Secondo me, Daniel Radcliffe .... molto bene nei suoi film.

c. Espressioni per descrivere un film *Expressions to describe a film*

- **Il film s'intitola** + titolo = *The film is entitled* + title
- **Il film dura circa** + tempo = *The film lasts about* + time
- **Gli attori principali sono...** = *Starring...*
- **I personaggi principali sono...** = *The main characters are...*
- **Il film parla di** + argomento = *The film is about* + subject
- **È un film** + genere cinematografico = *The film is* + film genre
- **La trama è** semplice/complicata/lunga/difficile... = *The plot is simple/complicated/long/difficult...*
- **Il film (non) mi è piaciuto perché...** = *I liked/didn't like the film because...*

Preparazione al NEW GCSE in Italian

Preparazione al NEW GCSE in Italian

4 Completa le seguenti frasi con le espressioni presentate al punto c.
Complete the following sentences with the expressions given in point c.

1. .... sono Orlando Bloom, Keira Knightley e Johnny Depp.

2. .... un infelice ragazzo inglese che un giorno scopre di essere un mago.

3. .... molto perché gli attori sono bravi, la trama è interessante e ci sono bellissimi effetti speciali.

4. .... sono due poliziotti che devono arrestare una banda di assassini.

5. "Come .... il film che avete visto domenica sera?" "*Harry Potter*."

6. *Twilight* è un po' lungo: .... due ore.

Attività di scrittura (*Edexcel – H*) Writing task

Scrivi un'email a un tuo amico italiano/una tua amica italiana in cui descrivi un film che hai visto recentemente e che ti è particolarmente piaciuto.

Devi includere i seguenti punti:

- quando, dove e con chi hai visto il film
- il genere, gli attori principali, i protagonisti e la trama
- perché ti è piaciuto
- consiglio di andare a vederlo

Scrivi 80-90 parole circa **in italiano**.

Suggerimenti *Tips*

* **Per cominciare una mail a un amico/un'amica** (*how to start an e-mail to a friend*)
  Caro/a...,
  come stai? Spero bene. Ti scrivo...

* **Per consigliare di vedere il film** (*how to recommend watching the film*)
  Ti consiglio di andare a vederlo perché secondo me/a mio avviso/per me è bello/interessante/divertente/gli attori recitano bene etc.

* **Per concludere una mail a un amico/un'amica** (*how to conclude an e-mail to a friend*)
  Ciao/Ci vediamo/Un abbraccio/A presto

Media and Arts

Cinema, TV Programmes, Newspapers and Magazines, Internet, Cultural Events, Books

Chapter 1

Attività di parlato (*Edexcel – Task 1: Role-play – H*) Speaking task

Topic: *Cultural life*

You and your Italian friend would like to go to the cinema together and have to decide which film to see. Your friend will speak first.

You must address your friend as *tu*.

- Where you see – ? – you must ask a question.
- Where you see – ! – you must respond to something you have not prepared.

Task

Inviti un tuo amico italiano/una tua amica italiana al cinema e insieme scegliete quale film vedere. Parli con lui/lei del film e del cinema in generale.

1. ? Invito – al cinema
2. ? Film da scegliere – opinione
3. !
4. Un attore/Un'attrice famoso/a – opinione
5. Dopo il film – proposte su cosa fare

The dialogue will last approximately between two and two-and-a-half minutes.

Suggerimenti *Tips*

✽ **Invitare** (*how to make an invitation*)	✽ **Accettare (dire di sì)** (*how to say yes*)	✽ **Rifiutare (dire di no)** (*how to say no*)
Ti va di andare al cinema?	Volentieri.	Mi dispiace, ma purtroppo non posso perché devo studiare.
Andiamo al cinema?	Buona idea.	Veramente avrei un impegno.
Vieni al cinema?	D'accordo.	Veramente non mi va molto.
Che ne dici di andare al cinema?	Perché no?	
Hai voglia di andare al cinema?	OK.	
	Va bene.	

✽ **Proporre qualcosa da fare** (*how to suggest doing something*)

(*Dopo il film*) **Magari possiamo/si può andare** a fare shopping insieme/a prendere qualcosa al bar/a mangiare la pizza.

(*Dopo il film*) **Potremmo/Si potrebbe** andare al ristorante/andare a casa mia/fare una passeggiata in centro etc.

Preparazione al NEW GCSE in Italian

Preparazione al NEW
GCSE in Italian

Attività di lettura (*Edexcel – H – Section A*) *Reading task*

Comments on a Film Blog

Read the comments on this blog.

Claudia: Con *Natale da Chef* mi sono proprio divertita. Fin dall'inizio del film non sono riuscita a smettere di ridere per tutte le gag comiche di questa commedia che parla di un cuoco convinto di cucinare delle delizie ma che in realtà non fa che realizzare piatti disgustosi che non piacciono a nessuno. Il protagonista, Gualtiero, è interpretato molto bene da Massimo Boldi. La storia è piena di divertenti colpi di scena e situazioni assurde in cui si ride in continuazione.

Quale film andare a vedere al cinema?

Nicola: Sabato scorso io e i miei amici abbiamo scelto di rimanere a casa e vedere *Rimetti a noi i nostri debiti* su Netflix. Anche se mi avevano detto che il film era un po' triste e che aveva delle scene forti, eravamo tutti molto curiosi di vederlo perché racconta con molto realismo la realtà drammatica e le conseguenze della disoccupazione nel mondo di oggi. Il protagonista è Guido, un ex tecnico informatico che, dopo aver fatto lavori molto umili, rimane disoccupato e non riesce più a pagare l'affitto del suo appartamento né il prestito che deve restituire alla banca. Per la disperazione prima comincia a bere molto whiskey e poi decide di lavorare per la società finanziaria che recupera i debiti non pagati.

Roberto: Ieri sera io e la mia fidanzata siamo andati a vedere *Come un gatto in tangenziale*. Diretto dal regista Riccardo Milani, questo film pur essendo divertente trasmette alcuni messaggi di carattere sociale molto interessanti. I protagonisti sono due genitori separati di classe media preoccupati perché la loro figlia adolescente si è innamorata di un ragazzo proveniente da un quartiere difficile della periferia di Roma. Grazie all'eccellente interpretazione degli attori protagonisti, in questo film vediamo due mondi opposti e diversi che non riescono a incontrarsi a causa delle differenze sociali.

Answer the following questions **in English**. You do not need to write in full sentences.

a. Who saw a film on the consequences of unemployment?
....(1)

b. Who went to the cinema and watched a funny film with some important social messages?
....(1)

c. What is the film watched by Claudia about?
....(1)

d. What is Roberto's opinion of the main actors of the film?
....(1)

e. What problems does the main actor in the film watched by Nicola have to face?
....(1)

(Total = 6 marks)

Media and Arts

Chapter 1

Cinema, TV Programmes, Newspapers and Magazines, Internet, Cultural Events, Books

Attività d'ascolto (*Edexcel – H – Section A*) *Listening task*

Andiamo al cinema?

Ascolta una conversazione fra Paolo e Francesca. Riempi gli spazi di ogni frase con una parola contenuta nel riquadro. Ci sono più parole che spazi.

> commedia • cinema • dura • protagonisti • film • bello
> trama • attori • s'intitola • noioso • regista • danno

Esempio: Francesca preferisce andare al ....*cinema*.... domani sera.

a. Francesca vorrebbe vedere l'ultimo ...*film*... di Paolo Virzì. (1)

b. Il film ...*s'intitola*... Tutti i santi i giorni. (1)

c. Il film è una ...*commedia*... . (1)

d. A Paolo la ...*trama*... non sembra molto interessante. (1)

e. L'amica di Francesca ha detto che il film è molto ...*bello*... . (1)

(Total = 5 marks)

Grammatica *Grammar*

Completa lo schema. *Complete the chart.*

ARTICOLI DETERMINATIVI *Definite articles*		
	MASCHILE *Masculine*	**FEMMINILE** *Feminine*
SINGOLARE *Singular*	**il** + consonante (*consonant*) il <u>b</u>iglietto	**la** + ... la <u>t</u>rama
	l' + ... l'<u>a</u>ttore	**l'** + vocale (*vowel*) l'<u>a</u>ttrice
	lo + s-consonante (*consonant*) lo <u>s</u>pettacolo **lo** + z- lo <u>z</u>aino	
PLURALE *Plural*	**i** + ... i <u>b</u>iglietti	**le** + consonante (*consonant*) le <u>t</u>rame
	gli + ... gli <u>a</u>ttori	**le** + ... le <u>a</u>ttrici
	gli + s-consonante (*consonant*) gli <u>s</u>pettacoli **gli** + z- gli <u>z</u>aini	

Preparazione al NEW GCSE in Italian

Preparazione al NEW
GCSE in Italian

1 Inserisci l'articolo determinativo. *Insert the definite article.*

1. **l'** isola
2. **la** porta
3. **le** finestre
4. **lo** zaino
5. **le** porte
6. **gli** italiani
7. **gli** zaini
8. **gli** spaghetti
9. **la** macchina
10. **i** gatti
11. **il** gatto
12. **il** cane
13. **la** penna
14. **la** matita
15. **la** cena
16. **le** matite
17. **l'** uomo
18. **la** donna
19. **gli** studenti
20. **la** famiglia

2 Inserisci l'articolo determinativo. *Insert the definite article.*

1. **le** isole
2. **il** libro
3. **i** quaderni
4. **il** cestino
5. **la** casa
6. **l'** italiano
7. **i** libri
8. **il** bambino
9. **la** ragazza
10. **i** bambini
11. **i** cani
12. **la** persona
13. **le** penne
14. **le** case
15. **le** amiche
16. **l'** amico
17. **il** direttore
18. **le** donne
19. **lo** studente
20. **i** banchi

3 Inserisci l'articolo determinativo. *Insert the definite article.*

1. **gli** spettatori
2. **la** sedia
3. **i** tavoli
4. **gli** stranieri
5. **le** bambine
6. **il** tavolo
7. **la** studentessa
8. **la** Francia
9. **il** giornale
10. **l'** Inghilterra
11. **la** mamma
12. **la** sorella
13. **le** pizze
14. **l'** aglio
15. **la** Polonia
16. **il** gelato
17. **gli** amici
18. **i** gelati
19. **la** finestra
20. **l'** Italia

EDILINGUA

Media and Arts

Cinema, **TV Programmes**, Newspapers and Magazines, Internet, Cultural Events, Books

TV PROGRAMMES

1 **Leggi il seguente dialogo.** *Read the following dialogue.*

Franca: Cosa fanno questa sera alla TV?
Marco: Su Rai1 c'è una partita di calcio mentre su Rai2 trasmettono un film con Silvio Muccino.
Franca: E sugli altri canali?
Marco: Dunque, su Rai3 alle 9:10 c'è un programma di attualità, su Canale 5 alla stessa ora c'è una puntata della serie *Le tre rose di Eva*, su Italia 1 alle 9:30 un quiz a premi e su Retequattro alle 9 danno uno spettacolo di varietà.
Franca: E su La7?
Marco: Su La7, alle 10, danno una rubrica di attualità. Che ore sono, scusa?
Franca: Sono le otto.
Marco: Allora, accendiamo la TV e mettiamo sull'Uno perché sta per cominciare il telegiornale.
Franca: Perché invece non guardiamo *CSI: Miami* su Italia 1?
Marco: No, dai, guardiamo il telegiornale.

2 **Scegli l'opzione corretta.** *Choose the correct option.*

1. Stasera
a. Su Rai1 c'è una partita di calcio, su Rai2 fanno un programma di attualità e su Rai3 trasmettono un film.
b. Su Rai1 c'è un film, su Rai2 trasmettono una partita di calcio e su Rai3 fanno un programma di attualità.
c. Su Rai1 fanno una partita di calcio, su Rai2 trasmettono un film e su Rai3 c'è un programma di attualità.

2. Sugli altri canali
a. Su Canale 5 alle 9:10 c'è una puntata della serie *Le tre rose di Eva*.
b. Su La7 alle 10 danno uno spettacolo di varietà.
c. Su Retequattro alle 10 fanno una rubrica di attualità.

3. Marco
a. Vuole guardare *CSI*.
b. Vuole guardare il telegiornale.
c. Non vuole guardare la TV.

4. Franca
a. Vuole guardare *CSI*.
b. Vuole guardare il telegiornale.
c. Non vuole guardare la TV.

Preparazione al NEW GCSE in Italian

a. Vocabolario *Vocabulary*

accendere = *to turn on, to switch on*
andare in onda = *to be broadcast*
canale = *channel*
documentario = *documentary*
episodio = *episode*
film = *film*
gioco a premi = *game show*
guardare = *to watch*
in diretta = *live*
in onda = *on air*
intervista = *interview*
mandare in onda = *to broadcast*
notizie = *news*
palinsesto = *TV (programme) schedule*
previsioni del tempo = *weather forecast*
programma = *TV programme*
pubblico = *audience, spectators*
pubblicità = *advertising*
puntata = *episode*
rete = *network*
rubrica = *weekly TV programme*
sceneggiato = *TV drama*
serie = *serial*
servizio = *report*
spegnere = *to turn off, to switch off*
telecronista = *TV commentator*
telefilm = *TV series*
telegiornale = *newscast*
telenovela = *soap opera*
trasmettere = *to broadcast*
trasmissione = *TV programme*
varietà = *TV show*

b. Scrivi le parole sotto le immagini. *Write the words under the images.*

telecomando • telespettatori • cartoni animati • schermo • conduttore/presentatore • partita

1. *schermo (screen)*

2. *cartoni animati*

3. *telespettatori*

4. *partita*

5. *conduttore/presentatore*

6. *telecomando*

3. Completa le seguenti frasi con le parole dei punti a e b.
Complete the following sentences with the words given in points a and b.

1. Il *conduttore* di questo varietà è molto simpatico e divertente.
2. Purtroppo non ho potuto vedere l'ultimo *episodio* di quella lunga serie di telefilm.

Media and Arts

Cinema, **TV Programmes**, Newspapers and Magazines, Internet, Cultural Events, Books

3. Il _telecomando_ non funziona e dunque non posso cambiare canale.
4. Ieri sera ho visto la _partita_ di calcio Inter-Juventus.
5. Non mi piace quando la _pubblicità_ interrompe i programmi.
6. I telespettatori dei cartoni _animati_ sono quasi sempre bambini.
7. Le ~~canale~~ _previsioni_ del tempo hanno previsto che oggi piove.
8. Io non guardo molto il _telegiornale_ perché preferisco leggere le notizie su Internet.
9. Prima di andare a letto devi _spegnere_ la TV.
10. Il mio televisore ha uno _schermo_ al plasma molto grande.
11. La *Domenica Sportiva* va in _onda_ la domenica sera alle 10:30.
12. Questa sera trasmettono il concerto di Andrea Bocelli in _diretta_.

c. Descrivere i propri gusti *To describe your personal tastes*

- Mi piace/piacciono... = I like...
- Preferisco... = I prefer...
- Amo... = I love...
- Mi interessano... = I am interested in...
- Il mio + sostantivo maschile + preferito è... = My favourite + masculine noun + is...
- La mia + sostantivo femminile + preferita è... = My favourite + feminine noun + is...

d. Il verbo *piacere*

- A me/Mi piace (*I like*) + sostantivo singolare/verbo all'Infinito (singular noun/verb in the Infinitive):
  A me piace/Mi piace la pizza/il vino/la musica classica/l'Italia/Roma ecc.
  Mi piace/A me piace fare sport/dormire/giocare a tennis/cucinare/leggere ecc.

- A me/Mi piacciono (*I like*) + sostantivo plurale (plural noun):
  A me piacciono/Mi piacciono gli spaghetti/i tortellini/i fiori/i cani/le patatine fritte ecc.

> Mi piace la pizza. E a te? } Anche a me. *Me too./So do I.*
> A me no, invece (*instead*). *I don't.*

> Non mi piace il pesce. E a te? } Neanche a me./Nemmeno a me./Neppure a me.
> *Neither do I./I don't like it either.*
> A me sì, invece (*instead*). *I do.*

Preparazione al NEW
GCSE in Italian

e. Gli orari *Scheduling/Time*

- Il film comincia **alle** (at) dieci e mezzo.
- Il telegiornale è **dalle** (from) otto **alle** (to) otto e mezzo.

Ma (but):
- a mezzanotte
- a mezzogiorno   Io studio **da** mezzogiorno **alle** due.
- all'una

22:30
Gomorra
(Film drammatico)

4 Traduci in italiano le seguenti frasi.
Translate the following sentences into Italian.

1. I love watching football matches with my friends.
   amo guardare ~~la pa~~ le partite di calcio con i miei amici

2. My favourite TV programme is *Hell's Kitchen*.
   ~~Il mio~~ la mia programma* è Hell's kitchen
   *preferita

21:20
Bayern Monaco-Chelsea Supercoppa Europea
(Sport - calcio)

3. "I like soap operas."
   "So do I."
   'Mi piac~~ciotene~~ le telenovele'
   'Anche a me'

4. The TV show is at 9 on Rai2.
   La varietà è alle nove su Rai2
   va in onda

21:00
Vacanze nel Paese delle meraviglie
(Varietà)

5. "I don't like watching TV."
   "Neither do I."
   Non mi piace guardare la tele~~noveta~~ visione
   Neanche a me

6. I am interested in documentaries.
   Mi interessano ~~en~~ i documentari

21:15
Superquark
(Documentario sui serpenti)

Attività di parlato (*Edexcel – Task 1: Role-play – H*) *Speaking task*

Topic: *Daily life*

> You are at home and discuss what you would like to watch on TV tonight with your friend. Your friend will start the conversation.
>
> You must address your friend as *tu*.
>
> - Where you see – ? – you must ask a question.
> - Where you see – ! – you must respond to something you have not prepared.

Media and Arts

Cinema, **TV Programmes**, Newspapers and Magazines, Internet, Cultural Events, Books

Chapter 1

Task

Sei a casa com un amico/un'amica e discutete di quali programmi vi piacerebbe vedere stasera in TV.

1. Programmi – tipo e orario
2. Programmi – quale/i vorresti vedere
3. !
4. ? Programmi – preferito/i
5. ? Programmi – visti recentemente

The dialogue will last approximately between two and two-and-a-half minutes.

Suggerimenti *Tips*

- **Per parlare dei programmi e dell'orario** (*how to talk about TV programmes and scheduled times*)
  Su + nome del canale + alle + orario + trasmettono/fanno/danno/c'è/ci sono/va in onda…:
  Su Rai Uno alle 8 trasmettono il telegiornale.
  Su La7 alle 9 fanno un programma d'attualità.
  Su Canale 5 alle 9:30 c'è un varietà.

- **Per dire quale programma vorresti guardare**
  (*how to say what programme you would like to watch*)
  Vorrei/Mi piacerebbe/Ho voglia di + vedere/guardare…:
  Vorrei guardare la partita stasera.
  Ho voglia di vedere un documentario.
  Mi piacerebbe guardare un film adesso.

- **Per proporre qualcos'altro** (*how to propose something else*)
  Perché invece non + verbo coniugato alla prima persona plurale del Presente Indicativo…?
  (*Why don't we … instead?*):
  - Vorrei guardare la partita stasera.
  - **Perché invece non guardiamo** il film su Rai Uno?
  - **No, dai,** guardiamo un'altra cosa. (*C'mon, let's watch something else.*)

Attività di scrittura (*Edexcel – H*) *Writing task*

Scrivi una mail a una rivista italiana di spettacolo in cui descrivi i programmi TV del tuo Paese.

Devi includere i seguenti punti:

- i canali e i programmi più importanti
- quali sono i programmi televisivi preferiti dai giovani
- il programma/i programmi che trovi interessante/i e perché
- il programma/i programmi che non ti piace/piacciono e perché
- gli aspetti negativi della televisione

Scrivi 80-90 parole circa **in italiano**.

Preparazione al NEW GCSE in Italian

Suggerimenti Tips

* **Per cominciare una lettera/mail formale** (*how to start a formal letter/e-mail*)
  Gentili signori,   Egregio Direttore,
  Vi scrivo per...   Le scrivo per...

* **Per dire quale/i programma/i trovi interessante/i e perché**
  (*how to say what programme/programmes you are interested in and why*)
  Mi interessano/Mi piacciono i documentari **perché** posso imparare tante cose.
  Mi piace guardare/Preferisco (guardare) i telefilm **perché** mi divertono.
  Il mio programma preferito è.../I miei programmi preferiti sono...

* **Per dire quale/i programma/i non ti piace/piacciono e perché**
  (*how to say what programme/programmes you don't like and why*)
  Non mi interessano/Non mi piacciono i programmi sportivi **perché** sono noiosi.
  Non guardo i varietà **perché** sono ridicoli.
  Evito di guardare i telefilm **perché** per me non sono realistici.

* **Per descrivere gli aspetti negativi della televisione**
  (*how to describe the negative aspects of television*)
  Le cose negative/Gli aspetti negativi della televisione sono...
  Una cosa negativa della televisione è che...

  Aspetti negativi della televisione (*negative aspects of television*)
  - C'è troppa pubblicità.
  - I ragazzi guardano troppo la TV e poi non studiano.
  - Alcuni film sono troppo violenti.
  - Alcuni programmi sono diseducativi.

* **Per concludere una lettera/mail formale** (*how to conclude a formal letter/e-mail*)
  In attesa di una Sua/Vostra cortese risposta Le/Vi porgo i miei più distinti saluti
  Cordialmente
  Distinti/Cordiali saluti
  Saluti

Attività di lettura (*Edexcel – H – Section A*) Reading task

Italian TV show

Domenica in è un programma di intrattenimento che va in onda su Rai1 tutte le domeniche dalle due del pomeriggio alle sette di sera. Durante il programma ci sono interviste a personaggi famosi, presentazioni di nuovi film, esibizioni di cantanti dal vivo e molte altre cose interessanti. Ovviamente nel corso del programma ci sono anche delle brevi interruzioni per la pubblicità e per il telegiornale. Mara Venier presenta il programma quest'anno. Il conduttore dell'anno scorso era Massimo Giletti. Questa popolare trasmissione, nata nel lontano 1976, ha sempre avuto un pubblico molto vasto, in particolare fra gli adulti. I giovani invece la domenica pomeriggio preferiscono uscire e andare in discoteca, allo stadio o a fare una passeggiata in centro con gli amici. Su Canale 5, alla stessa ora va in onda un programma simile che si chiama *Domenica Live*. Questa trasmissione ha meno telespettatori di *Domenica in*.

Media and Arts

Chapter 1

Cinema, **TV Programmes**, Newspapers and Magazines, Internet, Cultural Events, Books

Answer these questions **in English**. You do not need to write in full sentences.

a. When is *Domenica in* broadcast and on which channel?
   tutte le domeniche su Rai 1 - due del pomeriggio alle sette di sera (2)

b. What can one watch during the programme?
   interviste a personaggi famosi (1)

c. Who presented *Domenica in* last year and who is presenting it this year?
   Mara Venier presenta il programma quest'anno, dell'anno scorso era Massimo Giletti (2)

d. Why don't young people watch this programme very much?
   i giovani preferiscono uscire e andare in ~~dis~~ discoteca (1)

e. Which programme is similar to *Domenica in* and on which channel is it broadcast?
   Su Canale 5 un programma simile s'intitola Domenica Live. (2)

(Total = 8 marks)

Attività d'ascolto (*Edexcel – H – Section B*) Listening task

TV programmes

Listen to Marco talking about TV programmes. Put a cross (**X**) in each correct box.

Example: Marco does not watch television very much because …

X	A.	he prefers to do something else
	B.	he does not have time
	C.	his parents don't allow him to do so
	D.	he thinks that all TV programmes are boring

(i) Marco watches sports …

	A.	such as motor racing and tennis	
	B.	with his parents	
X	C.	such as football and motor racing	✓
	D.	such as tennis and football	

(ii) He watches documentaries because …

~~X~~	A.	he is told to watch them by his school teachers	
~~X~~	B.	he likes to be informed about historical facts	
~~X~~	C.	he likes to watch old black and white images	
X	D.	he likes to study Biology at school	✓

(iii) He doesn't like TV shows because…

~~X~~	A.	he prefers to go to the cinema	
X	B.	he finds them stupid	✓
	C.	he prefers to watch films	
	D.	he prefers to watch TV news programmes	

Preparazione al NEW GCSE in Italian

Preparazione al NEW GCSE in Italian

(iv) When he was a child ...

A.	he did not watch a lot of TV
✗ B.	he used to watch Japanese cartoons
C.	he used to watch American cartoons
✗ D.	he used to watch Japanese films and American cartoons

(Total = 4 marks)

Grammatica *Grammar*

Completa lo schema. *Complete the chart.*

ARTICOLI INDETERMINATIVI *Indefinite articles*	
MASCHILE *Masculine*	**FEMMINILE** *Feminine*
un + consonante (*consonant*) un canale	**una** + ... una partita
un + ... un episodio	**un'** + vocale (*vowel*) un intervista
uno + s-consonante (*consonant*) uno spettacolo **uno** + z- uno zaino	

1 Inserisci l'articolo indeterminativo (un, uno, una, un'). *Insert the indefinite article.*

1. un albergo
2. un ristorante
3. uno studente
4. una lavagna
5. un insegnante
6. una farmacia
7. un medico
8. una amica
9. uno straniero
10. una porta
11. un italiano
12. un quaderno
13. uno zaino → backpack
14. una finestra
15. un libro
16. un' aula
17. una penna → feather/pen
18. uno studio
19. un negozio
20. una ragazza
21. una matita ← pencil
22. una casa
23. un bambino
24. un' amico
25. un anno

2 Inserisci l'articolo indeterminativo (un, uno, una, un'). *Insert the indefinite article.*

1. Io ho una casa in Italia.
2. Questo è un libro di italiano.
3. Un cuoco lavora in una cucina.
4. Chiara ha 15 anni: lei è una ragazza.
5. Un architetto lavora in uno studio.
6. Valerio ha 8 anni: lui è un bambino.
7. L'Italia è uno stato dell'Europa.
8. Compro una macchina nuova la prossima settimana.
9. Questo è un esercizio facile.
10. La Sicilia è un' isola italiana.

Media and Arts

Cinema, TV Programmes, **Newspapers and Magazines**, Internet, Cultural Events, Books

Chapter 1

NEWSPAPERS AND MAGAZINES

1 Leggi la seguente e-mail. *Read the following e-mail.*

Gentili signori,

mi chiamo Paolo Rossi, sono un ragazzo italiano di Roma che studia inglese da qualche mese. Vi contatto per descrivere la stampa del mio Paese. Dunque, i quotidiani più importanti sono il *Corriere della Sera*, *La Repubblica*, *La Stampa* e *Il Messaggero*. I giornalisti di questi giornali sono molto preparati perché scrivono articoli molto interessanti e completi. Di solito io leggo *La Repubblica* e i miei genitori normalmente leggono il *Corriere della Sera*. Le sezioni per me più interessanti sono lo sport, cultura e spettacoli e gli articoli di politica interna. Gli articoli di politica estera invece non mi interessano molto. Mia madre normalmente legge gli articoli di cronaca e mio padre legge le notizie di economia e finanza.

Le riviste principali sono *L'Espresso*, che esce ogni venerdì con articoli di politica, cultura, economia e finanza, poi ci sono *Panorama*, che è un altro settimanale con molti articoli di vario genere, e *TV Sorrisi e canzoni*, che contiene articoli di musica e spettacolo e la guida con i programmi della televisione.

Tutti questi quotidiani e riviste sono pubblicati anche on line su Internet.
Secondo me, la stampa italiana descrive bene gli avvenimenti che succedono nel mio Paese e nel mondo. D'altra parte qualche volta gli articoli sono un po' troppo lunghi e complicati e quindi non sempre riesco a capire tutto.

Distinti saluti,

Paolo Rossi

2 Vero/Falso? Indica se le affermazioni sono vere o false.
True/False? Indicate whether the following statements are true or false.

	Vero	Falso
1. Paolo Rossi scrive la mail per descrivere la stampa italiana.	✓	
2. Secondo Paolo, i giornalisti dei quotidiani italiani non sono preparati.		✓
3. Di solito lui legge il *Corriere della Sera* e i suoi genitori leggono *La Repubblica*.		✓
4. A lui interessano gli articoli di sport.	✓	
5. Sua madre legge gli articoli di cronaca e suo padre legge le notizie di politica interna.		✓
6. *L'Espresso* e *Panorama* sono due riviste settimanali.	✓	
7. In *TV Sorrisi e canzoni* ci sono articoli di musica e spettacolo.	✓	
8. Per Paolo gli articoli della stampa italiana qualche volta sono lunghi e complicati.	✓	

Student's handwritten corrections:
- 1. Vi contatto per descrivere la stampa del mio Paese
- 2. I giornalisti di questi giornali sono molto preparati
- 3. Lui legge il La Repubblica e i suoi genitori leggono il Corriere della sera
- 5. Suo padre legge le notizie di economia e finanza

Preparazione al NEW GCSE in Italian

Preparazione al NEW GCSE in Italian

a. Vocabolario *Vocabulary*

avvenimento = *event, occurrence*
cronista = *reporter*
edicola = *news stand*
fotoreporter = *newspaper/magazine photographer*
fumetti = *comics*
giornale = *newspaper*
giornalista = *journalist*
inchiesta = *investigative report*
intervista = *interview*
inviato = *correspondent*
leggere = *to read*
mensile = *monthly magazine*
notizie = *news*
periodico = *news magazine*

quotidiano = *daily (newspaper)*
recensione = *review/critique*
rotocalco = *news magazine*
redazione = *newsroom*
rivista = *magazine*
rubrica = *column, section*
scrivere = *to write*
servizio = *report*
settimanale = *weekly magazine*
sondaggio = *survey*
stampa = *press*
tabloid = *tabloid*
titolo = *heading, headline*

b. Le sezioni di un giornale. Unisci le due colonne come nell'esempio.
The sections of a newspaper. Match the two columns as in the example.

1. **Armi e droga, arresti e perquisizioni**
   Operazione della Polizia di Stato

2. **Governo, la situazione rimane tesa**
   Il primo ministro incontra il leader dell'opposizione

3. **Calcio, il Chelsea affronta l'Arsenal**
   Lampard determinato a vincere

4. **Tom Cruise e Cameron Diaz insieme in un film d'azione**
   Regia di James Mangold

5. **Australia: elezioni, conservatori favoriti**
   Dopo 6 anni di governo laburista

6. **Borsa: Londra apre debole -0,06%** → *Stock exchange*
   Indice Ftse-100 a 6.582,22 punti

a. **Economia e finanza**
b. **Sport**
c. **Politica interna**
d. **Cultura e spettacoli**
e. **Cronaca**
f. **Politica estera**

3. Completa le seguenti frasi con le parole dei punti a e b.
Complete the following sentences with the words given in points a and b.

1. Un articolo di politica *estera* descrive gli avvenimenti accaduti in un altro paese.
2. Di solito io *leggo* il *Corriere della Sera*, che è un *giornale* *quotidiano* italiano molto importante.
3. Io trovo un po' difficile da capire la sezione di *economia* e finanza mentre mi interessa molto quella di *cultura* e spettacoli.

Media and Arts

Cinema, TV Programmes, **Newspapers and Magazines**, Internet, Cultural Events, Books

4. L'inviato da Washington ha fatto un' *intervista* al Presidente americano.
5. *L'Espresso* è una *rivista* italiana molto conosciuta.
6. Questo *giornalista* scrive sul quotidiano *La Repubblica*.
7. Secondo un recente sondaggio, molti italiani leggono le *notizie* su Internet.
8. Daniela legge solo i *fumetti/titoli* della prima pagina.
9. Mi interessa molto la *rubrica* culturale.
10. Monica di solito legge le notizie di *sport* perché le piace molto il calcio.

c. Esprimere un'opinione *To express an opinion*

- Secondo me/Per me/A mio avviso, ... *(in my opinion)*
  Secondo me, il *Guardian* e il *Daily Telegraph* sono i migliori quotidiani inglesi.

d. Esprimere gli aspetti negativi e positivi di qualcuno o qualcosa
To express the positive and negative aspects of someone or something

- Se da un lato ... dall'altro (però)...
- ...ma/però...
- D'altra parte/Dall'altra parte... *(on the other hand)*

  Se da un lato in Italia ci sono molti quotidiani, **dall'altro (però)** i giornalisti non sempre sono preparati.
  Ho letto un articolo molto interessante **però/ma** molto difficile.
  La stampa del mio Paese è libera e indipendente. **Dall'altra parte**, secondo me, non informa bene i cittadini.

4 Esprimi la tua opinione sui seguenti temi parlando degli aspetti positivi e negativi.
Express your opinion on the following subjects mentioning the positive and negative aspects.

i tabloid inglesi

le riviste inglesi

i giornalisti inglesi

Internet

la televisione

Preparazione al NEW GCSE in Italian

Preparazione al NEW GCSE in Italian

e. I connettivi *Transition words/Connectives*

- **causali** che esprimono la conseguenza (*that express a consequence*)
  - così/quindi/allora/dunque/perciò/pertanto/di conseguenza/per questo motivo (*so/therefore/thus*):
  Oggi i giornali non escono e **quindi** non possiamo leggere le notizie.

- **logici** che introducono la causa (*that introduce a cause*)
  - dato che/siccome/poiché/dal momento che (*since/as/because*):
  Dato che ho comprato TV Sorrisi e canzoni, possiamo leggere quali programmi ci sono in TV stasera.

- **temporali** che si riferiscono a una cronologia (*that give a chronology*)
  - prima/innanzitutto (*first*), poi (*then*), successivamente/dopo (*after/later*), alla fine/in conclusione/insomma (*finally*), in breve (*in short*), durante (*during*), mentre (*while*):
  Oggi **prima** vado in edicola a comprare il giornale, **poi** vado al bar a prendere un caffè, **infine** torno a casa a pranzare.

5 **Completa con i connettivi.** *Complete with the appropriate connectives.*

1. Di solito io leggo il giornale .... la pausa pranzo.
2. .... Alessio cucina, sua moglie legge il giornale.
3. Sono molto stanco e .... vado a dormire.
4. Non mi interessano le notizie di cronaca e .... non le leggo.
5. .... non ho comprato i giornali, non possiamo leggere le notizie.
6. Ieri .... sono andato in edicola a comprare i giornali, ... ho letto le notizie al bar, ... sono tornato a casa.

Attività di parlato (*Edexcel – Task 1: Role-play – H*) *Speaking task*

Topic: *Daily life*

You are in a cafeteria with your Italian friend and you talk about the newspapers and magazines of your country.

You must address your friend as *tu*.

- Where you see – ? – you must ask a question.
- Where you see – ! – you must respond to something you have not prepared.

Task

Sei al bar con il tuo amico italiano/la tua amica italiana. Parli con lui/lei della stampa (giornali e riviste) del tuo Paese.

1. Giornali del tuo Paese – quali leggi di solito e opinione
2. Articoli che leggi normalmente – perché ti interessano
3. !
4. ? Riviste – se ne legge e quali
5. ? La stampa – aspetti positivi e negativi

The dialogue will last approximately between two and two-and-a-half minutes.

Media and Arts

Chapter 1

Cinema, TV Programmes, **Newspapers and Magazines**, Internet, Cultural Events, Books

Suggerimenti *Tips*

* **Per dire quali sono i giornali più importanti del tuo Paese**
  (*how to list the most important newspapers in your country*)
  Dunque/Allora (to start the conversation), *i quotidiani/le riviste più importanti/principali sono...*

* **Per dire quali giornali leggi di solito** (*how to say which newspapers you usually read*)
  Di solito/Normalmente/Generalmente/In genere (Usually/Normally/Generally)
  Di solito io leggo il Guardian.
  In genere leggo il Daily Telegraph perché lo compra mio padre.

* **Per dire quali articoli ti interessano e perché**
  (*how to say which articles you are interested in and why*)
  Mi interessano/Mi piacciono gli articoli...
  * **di sport in quanto/perché** sono appassionato di sport (calcio, tennis, rugby etc.)/sono tifoso + preposizione articolata *di* + squadra di calcio.
  * **di economia in quanto/perché** voglio sapere come va l'economia del mio Paese/in futuro vorrei aprire una mia impresa.
  * **di cronaca in quanto/perché** voglio conoscere gli ultimi avvenimenti successi in Italia.
  * **di cultura e spettacoli in quanto/perché** voglio sapere quali film fanno al cinema/se ci sono concerti interessanti/voglio leggere le recensioni sui nuovi libri etc.
  * **di politica estera in quanto/perché** mi piace sapere quello che succede in altre parti del mondo.
  * **di politica interna in quanto/perché** è importante seguire quello che fa il Governo/quello che dicono i partiti sull'economia, la scuola, la società inglese.

* **Per chiedere quali sono gli aspetti positivi e negativi della stampa**
  (*how to ask what the positive and negative aspects of the press are*)
  Secondo te, quali sono gli aspetti positivi e negativi della stampa?
  Cosa pensi della stampa? Quali sono le cose positive? E quelle negative?

Attività di scrittura (*Edexcel – H*) *Writing task*

Scrivi un articolo per un giornale italiano in cui descrivi la stampa del tuo Paese.

Devi includere i seguenti punti:

* i giornali e le riviste più importanti
* quali giornali e riviste leggi di solito
* quali articoli tu leggi e perché
* se preferisci leggere le notizie sul giornale cartaceo o su Internet
* gli aspetti positivi e negativi della stampa

Scrivi 80-90 parole circa **in italiano**.

Preparazione al NEW GCSE in Italian

Preparazione al NEW GCSE in Italian

Suggerimenti Tips

* **Per menzionare i giornali e le riviste più importanti del tuo Paese**
  (how to mention the most important newspapers and magazine in your country)
  I quotidiani/Le riviste principali/più importanti sono...

* **Per dire quali articoli leggi di solito e perché**
  (how to say which articles you usually read and why)
  Normalmente/Di solito/In genere io leggo gli articoli di + sezione del giornale (sport, cronaca, politica interna etc.) *perché* mi interessano/mi piacciono/sono appassionato di questi temi. (Vedi anche i "Suggerimenti" a pagina 33. See also the "Tips" on page 33)

* **Per esprimere gli aspetti positivi e negativi della stampa del tuo Paese** (vedi il punto d a pagina 31) (how to express the positive and negative aspects of the press in your country - see point d on page 31)
  Se da un lato le notizie sono descritte in modo chiaro/i giornalisti sono molto preparati/le informazioni sono complete e aggiornate, *dall'altro (però)* qualche volta la stampa può essere un po' sensazionalista/non sono trattati alcuni temi delicati.
  ...ma/però...
  D'altra parte/Dall'altra parte...

Attività di lettura (Edexcel – H – Section A) Reading task

Gomorra by Roberto Saviano

Read the extract from the text. The journalist and writer Roberto Saviano describes the funeral of a young girl killed by the Camorra[1].

Annalisa Durante, uccisa a Forcella il 27 marzo 2004 a quattordici anni. Quattordici anni. Quattordici anni. [...] Sono stato al funerale di Annalisa Durante. Sono arrivato presto alla chiesa di Forcella. I fiori non erano ancora arrivati, manifesti affissi ovunque, messaggi di cordoglio, lacrime, strazianti ricordi delle compagne di classe, [...] Annalisa era bella. Parecchio bella. [...]

In chiesa riesco ad avvicinarmi ai piedi dell'altare. Lì c'è la bara di Annalisa. Ai quattro lati ci sono vigili in alta uniforme, l'omaggio della regione Campania alla famiglia della ragazzina. La bara è piena di fiori bianchi. Un cellulare, il suo cellulare viene messo vicino la base del feretro. Il padre di Annalisa si lamenta. [...] Mi si avvicina, ma non è a me che parla, dice: «E adesso? E adesso?».

Appena il padre scoppia a piangere tutte le donne della famiglia iniziano a urlare, a battersi, a dondolarsi con strilli acutissimi, appena il capofamiglia smette di piangere, tutte le donne riprendono il silenzio. Dietro vedo le altre ragazzine, amiche, cugine, semplici vicine di Annalisa. [...]

Ho la nausea. Devo restare calmo. Devo capire, se possibile. Annalisa è nata e vissuta in questo mondo. [...] Il suo destino sarebbe stato quello di lavorare in una fabbrica in nero, di borse, dieci ore al giorno per cinquecento euro al mese.

(Source: from *Gomorra*, Roberto Saviano)

Answer the following questions **in English**. You do not need to write in full sentences.

a. Who is Annalisa Durante?
   a 14 year old who was killed in Forcella (1)

b. Who are the people inside the church mentioned by Saviano? What do they do at the funeral?
   police, a homage from the region, father

[1] Camorra is an Italian criminal organisation which arose in Naples and its region Campania.

Media and Arts

Chapter 1

Cinema, TV Programmes, **Newspapers and Magazines**, Internet, Cultural Events, Books

....(1)

c. What kind of different future does Saviano imagine that Annalisa would probably have had?

work in a factory getting paid 10 pounds per hours a day and 500 euros per month ....(1)

(Total = 3 marks)

Attività d'ascolto (*Edexcel – H – Section B*) Listening task

The Italian press

Listen to Maria talking about Italian newspapers and complete the sentences by putting a cross (✗) in the correct box for each question.

Example: *Corriere della Sera* ...
	A. has its headquarters in Rome
✗	B. has its headquarters in MIlan
	C. was founded in 1976
	D. is the best-selling daily newspaper in Rome

(i) *La Repubblica* ...
	A. includes many financial news articles
✗	B. was founded in 1867
	C. is a local newspaper
✗	D. was founded in Rome and has many articles and columns

(ii) *La Stampa* ...
	A. has its headquarters in a southern city
	B. was founded in 1976 in Turin
✗	C. was founded in 1867 in Turin
✗	D. is similar to the *Financial Times*

(iii) *Sole 24 ore* ...
✗	A. specialises in business and financial news
	B. is similar to *Messaggero*
	C. publishes articles by important journalists
	D. is the best-selling Italian newspaper

(Total = 3 marks)

Grammatica *Grammar*

 Leggi le frasi e completa lo schema a pagina 36.

Read the sentences and complete the chart on page 36.

- Io compro il giornale in edicola.
- Tu leggi *La Repubblica*.
- Sandro apre il giornale.
- Io e Paolo compriamo il giornale in edicola.
- Tu e Marco leggete *La Repubblica*.
- Sandro e Fabrizio aprono il giornale.

Preparazione al NEW GCSE in Italian

Preparazione al NEW
GCSE in Italian

PRESENTE INDICATIVO - VERBI REGOLARI
Regular verbs

COMPRARE	LEGGERE	APRIRE (I Tipo)	FINIRE (II Tipo -isc-)
Io compro	Io leggo	Io apro	Io finisco
Tu compri	Tu leggi	Tu apri	Tu finisci
Lui/Lei compra	Lui/Lei legge	Lui/Lei apre	Lui/Lei finisce
Noi compriamo	Noi leggiamo	Noi apriamo	Noi finiamo
Voi comprate	Voi leggete	Voi aprite	Voi finite
Loro comprano	Loro leggono	Loro aprono	Loro finiscono
parlare, lavorare, studiare, mangiare, cantare, guardare etc.	scrivere, prendere, vedere, ridere, decidere, vendere etc.	dormire, partire, sentire, applaudire, vestire, seguire etc.	capire, spedire, preferire, pulire etc.

1 Completa le seguenti frasi con il Presente Indicativo.
Complete the following sentences using the Present tense.

1. "Dove (voi-vivete) **vivete**?"
   "(Noi-vivere) **viviamo** a Londra."
2. Io e Giuseppe (leggere) **leggiamo** un libro molto bello.
3. Voi (preparare) **preparate** la cena?
4. Claudio e Franco (lavorare) **lavorano** in un ufficio.
5. Luciana (prendere) **prende** l'autobus per andare a scuola.
6. Mio marito (studiare) ~~studiate~~ **studia** italiano.
7. Gabriella (leggere) **legge** molti libri in francese.
8. Noi (mangiare) **mangiamo** la pizza tutti i sabati.
9. Quale giornale (voi-leggere) **leggete**?
10. Io (parlare) **parlo** con i miei amici.
11. Tu (guardare) **guardi** la TV questa sera?
12. Noi (correre) ~~corres~~ **corriamo** al parco la domenica mattina.

2 Rispondi alle seguenti domande. *Answer the following questions.*

1. Dove abiti? — Abito in Inghilterra, a Oxford
2. A che ora finisce la lezione? — La lezione finisce ~~a quattro ora~~ alle 4
3. Quando guardi la TV? — Guardo la TV di la sera
4. Quali giornali leggi di solito? — Di solito, leggo le notizie ~~nella computadora~~ sul computer
5. A che ora finisci di lavorare? — Finisco il mio ~~lavorare~~ lavoro ~~a la sette ora~~ alle 7
6. Quante e-mail scrivi al giorno? — Al giorno, scrivo dieci e-mail.

Media and Arts

Cinema, TV Programmes, **Newspapers and Magazines**, Internet, Cultural Events, Books

Chapter 1

PRESENTE INDICATIVO - VERBI IRREGOLARI (si imparano a memoria)
Irregular verbs (you have to learn these by heart)

ESSERE	AVERE	ANDARE	VENIRE	STARE
Io sono	Io ho	Io vado	Io vengo	Io sto
Tu sei	Tu hai	Tu vai	Tu vieni	Tu stai
Lui/Lei è	Lui/Lei ha	Lui/Lei va	Lui/Lei viene	Lui/Lei sta
Noi siamo	Noi abbiamo	Noi andiamo	Noi veniamo	Noi stiamo
Voi siete	Voi avete	Voi andate	Voi venite	Voi state
Loro sono	Loro hanno	Loro vanno	Loro vengono	Loro stanno

DARE	USCIRE	DIRE	FARE	RIMANERE
Io do	Io esco	Io dico	Io faccio	Io rimango
Tu dai	Tu esci	Tu dici	Tu fai	Tu rimani
Lui/Lei dà	Lui/Lei esce	Lui/Lei dice	Lui/Lei fa	Lui/Lei rimane
Noi diamo	Noi usciamo	Noi diciamo	Noi facciamo	Noi rimaniamo
Voi date	Voi uscite	Voi dite	Voi fate	Voi rimanete
Loro danno	Loro escono	Loro dicono	Loro fanno	Loro rimangono

3 Completa le seguenti frasi con il Presente Indicativo.
Complete the following sentences using the Present tense.

1. Domani noi (andare) *andiamo* a Roma.
2. Quando (venire) *venite* a casa mia tu e tua moglie?
3. Daniele e Paolo (dire) *dicono* che stasera non (avere) *hanno* la macchina.
4. Noi (avere) *abbiamo* una casa a Siena.
5. Loro domani sera (uscire) *escono* e (andare) *vanno* a teatro.
6. Noi (fare) *facciamo* la spesa a Tesco, e voi dove (fare) *fate* la spesa?
7. Quando io (uscire) *esco*, (andare) *vado* al cinema.
8. Come (stare) *stai* / *stanno* i tuoi genitori?
9. Questa sera noi (rimanere) *rimaniamo* a casa perché (essere) *siamo* stanchi.
10. Noi (dire) *diciamo* sempre la verità.

4 Rispondi alle seguenti domande. *Answer the following questions.*

1. Dove vai dopo la lezione? — Dopo la lezione, vado alla mia casa. *(a casa mia)*
2. A che ora venite a scuola? — Io vengo a scuola alle sette *della mattina*.
3. In quale scuola va Piero? — Piero viene alla mia scuola.
4. Di dove siete voi? — Io sono di Espagna.
5. Quando esci dove vai? — Esco al restaurante *(ristorante)*.
6. Coma sta Laura? — Laura sta molto bene.
7. Quanti anni hai? — Ho diciassette anni.
8. Dov'è Vittoria? — Vittoria è di Etats-Unis *(degli Stati Uniti)*.
9. A che ora fai colazione? — Faccio la colazione alle 10 *(di solito)*.
10. Questa sera esci o rimani a casa? — Rimango a casa perché di solito sono troppo stanca per uscire.

Preparazione al NEW GCSE in Italian

Preparazione al NEW
GCSE in Italian

INTERNET

1 Leggi il seguente dialogo. *Read the following dialogue.*

Paolo: Ciao Marco, come stai?

Marco: Bene, grazie e tu?

Paolo: Anch'io sto bene. Oggi la professoressa di Storia ci ha detto che dobbiamo fare una ricerca su Internet su Giuseppe Garibaldi e non so da dove cominciare.

Marco: Puoi usare il motore di ricerca Google e collegarti a un sito di storia.

Paolo: Come si fa?

Marco: Devi digitare "google.it", scrivere, ad esempio, "Giuseppe Garibaldi" oppure "storia italiana", e poi cliccare su uno dei link che appaiono.

Paolo: Grazie. Tu usi molto Internet?

Marco: Sì, lo uso spesso. Di solito lo uso per collegarmi ai siti dei giornali, per scaricare video o musica oppure per cercare informazioni. Qualche volta, quando voglio chattare, vado sul sito di Facebook. Ogni tanto, quando voglio parlare con qualcuno, uso Skype.

Paolo: Io invece non navigo quasi mai su Internet perché preferisco andare a giocare a calcio con i miei amici oppure guardare la TV. Per me è utile solo per controllare la posta elettronica, per mandare mail agli amici e per salvare sul PC i file che mi mandano in allegato.

Marco: Secondo me, invece, Internet ha molti vantaggi: prima di tutto puoi comunicare con molte persone, poi puoi fare delle ricerche, e inoltre ti permette di sapere le notizie in tempo reale.

2 Indica le affermazioni presenti nel testo scegliendo sì o no.
Indicate the statements which are in the text by choosing sì or no.

1. Paolo non sa niente di Garibaldi.
2. Marco consiglia a Paolo di andare su un sito di storia.
3. Marco usa Internet spesso.
4. Marco usa Internet per mandare mail ai suoi amici.
5. Paolo usa Internet per comunicare con Skype.
6. Paolo usa Internet per salvare i file.
7. Secondo Marco, Internet ha molti vantaggi.
8. Secondo Paolo, Internet non ha nessun vantaggio.

Media and Arts

Cinema, TV Programmes, Newspapers and Magazines, **Internet**, Cultural Events, Books

a. Il PC. Scrivi le parole negli spazi vuoti. *Write the words in the blank spaces.*

tastiera ◆ cuffie ◆ chiavetta USB ◆ casse ◆ stampante ◆ schermo

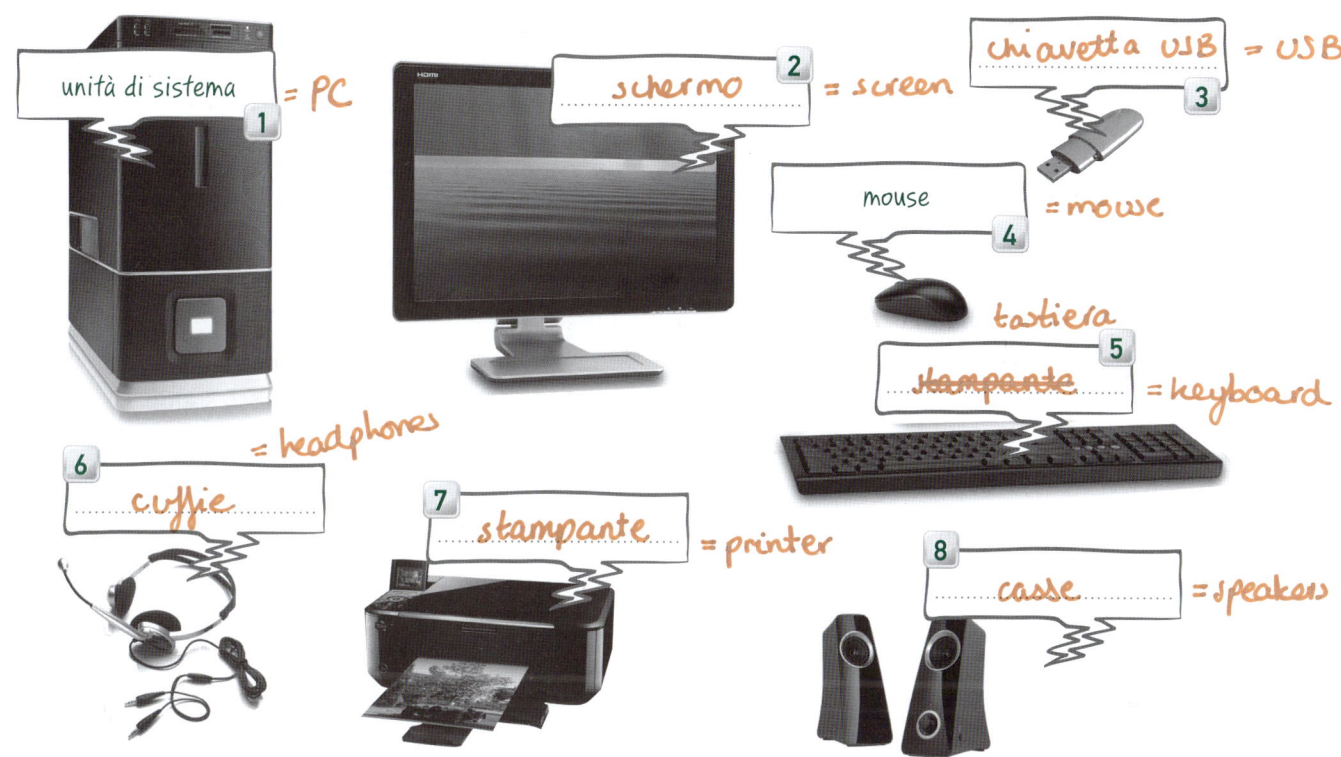

1. unità di sistema = PC
2. schermo = screen
3. chiavetta USB = USB
4. mouse = mouse
5. ~~stampante~~ tastiera = keyboard
6. cuffie = headphones
7. stampante = printer
8. casse = speakers

b. Vocabolario *Vocabulary*

andare su un sito = to go to a site
allegare = to attach
(in) allegato = (as an) attachment
archivio = file
cancellare = to delete
cartella = folder
caricare = to upload
cercare = to search
chattare = to chat
cliccare = to click
collegamento = connection
collegarsi a = to connect to
computer portatile = laptop
connessione = connection
connettersi a = to connect to
copiare = to copy
digitare = to type

fare una ricerca = to search
file = file
icona = icon
indirizzo di posta elettronica = e-mail address
incollare = to paste
installare = to install
inviare = to send
laptop = laptop
link = link
mail = e-mail
mandare = to send
motore di ricerca = search engine
navigare (su Internet) = to surf the web
salvare = to save
scaricare = to download
sito = site
spedire = to send

affidabile = trustworthy
fidarsi = to trust
  ↳ Non mi fido di....
  ↳ I don't trust

Preparazione al NEW GCSE in Italian

Preparazione al NEW
GCSE in Italian

3 Completa le seguenti frasi con le parole dei punti a e b.
Complete the following sentences with the words given in points a and b.

1. Quando voglio **chattare** con qualche amico, mi collego a una chat room oppure **vado** su Facebook.
2. "Quale **motore** di ricerca usi per cercare informazioni su Internet?" "Google oppure Yahoo."
3. Adesso **invio** una mail a Riccardo e gli metto in allegato i compiti per casa. → attach homework
4. Ieri **ho guardato/scaricato** qualche video di musica da Internet.
5. Per collegarti al **sito** della scuola devi cliccare su questo link.
6. Dopo che hai scaricato il file, lo puoi **salvare** in questa cartella.
7. Io uso il PC per **navigare** su Internet, ascoltare la musica con le cuffie e scrivere **mail** ai miei amici.
8. "Accidenti! La mia **stampante** non funziona e dunque non posso stampare i documenti." "Puoi **installare** i file nella chiavetta USB e andare a un Internet Café."
9. Oggi voglio **usare** Skype sul mio computer.
10. Il PC portatile è molto comodo perché ha insieme la **tastiera** e lo schermo.

c. **Esprimere uno scopo, una finalità** *To express a purpose*

- **per** + Infinito:
  Io uso Internet **per cercare** informazioni.
  Io vado su YouTube **per guardare** i video musicali.
  Io mi collego a Facebook **per chattare** con i miei amici.

4 Rispondi alle seguenti domande esprimendo lo scopo con **per** + Infinito.
Answer the following questions expressing the purpose with per + Infinitive.

1. Per cosa usi Facebook?
   ....
2. Perché navighi su Internet?
   ....
3. Perché ti colleghi a YouTube?
   ....
4. Perché vai su Google?
   ....
5. Per cosa usi il computer?
   ....

EDILINGUA

Media and Arts

Cinema, TV Programmes, Newspapers and Magazines, **Internet**, Cultural Events, Books

Chapter 1

d. Gli avverbi di tempo *Adverbs of time*

- Io controllo **sempre** la mia posta elettronica. *(always)*
- Io vado **spesso** su Facebook. *(often)*
- Io guardo video su YouTube **qualche volta**. *(sometimes)*
- **Ogni tanto** uso Skype. *(once in a while)*

Sempre, spesso, qualche volta can be put both before and after the verb:
Io **qualche volta** scarico musica da Internet. = Io scarico musica da Internet **qualche volta**.

> **Attenzione!** *Attention!*
>
> With mai (*never*) the construction of the sentence is the following:
> non + verb + mai (Io **non** chatto **mai**).

5 **Scrivi delle frasi secondo il modello. Usa gli avverbi di tempo coniugando il verbo alla I persona singolare io.** *Write some sentences as in the example. Use the first person singular io and talk about yourself using* sempre, spesso, qualche volta, ogni tanto, mai.

Esempio: navigare su Internet

Io navigo su Internet qualche volta.

usare il computer

....

scrivere mail

....

andare su Facebook

....

chattare con gli amici

....

scaricare video o musica

....

collegarsi a YouTube

....

e. Dare un consiglio con il verbo *potere* *To give advice with the verb "potere"*

- **puoi** + Infinito:
  "Devo fare una ricerca su Internet su Giuseppe Garibaldi e non so da dove cominciare."
  "**Puoi usare** il motore di ricerca Google e collegarti a un sito di storia."

  "Vorrei ascoltare un po' di buona musica." "**Puoi andare** su YouTube e scegliere un video musicale."

Preparazione al NEW GCSE in Italian

Preparazione al NEW
GCSE in Italian

"La connessione Internet del mio PC non funziona e io devo mandare una mail importante a Chiara."
*"**Puoi andare** a un Internet Café."*

6 **Da' un consiglio a queste persone.** *Give these people advice.*

1. "Vorrei comprare un computer nuovo."
   ....

2. "Devo fare una ricerca su Shakespeare e non so da dove cominciare."
   ....

3. "Mi piacerebbe chattare con qualcuno adesso."
   ....

4. "Vorrei imparare a usare Excel."
   ....

5. "Come posso fare per parlare con qualcuno usando Internet?"
   ....

Siti per imparare e migliorare la lingua italiana *Sites for learning Italian and improving your Italian skills*

http://parliamoitaliano.altervista.org/
http://www.impariamoitaliano.com/
http://www.iluss.it/sito_it/
http://www.oneworlditaliano.com/
http://www.dienneti.it/aree-disciplinari/area-linguistica/italiano-per-stranieri/

Attività di parlato (*Edexcel – Task 2: Picture-based task – H*) *Speaking task*

Topic: *Hobbies and Free time*

Guarda la foto e prepara le risposte ai seguenti punti:

- descrizione della foto
- Internet: la tua opinione
- quanto spesso ti colleghi a Internet e siti web visitati di solito
- Internet: per cosa lo utilizzi
- !

The dialogue will last approximately between three to three-and-a-half minutes.

Nella foto ci sono students studiano en frente di un computer. C'é una figlia con gli occhi marroni e il cabello largo e marrone. Il ragazzo e picollo e ha il cabello riccato et e molto corto

EDILINGUA

Media and Arts

Cinema, TV Programmes, Newspapers and Magazines, **Internet**, Cultural Events, Books

Chapter 1

💡 Suggerimenti *Tips*

bisogna controllare

✱ Come descivere una fotografia/un'immagine (*how to describe a photo/picture*)

In questa foto(grafia)/immagine
- possiamo vedere/notare
- si può vedere/notare
- c'è (+ singolare)/ci sono (+ plurale)

- in primo piano (*in the foreground*)/sullo sfondo (*in the background*)/al centro/a destra/a sinistra/in alto/in basso (vedi punto e "Ubicazione/Localizzazione nello spazio" a pagina 164. *See also point e "Location/Position" on page 164*)

✱ Come dibattere le tue opinioni/il tuo punto di vista (*how to debate your opinions/views*)

I) **Per esprimere la tua opinione** (*to express your opinion*)
Per me/Secondo me, Internet ha molti vantaggi/**Io penso/credo/ritengo che** Internet **abbia** molti vantaggi **per i seguenti motivi/per le seguenti ragioni**...
Attenzione! Con i verbi di opinione *pensare, credere, ritenere* etc. si deve usare il modo Congiuntivo. Vedi spiegazione e coniugazione alle pagine 238 e 239. (*Attention! With the verbs of opinion "pensare", "credere", "ritenere", you must use the Congiuntivo. - See the explanation and conjugation on pages 238 and 239*)

II) **Per sostenere la tua opinione** (*to support your opinion - First of all, Firstly, In the first place*)
In primo luogo/Innanzitutto/Prima di tutto perché puoi chattare con i tuoi amici.

III) **Per aggiungere altri punti/altre ragioni** (*to add points and reasons - and then ... and also ...*)
Poi ci sono moltissimi siti interessanti che puoi visitare.
...e anche puoi sapere le previsioni del tempo in anticipo.
...e poi puoi fare ricerche per la scuola.

IV) **Per aggiungere un elemento cruciale** (*to add a crucial element - furthermore/moreover*)
Inoltre/Oltretutto/In più, non costa molto.

V) **Per concludere, ripetendo il punto I con parole diverse** (*to conclude, repeating point I using different words - So, Therefore, Thus, etc.*)
Dunque/Perciò/Quindi/Insomma/Pertanto, Internet è utile e ha molte cose positive.

Per me/Secondo me, Internet ha molti vantaggi/**Io credo** che Internet **abbia** molti vantaggi per i seguenti motivi/per le seguenti ragioni. **Prima di tutto** perché puoi chattare con i tuoi amici. **Poi** ci sono moltissimi siti interessanti che puoi visitare, **e anche** puoi sapere le previsioni del tempo in anticipo e **poi** puoi fare ricerche per la scuola. **In più**, non costa molto. **Pertanto**, Internet è utile e ha molte cose positive.

È un fenomeno globale. = It's a global phenomen
In Italia usano molto

✏️ Attività di scrittura (*Edexcel – H*) Writing task

Un tuo amico/Una tua amica ti chiede di aiutarlo/aiutarla a cercare informazioni su Internet per un compito che gli/le è stato assegnato a scuola. Scrivigli/Scrivile una mail in cui gli/le rispondi dicendo anche per cosa usi Internet di solito.

Devi includere i seguenti punti:

- i siti che che lui/lei può visitare per cercare le informazioni per il compito
- come scaricare i file e salvarli
- per cosa utilizzi Internet di solito
- consiglio di un sito di giochi interessante
- aspetti positivi e negativi di Internet

Scrivi 80-90 parole circa **in italiano**.

Avrano... Penso che siano/sia
la divisa abbia/abbiano

Preparazione al NEW GCSE in Italian

Preparazione al NEW
GCSE in Italian

💡 Suggerimenti Tips ℹ️ ✉️

* **Per dire come andare sui siti, scaricare i file, salvarli etc.**
  (*to say how to go to sites, download files, save them, etc.*)
  Per cercare le informazioni, devi andare su Google e digitare... [si deve]
  Per trovare le informazioni, devi andare su + nome del sito
  Per scaricare un file, devi cliccare sull'icona... — icon
  Per salvare un file, devi cliccare su "Salva con nome".

  [to look for] [to download]

* **Per dire per cosa utilizzi Internet** (*to say what you normally use the Internet for*)
  Di solito uso Internet **per** + Infinito (per cercare informazioni, per chattare con i miei amici, per scrivere mail etc.).

* **Per consigliare un sito di giochi interessante** (*how to recommend an interesting games site*) [recommend/advise]
  Ti consiglio di andare/Puoi andare sul sito...
  Lì ci sono/puoi trovare alcuni giochi avvincenti/interessanti.

[usually] [consiglio = advice]

[di solito = usually]
[generalmente = generally]
[in genere = generally]
[sola = only]
[unico = only]

👤 Attività di lettura (*AQA – H – Section A*) Reading task

[i soliti problemi = the usual problems]

Italian Literature

Your Italian friend Nicola has sent you an e-mail. Read it.

Caro/a ...,

come stai? Spero bene.

Ti scrivo per raccontarti che da qualche settimana nella mia scuola noi abbiamo cominciato a usare Internet. <u>Una volta alla settimana</u>, il mercoledì dalle 9 alle 10, andiamo in un'aula dove ci sono molti computer e il professore ci spiega come usare la Rete per cercare le informazioni utili per le nostre materie di studio. Per esempio, ci dice come usare un motore di ricerca, come selezionare le pagine web e <u>anche come scaricare e salvare un file</u>. A me piace molto navigare su Internet, anche quando sono a scuola, perché posso imparare tante cose in modo facile e divertente. L'ultima volta a lezione <u>abbiamo visitato il sito www.letteratura.it</u>, dove ci sono molti testi letterari che si possono scaricare. <u>Abbiamo scaricato e salvato sul PC alcune poesie di Dante Alighieri</u>. Io non le ho ancora lette, ma sono sicuro che sono molto belle e interessanti. Francesca invece pensa che siano noiose e difficili.

E tu usi molto Internet? Su quali siti vai quando lo usi?

A presto,
Nicola

44

EDILINGUA

Media and Arts

Cinema, TV Programmes, Newspapers and Magazines, **Internet**, Cultural Events, Books

Chapter 1

According to the text, which **five** statements are correct?

A	In the school they use the Internet once a week.
B	The teacher explains how to upload videos.
C	The teacher explains how to install programs.
D	During the lessons students can learn how to download and save a file.
E	Nicola gets bored during the lessons.
F	Last lesson they went to an Italian literature site.
G	They downloaded some material.
H	Francesca is looking forward to reading Dante's poems.
I	Francesca doesn't think that Dante's poems are interesting.
J	Nicola asks whether you visit literature sites.

- devi = you must
- si deve = one must
- bisogna = it's necessary
- è necessario = it's necessary

Write the correct letters in the boxes.

 A   D   F   G   I [5 marks]

Attività d'ascolto (*AQA – H – Section A*) Listening task

The Web

You listen to Davide talking to his friend Carlotta about what they use the Internet for.

Complete the table **in English**. Give **one** detail in each box.

Quanto spesso Davide usa Skype?

1 How often he uses Skype
- una volta alla settimana
- sempre

Perche non gli piace Facebook?

Why he doesn't like Facebook
- non ha niente di privacidad
- conoscere di tutti di fatti privatti

[2 marks]

Perche pensa YouTube sia molto utile?

2 Why he thinks YouTube is very useful
- studiare il inglese
- vedere video
- studiare una lengua straniera

guarda
leggere

Quante mails scrive ogni giorno?

The number of e-mails he writes everyday
- una o due a giorno

[2 marks]

Che tipo di blog propone Carla?

3 What kind of blog is Carlotta proposing? Give **one** detail.
per studiare il inglese → per il studio di inglese [1 mark]

- video
- lecture
- eserceci
- exami

- IMPARARE — to learn
- STUDIARE — to study

Preparazione al NEW
GCSE in Italian

Grammatica *Grammar*

Leggi le frasi e completa lo schema. *Read the sentences and complete the chart.*

- Io devo fare una ricerca su Internet.
- Io e Francesca dobbiamo spedire una mail al direttore.
- Marco vuole scaricare un video.
- Loro vogliono chattare su Facebook.
- Puoi digitare "letteratura italiana" e vedere quali siti appaiono.
- Tu e Maria potete navigare su Internet, ma prima dovete studiare.

→ Vorrei
→ potrei
dovrei ←

I VERBI SERVILI DOVERE, VOLERE, POTERE + INFINITO		
DOVERE (obbligo) To have to/must	**VOLERE** (volontà/desiderio) To want/To wish	**POTERE** (possibilità, permesso, consiglio) can/may
Io **devo**	Io voglio	Io posso
Tu devi	Tu vuoi	Tu **puoi**
Lui/Lei deve	Lui/Lei **vuole**	Lui/Lei può
Noi **dobbiamo**	Noi vogliamo	Noi possiamo
Voi dovete	Voi volete	Voi **potete**
Loro devono	Loro **vogliono**	Loro possono
Io devo studiare.	Paolo vuole uscire.	Noi possiamo venire.

1 Completa con i verbi servili dovere, volere, potere. *Complete with the verbs dovere, volere, potere.*

1. Noi (dovere) **dobbiamo** studiare sempre per la lezione di Italiano.
2. Io non (potere) **posso** parlare tedesco. *Non so parlare tedesco*
3. "(Tu-volere) **Vuoi** andare a teatro questa sera?" "Mi dispiace, non (io-potere) **posso** ~~Devo~~ perché (io-dovere) **devo** lavorare."
4. Marco e Claudio (volere) **vogliono** preparare la cena.
5. Io e mia moglie non (potere) **possiamo** venire a lezione oggi.
6. Maria non (volere) **vuole** uscire questa sera. Preferisce rimare a casa. *→ Rimanere*
wote → 7. Domani io (dovere) **devo** studiare molto.
8. Francesca non (potere) **può** collegarsi a Internet da una settimana.
↳ (formal)

46   EDILINGUA

✱✱✱ Dovrei = I ought / Dovresti = you ought / Dovrebbe = it should

Media and Arts

Chapter 1

Cinema, TV Programmes, Newspapers and Magazines, Internet, **Cultural Events**, Books

[CULTURAL EVENTS]

sorprendere = surprise

1 **Leggi la seguente lettera.** *Read the following letter.*

Caro Francesco, → *last Saturday*

ti scrivo per raccontarti che sabato scorso sono andata a Milano al concerto di Rihanna, la cantante barbadiana che mi piace tanto. Sono andata al concerto con la mia compagna di scuola Adriana. Ti ricordi di lei? Quando eravamo piccoli giocavamo insieme a lei. È stata una giornata molto intensa. Faceva caldo ed eravamo tutte e due molto emozionate. Prima siamo partite in treno alle dieci della mattina da Venezia e siamo arrivate a Milano a mezzogiorno e mezzo. Poi abbiamo pranzato in un fast food e dopo abbiamo preso la metropolitana per il Palasport. Quindi abbiamo fatto una coda di tre ore sotto il sole e infine siamo entrate. Poi abbiamo aspettato per altre quattro ore e infine le luci si sono spente, lei è salita sul palco e il concerto è cominciato. Lei portava un vestito bianco molto elegante e mentre lei cantava e ballava anche gli spettatori cantavano e ballavano. Il concerto è durato circa due ore e a mezzanotte siamo uscite dal Palasport. Eravamo molto stanche ma anche molto contente. Abbiamo dormito in un hotel del centro e infine siamo tornate a casa il giorno dopo verso le sette del mattino. Ci vediamo la prossima settimana alla festa di compleanno di Alberto.

Ciao
Claudia

under the sun
queue
switch off
Quindi – so/next
wait

2 **Rispondi alle seguenti domande (prima a voce e poi per iscritto).**
Answer the following questions (first orally and then in writing).

Prima o poi ↳ sooner or later

1. Cosa ha fatto Claudia sabato scorso?
   è andata a Milano al concerto di Rihanna
2. Chi è Adriana?
   la sua compagna di scuola
3. A che ora sono partite da Venezia e a che ora sono arrivate a Milano Claudia e Adriana?
   alle dieci della mattina e sono arrivate alle mezzogiorno e mezzo
4. Dove hanno pranzato?
   in un fast food
5. Cosa facevano gli spettatori durante il concerto?
   cantavano e ballavano
6. Quanto è durato il concerto?
   circa due ore
7. Come stavano Claudia e Adriana dopo il concerto?
   molto stanche ma anche molto contente
8. Quando sono tornate a Venezia?
   il giorno dopo le sette del mattino

Preparazione al NEW GCSE in Italian

Potrei = I could / potresti / potrebbe } CONDITIONAL

Preparazione al NEW
GCSE in Italian

 a. Vocabolario. Scrivi le parole negli spazi vuoti.
Vocabulary. Write the words in the blank spaces.

> opera teatrale ◆ mostra ◆ matrimonio ◆ compleanno

concerto   *compleano*   *festa di laurea*

applaudire = *to applaud*
ballare = *to dance*
basso = *bass guitar*
batteria = *drums*
blues = *blues*
cantante = *singer*
cantare = *to sing*
divertirsi = *to enjoy oneself*
durare = *to last*
fare la coda = *to queue*
gruppo = *group, band*
jazz = *jazz*
luci = *lights*
microfono = *microphone*
musica = *music*
musicista = *musician*
orchestra = *orchestra*
palasport = *sports arena*
palco = *stage*
pop = *pop*
pubblico = *public, audience*
riflettori = *spotlights*
rock = *rock*
spettatore = *spectator*
stadio = *stadium*
suonare = *to play*
suono = *sound*
strumenti musicali = *musical instruments*
tour = *tour*

aranciata = *orange soda/orangeade*
bere = *to drink*
bibita = *drink*
compiere (gli anni) = *to have a birthday*
coca cola = *coke*
candeline = *candles*
festeggiare = *to celebrate*
mangiare = *to eat*
patatine = *crisps*
pop corn = *pop corn*
regalare = *to give (as a present)*
ridere = *to laugh*
regalo = *present, gift*
spremuta = *orange juice*
succo = *juice*
torta = *cake*

biologia = *biology*
cerimonia di laurea = *graduation ceremony*
chimica = *chemistry*
economia = *economics*
congratularsi con = *congratulate*
fisica = *physics*
informatica = *IT, computer science*
ingegneria = *engineering*
legge = *law*
laurea = *BA/BSc degree*
laurearsi = *to graduate*
laureato/a = *graduate*
letteratura = *literature*
lingue = *languages*
medicina = *medicine*
scienze politiche = *political science*
università = *university*

EDILINGUA

Media and Arts

Chapter 1

Cinema, TV Programmes, Newspapers and Magazines, Internet, **Cultural Events**, Books

4. *mostra*
5. *matrimonio*
6. *opera teatrale*

affresco = fresco
ammirare = to admire
arte = art
artista = artist
galleria = art gallery
museo = museum
opera = artwork
orario = time
pittore = painter
pittura = painting
quadro = painting
scultore = sculptor
scultura = sculpture
visitatore = visitor

amici = friends
banchetto = banquet
brindare = to toast
brindisi = toast
discorso = speech
genitori = parents
invitati = guests
luna di miele = honeymoon
marito = husband
moglie = wife
parenti = relatives
sposo = groom
sposa = bride
viaggio di nozze = honeymoon

assistere a = to attend, to watch
atto = act
attore = actor
attrice = actress
commedia = comedy
costumi = dress, costumes
personaggi = characters
protagonisti = main characters/heroes
recita = play
recitare = to act/recite
scenografia = set design
teatro = theatre
tragedia = tragedy

3 Completa le seguenti frasi con le parole del punto a.
Complete the following sentences with the words given in point a.

1. Ieri sono andato al *concerto* dei *Coldplay*, un gruppo rock britannico molto famoso in tutto il mondo.
2. Sono andato alla festa di ~~compleanno~~ *laurea* di Francesco. Si è laureato in Ingegneria.
3. Al *matrimonio* di Laura e Piero c'erano pochi invitati: solo i genitori e qualche parente. Mi hanno detto che vanno in viaggio di nozze in Sicilia.
4. Alla festa di ~~laurea~~ *compleanno* di Daniele abbiamo fatto molte cose: abbiamo ballato, abbiamo guardato la TV, *mangiato* la torta, abbiamo bevuto le bibite e gli abbiamo dato i *regali*.
5. La settimana scorsa ho assistito a un'opera *teatrale* al Teatro Nazionale. Era una ~~commedia~~ *tragedia* di Shakespeare che s'intitola *Macbeth*. Lo spettacolo mi è piaciuto molto perché gli attori ~~atto~~ *recitavano* molto bene, i costumi erano quelli tipici dell'epoca e la scenografia era molto affascinante.
6. Domenica vado alla *National Gallery*, un importante ~~museo~~ *mostra* di Londra. Vado a vedere la *opera/mostra* sul Canaletto, un ~~artista~~ *pittore* veneziano che dipinse quadri su Venezia molto belli.

Preparazione al NEW GCSE in Italian

Preparazione al NEW
GCSE in Italian

b. Descrivere una cronologia/successione di fatti al passato
To describe facts in the past in chronological order

Devi usare i connettivi temporali (you have to use the time transition words):

* **Innanzitutto/Prima di tutto/Prima** (*first*)
  Alla festa di compleanno di Paolo **prima** abbiamo mangiato panini e patatine e abbiamo bevuto le bibite.

* **Poi/Successivamente/Dopo/Più tardi/Quindi** (*then, after, later*)
  Poi abbiamo ballato e **dopo** gli abbiamo dato i regali. **Quindi** lui ha spento le candeline e **poi** abbiamo mangiato la torta.

* **Infine/Alla fine/In conclusione** (*finally*)
  Infine abbiamo guardato un po' la TV.

4 Scrivi delle frasi al passato con le espressioni del punto b, come nell'esempio.
Write sentences using the past tense and the expressions given in point d as in the example.

Esempio: Ieri pomeriggio **I** pranzare **I** fare i compiti **I** andare da Lino **I** guardare la TV **I** tornare a casa
Ieri pomeriggio prima ho pranzato, poi ho fatto i compiti, dopo sono andato da Lino, quindi abbiamo guardato la TV, infine sono tornato a casa.

1. Domenica mattina **I** fare colazione **I** navigare su Internet **I** pranzare
   ....
   ....

2. Sabato pomeriggio **I** fare i compiti **I** telefonare a Carla **I** pranzare **I** uscire con Carla
   ....
   ....

3. Venerdì sera **I** fare la doccia **I** andare in centro **I** incontrare gli amici **I** andare a teatro
   ....
   ....

4. Ieri mattina **I** fare colazione **I** uscire di casa **I** prendere l'autobus **I** arrivare a scuola
   ....
   ....

5. Domenica pomeriggio **I** pranzare **I** ascoltare un po' di musica **I** telefonare ad Andrea **I** andare al cinema con Andrea
   ....
   ....

6. Al matrimonio di Sergio e Francesca **I** assistere alla cerimonia **I** ascoltare il discorso degli sposi **I** fare un brindisi **I** pranzare all'aperto
   ....
   ....

EDILINGUA

Media and Arts

Cinema, TV Programmes, Newspapers and Magazines, Internet, **Cultural Events**, Books

Chapter 1

c. Descrivere situazioni al passato
To describe situations in the past

Indicazioni temporali del passato + Passato Prossimo
(expressions/points of time in the past + Passato Prossimo):

- Ieri (yesterday) **ho lavorato** molto.
- L'altro ieri (the day before yesterday) **ho incontrato** Marco al bar. *(meet)*
- Tre giorni **fa** (three days ago) **siamo andati** al cinema.
- Il mese **scorso** (last month) **avete venduto** la macchina.
- La settimana **scorsa** (last week) **sono andato** a teatro.
- L'anno **scorso** (last year) Paolo e Maria **sono venuti** a Roma.

5 **Rispondi alle seguenti domande.** *Answer the following questions.*

1. Quando sei andato/a al cinema?

2. Quando hai cominciato a studiare italiano?

3. Quando sei andato/a al museo?

4. Quando sei andato/a in vacanza?

5. Quando hai guardato la TV?

6. Quando hai scritto una mail?

Preparazione al NEW GCSE in Italian

Preparazione al NEW
GCSE in Italian

d. Descrivere situazioni del passato con il Passato Prossimo e l'Imperfetto
To describe past situations with the Passato Prossimo and the Imperfetto

SI USA IL PASSATO PROSSIMO (*Passato Prossimo is used*):	SI USA L'IMPERFETTO (*Imperfetto is used*):
✱ **Per descrivere fatti in sé conclusi** *To describe completed single facts* Ieri **sono andato** a teatro.	✱ **Per descrivere azioni non ancora concluse, spesso introdotte da mentre o quando** *To describe past actions not concluded yet, often introduced by mentre or quando* Ieri **mentre tu ammiravi** i quadri alla mostra, **io cucinavo**.
✱ **In una cronologia** *In a chronology* Alla festa di compleanno di Andrea **prima abbiamo guardato** la TV, **poi abbiamo mangiato** la torta, **infine abbiamo ballato**.	✱ **Descrivere sensazioni, emozioni, stati psicofisici, sentimenti** *To describe physical and psychological conditions* Alla laurea di suo figlio Mara **era molto emozionata**.
✱ **Quando si quantifica la durata o il tempo** *When time and duration are quantified* Lo sposo ha fatto un discorso molto lungo, **ha parlato per circa mezz'ora**.	✱ **Caratteristiche e descrizioni di persone, oggetti e situazioni (in questo caso si usano molto le forme c'era + singolare/c'erano + plurale)** *Characteristics of people, objects and situations. In this case c'era + singular/c'erano + plural are often used.* Al concerto **c'erano** almeno 15.000 spettatori e dentro il Palasport **faceva molto caldo**. **Il palco era enorme** e **il cantante indossava** un vestito di pelle.
	✱ **Azione abituale, che si faceva regolarmente** *Past habit, action that you did on a regular basis* **Da bambino festeggiavo** il mio compleanno in giardino.

6 Passato prossimo o Imperfetto? Scegli l'opzione corretta come nell'esempio.
Choose the correct option as in the example.

Ciao Carlo,
come stai? Spero bene.
L'altro ieri <u>sono andato</u>/andavo alla festa di compleanno del mio amico Roberto. Sono uscito/Uscivo di casa alle tre del pomeriggio e sono arrivato/arrivavo a casa sua verso le tre e mezzo. Alla festa ci sono stati/c'erano quasi tutti i nostri amici e compagni di scuola. Abbiamo avuto/Avevamo tutti voglia di divertirci senza pensare alla scuola. All'inizio abbiamo parlato/parlavamo un po' fra di noi, poi abbiamo mangiato/mangiavamo i panini e le patatine e dopo abbiamo ascoltato/ascoltavamo la musica. Roberto è stato/era molto contento perché c'è stata/c'era anche Chiara, una ragazza che a lui piace tanto. Infatti, quando lei gli ha dato/dava il regalo, lui non è riuscito/riusciva a dire niente dall'emozione. Siccome è stata/era una bella giornata, abbiamo mangiato/mangiavamo la torta in giardino. Più tardi, verso le cinque e mezzo, abbiamo cantato/cantavamo qualche canzone tutti insieme. Siamo stati/Eravamo tutti felici anche perché è stato/era sabato e dunque non abbiamo dovuto/dovevamo studiare o fare i compiti. Alla fine sono tornato/tornavo a casa alle sette di sera e poi non ho mangiato/mangiavo perché non ho avuto/avevo più fame.

Ciao,
Michele

Media and Arts

Chapter 1

Cinema, TV Programmes, Newspapers and Magazines, Internet, **Cultural Events**, Books

Attività di parlato (AQA – Role-play – H) *Speaking task*

You talk about a cultural event (birthday, concert, play, art exhibition, etc.) with an Italian friend.

You should address your friend as *tu*.

When you see this – ! – you will have to respond to something you have not prepared.
When you see this – ? – you will have to ask a question.

> Parli di un evento culturale (compleanno, concerto, opera teatrale, mostra etc.) con un amico/un'amica italiano/a.
> - Eventi culturali – a quale/i ti piace andare/assistere e perché
> - Evento culturale a cui sei andato/a – descrizione
> - Eventi culturali a cui ti piaceva andare da bambino/a
> - Eventi culturali organizzati nella tua scuola
> - !
> - ? Opinione su eventi culturali organizzati in città

The dialogue will last approximately 2 minutes.

Suggerimenti *Tips*

✿ **Per parlare degli eventi culturali a cui ti piace andare/assistere**
(*how to talk about the cultural events you like to attend*)
Mi piace andare/assistere a + evento al plurale:
Mi piace andare alle mostre d'arte contemporanea.
Mi piace assistere alle opere teatrali.

✿ **Per parlare degli eventi culturali a cui ti piaceva andare/assistere da bambino/a**
(*how to talk about the cultural events you liked to attend when you were a child*)
Quando ero/Da piccolo/a (bambino/a) mi piaceva andare/assistere a + evento al plurale:
Da piccolo mi piaceva andare alle feste di compleanno dei miei amici.
Quando ero bambina mi piaceva assistere alle recite teatrali della scuola.

✿ **Per parlare degli eventi culturali organizzati nella tua scuola**
(*how to talk about the cultural events organised in your school*)
Nella mia scuola organizziamo/facciamo + evento al plurale:
Nella mia scuola organizziamo recite teatrali.
Nella mia scuola facciamo concerti.

Preparazione al NEW GCSE in Italian

Preparazione al NEW
GCSE in Italian

Attività di scrittura (*AQA – H*) *Writing task*

Ti piace andare ai concerti? Scrivi una mail a un tuo amico/una tua amica italiano/a.

Menziona:

- un concerto a cui hai assistito
- la tua opinione sul concerto
- quale tipo di musica preferisci
- a quale concerto vorresti assistere in futuro

Scrivi circa 90 parole **in italiano**. Rispondi a **tutti** gli aspetti della domanda.

Suggerimenti *Tips*

✱ Per dire la tua opinione sul concerto (*how to give your opinion of the concert*)
Secondo me/Per me il concerto è stato fantastico/magnifico/bellissmo.
Secondo me/Per me hanno/non hanno suonato bene.
Mi sono divertito/a tantissimo.
Purtroppo (*Unforutnately*) *non è stato un bel concerto.*
Mi sono proprio annoiato/a.

✱ Per dire a quale concerto vorresti assistere in futuro
(*how to say which concert you would like to go to in the future*)
Un giorno mi piacerebbe/vorrei/sarebbe bello andare a vedere (+ nome di un/una cantante
o nome di un gruppo al plurale) *Rihanna/i Coldplay* (in concerto) *dal vivo.*

Attività di lettura (*AQA – H – Section A*) *Reading task*

Events

You read these messages online.

 Venerdì scorso abbiamo passato una bellissima giornata a casa di Patrizia. Eravamo in tanti e ci siamo divertiti un sacco tutti quanti. All'inizio le abbiamo dato i regali, poi siamo andati in giardino a ballare al ritmo della musica reggae. Dopo lei ha spento le candeline (15 anni!) e abbiamo mangiato la torta e infine abbiamo cantato con il karaoke.
Simone

Che noia ieri sera a casa di Andrea! Lui aveva invitato circa 20 persone, ma eravamo solo in quattro. Molti non sono venuti perché stava nevicando e molto strade erano chiuse. Ad ogni modo io mi sono annoiata non solo perché eravamo in pochi ma anche per la musica che abbiamo ascoltato: cantanti e gruppi rap completamente sconosciuti.
Marisa

 Evviva! Sono maggiorenne! Per festeggiare i miei 18 anni la scorsa settimana ho organizzato una festa in cui ho invitato molte persone, fra cui il mio ex. Non so se ho fatto bene a invitarlo perché... proprio quel giorno ci siamo rimessi insieme.
Vittoria

Media and Arts

Chapter 1

Cinema, TV Programmes, Newspapers and Magazines, Internet, **Cultural Events**, Books

Ieri sono andato al Museo Centrale per vedere le opere di un pittore locale vissuto fra l'800 e il '900 e devo dire che sono rimasto impressionato dalle tonalità dei colori e anche dalle forme.
Gianfranco

Stare ad ascoltare per due ore il professore che spiegava nei dettagli temi che conoscevamo già come la tecnica utilizzata dal pittore, l'uso dei colori e l'impiego del chiaroscuro mi ha fatto perdere interesse per le opere. L'intero incontro mi è sembrato dunque una fastidiosa perdita di tempo perché mi sono annoiato e non ho imparato niente di nuovo.

Paolo

Mio fratello Alberto era molto soddisfatto quando ha visto tutte quelle persone che ammiravano le sue opere. Ovviamente io sono molto orgogliosa di lui e il giorno dell'inaugurazione io e mia madre eravamo tutte e due molto commosse. Spero che un giorno lui possa diventare un pittore professionista di grande successo.
Loredana

What cultural event is each group of people discussing? Answer the question **in English**.

1 Simone, Marisa, Vittoria: .... [1 mark]

2 Gianfranco, Paolo, Loredana: .... [1 mark]

3 Who expresses a negative opinion about the topics being discussed?
   Write the correct names in the spaces provided.

   1. [   ] [1 mark]   2. [   ] [1 mark]

4 How does Loredana feel about her brother's works?
   Give **one** reason from the text to support your answer.
   .... [1 mark]

5 Attività d'ascolto (*AQA – H – Section A*) Listening task

Cultural events in Italy

Your Italian friends are talking about cultural events in their country.

What is each person talking about? Write the correct letter in each box.

A	art exhibition
B	wedding
C	concert
D	birthday party
E	play

Answer all parts of the questions.

1 Dario   [   ]   [1 mark]

2 Antonia [   ]   [1 mark]

3 Filippo [   ]   [1 mark]

Preparazione al NEW GCSE in Italian

Preparazione al NEW GCSE in Italian

Grammatica *Grammar*

Leggi le frasi e completa lo schema. *Read the sentences and complete the chart.*

- Sergio ha lavato la sua macchina.
- Francesca e Giulio hanno comprato un televisore nuovo.
- Io sono uscito con Monica.
- Io e Franco siamo andati in centro.

PASSATO PROSSIMO	
Io ho comprato un libro.	Io **sono** andato/a al ristorante.
Tu hai dormito molto.	Tu sei venuto/a da solo/a.
Lui/Lei **ha** venduto la casa.	Lui è entrato in sala. / Lei è entrata in sala.
Noi abbiamo visto la partita.	Noi **siamo** venuti/e alle tre.
Voi avete lavorato molto.	Voi siete partiti/e presto.
Loro **hanno** parlato con il direttore.	Loro sono arrivati/e con me.

The Passato Prossimo is formed with the Presente Indicativo of essere or avere followed by the Participio Passato (Past Participle) of the verb.

Verbs expressing a movement or a fact (andare, arrivare, venire, tornare, nascere, diventare, etc.), as well as all reflexive verbs (svegliarsi, alzarsi, addormentarsi, divertirsi, etc.) are normally conjugated with the auxiliary essere, for which it is also necessary to agree the Participio Passato with the gender and the number of the subject (ending -o for masculine singular, -i for masculine plural, -a for feminine singular and -e for feminine plural).

PARTICIPIO PASSATO REGOLARE *Regular Past Participle*		
-are/-ATO	-ere/-UTO	-ire/-ITO
parlare/parlato	sapere/saputo	finire/finito

PARTICIPI PASSATI IRREGOLARI *Irregular Past Participles*		
accendere/acceso *to light*	fare/fatto *to do*	scendere/sceso *to go down*
aprire/aperto *to open*	leggere/letto *to read*	scrivere/scritto *to write*
bere/bevuto *to drink*	mettere/messo *to put*	smettere/smesso *to stop*
chiedere/chiesto *to ask*	offrire/offerto *to offer*	spegnere/spento *to spend*
chiudere/chiuso *to close*	perdere/perso *to lose*	spendere/speso *to switch off*
correggere/corretto *to correct*	promettere/promesso *to promise*	togliere/tolto *to take off*
(either) correre/corso *to run*	proporre/proposto *to propose*	vedere/visto *to see*
difendere/difeso *to defend*	raccogliere/raccolto *to gather*	venire/venuto *to come*
dire/detto *to say*	ridere/riso *to laugh*	vincere/vinto *to win*
essere/stato *to be*	scegliere/scelto *to choose*	vivere/vissuto *to live*

ammettere — to admit   passare — to spend
compromettere — to compromise

Media and Arts

Cinema, TV Programmes, Newspapers and Magazines, Internet, **Cultural Events**, Books

1 **Essere** o **avere**? Scegli l'ausiliare appropriato come nell'esempio.
Choose the correct auxiliary as in the example.

Esempio: Ieri sono/**ho** lavorato molto.

1. Tre giorni fa **abbiamo**/siamo parlato con Marco.
2. Ieri **ho**/sono guardato la televisione.
3. L'anno scorso noi abbiamo/**siamo** andati in vacanza a Roma.
4. La settimana scorsa Roberto **ha**/è studiato italiano.
5. Noi **siamo**/abbiamo venuti alle tre e mezzo.
6. Voi non avete/**siete** uscite ieri sera.

2 Coniuga i verbi fra parentesi al Passato Prossimo.
Conjugate the verbs in brackets using the Passato Prossimo.

1. Ieri io (studiare) **ho studiato** francese e tedesco.
2. "Tu (capire) **hai capito**?" "Sì, io (capire) **ho capito**."
3. Il fine settimana noi (cenare) **abbiamo cenato** al ristorante.
4. Monica e Antonella (uscire) **sono uscite** insieme ieri sera.
5. Michele (andare) **è andata** al cinema ieri sera.
6. Maria (entrare) **è entrata** al pub alle sette di sera.
7. Paolo e Anna (finire) **hanno finito** di studiare tardi.
8. Io e Carlo (tornare) ~~abbiamo tornato~~ **siamo tornati** a casa alle nove.
9. Roberto (lavorare) **ha lavorato** in ufficio.
10. Perché voi non (mangiare) **avete mangiato** la pasta?

3 Coniuga i verbi fra parentesi al Passato Prossimo.
Conjugate the verbs in brackets using the Passato Prossimo.

1. Stamattina (io-fare) **ho fatto** colazione alle otto.
2. Ieri sera noi (rimanere) ~~abbiamo rimanuto~~ **siamo rimasti** a casa e (vedere) **abbiamo visto** un film alla televisione.
3. Un mese fa Antonio (venire) **è venuto** a Londra.
4. Quante e-mail (tu-scrivere) **hai scritto** oggi?
5. La settimana scorsa io (leggere) **ho letto** un libro molto bello.
6. Daniele (dire) **ha detto** la verità.
7. Due ore fa io e Jack (fare) **abbiamo fatto** i compiti di italiano.
8. Voi (aprire) **avete aperto** la finestra.

Preparazione al NEW GCSE in Italian

Preparazione al NEW
GCSE in Italian

4 **Rispondi alle seguenti domande.** *Answer the following questions.*

1. Dove sei andato/a ieri?
   Ieri, sono andata a la scuola a piedi.
2. Cosa avete mangiato ieri sera?
   Ieri sera, ho mangiato una grande bistecca con verdura
3. Quante e-mail hai scritto oggi?
   Oggi, ho scritto cinque e-mail
4. Cosa hai visto alla televisione ieri sera?
   Ieri sera, ho visto due serie d'azione che s'intitola Friends e spider man.
5. Quali città italiane ha visitato Paul?
   Paul ha visitato Roma.
6. A che ora hai fatto colazione stamattina?
   Stamattina, ho fatto colazione alle siete.

IMPERFETTO - VERBI REGOLARI *Regular verbs*		
LAVORARE	**DOVERE**	**SALIRE**
Io lavoravo	Io dovevo	Io salivo
Tu lavoravi	Tu dovevi	Tu salivi
Lui/Lei lavorava	Lui/Lei doveva	Lui/Lei saliva
Noi lavoravamo	Noi dovevamo	Noi salivamo
Voi lavoravate	Voi dovevate	Voi salivate
Loro lavoravano	Loro dovevano	Loro salivano

L'Imperfetto ha pochi verbi irregolari (*The Imperfetto has few irregular verbs*):

IMPERFETTO - VERBI IRREGOLARI *Irregular verbs*			
ESSERE	**DIRE**	**FARE**	**BERE**
Io ero	Io dicevo	Io facevo	Io bevevo
Tu eri	Tu dicevi	Tu facevi	Tu bevevi
Lui/Lei era	Lui/Lei diceva	Lui/Lei faceva	Lui/Lei beveva
Noi eravamo	Noi dicevamo	Noi facevamo	Noi bevevamo
Voi eravate	Voi dicevate	Voi facevate	Voi bevevate
Loro erano	Loro dicevano	Loro facevano	Loro bevevano

Media and Arts

Cinema, TV Programmes, Newspapers and Magazines, Internet, **Cultural Events**, Books

Chapter 1

5 Coniuga i verbi fra parentesi all'Imperfetto.
Conjugate the verbs in brackets using the Imperfetto.

Quando ero piccolo (1. giocare) *giocavo* ✓ molto a calcio. Di solito (2. essere) *era* al campo subito dopo avere fatto colazione e subito dopo pranzo. I miei amici (3. dire) *dicevano* ✓ che io (4. essere) ~~era~~ *ero* un "malato di calcio". I miei genitori (5. pensare) *pensavano* al mio rendimento scolastico e non (6. essere) *erano* ✓ contenti. Da questo punto di vista forse (7. avere) *avevano* ✓ ragione perché nella mia classe io non (8. essere) *ero* ✓ certo il più bravo. Mentre i miei compagni (9. sapere) *sapevano* ✓ già fare tutte le quattro operazioni aritmetiche, io (10. potere) *potevo* ✓ a malapena eseguire l'addizione. Il mio maestro (11. credere) *credeva* ✓ in me e (12. dire) *diceva* che la mia passione per il calcio (13. essere) *era* ✓ passeggera. Certo non (14. sbagliarsi) *mi sbagliaravano* dato che sono *si sbagliava* diventato uno scrittore di successo e oggi guardo il calcio alla televisione.

6 Completa le seguenti frasi con l'Imperfetto o il Passato Prossimo.
Complete the following sentences using the Imperfetto or the Passato Prossimo.

1. Stamattina Luca (andare) *andava* a scuola in autobus.
2. Quando era studente Luca (andare) *è andato* a scuola tutti i giorni in autobus.
3. Ieri noi (mangiare) *abbiamo mangiato* la pizza.
4. Da piccoli noi (mangiare) *mangiavamo* la pizza tutte le domeniche.
5. Quando ero in vacanza (uscire) *uscivo* ogni sera.
6. Sabato scorso (io-uscire) *sono uscita* con Franca.
7. Mio padre da giovane (scrivere) *scriveva* con la macchina da scrivere.
8. Mio padre ieri (scrivere) *ha scritto* una mail a un suo collega.

Preparazione al NEW GCSE in Italian

Preparazione al NEW
GCSE in Italian

BOOKS

1 **Leggi il seguente dialogo.** *Read the following dialogue.*

Monica: Lorenzo, Lorenzo! Hai saputo che quest'anno dobbiamo leggere tutto il libro *Io non ho paura* di Niccolò Ammaniti?

Lorenzo: Sì. Io ho già cominciato a leggerlo e lo trovo molto interessante. E sai che dobbiamo anche preparare una scheda sul libro?

Monica: Cosa? Una scheda sul libro? Con la trama, i protagonisti, il contesto, lo stile e il messaggio?

Lorenzo: Esattamente, e la dobbiamo fare prima di Natale.

Monica: Non ci posso credere! Ma tu sai già di cosa parla questo racconto?

Lorenzo: Non è un racconto, ma un romanzo. È ambientato nell'Italia del Sud alla fine degli anni Settanta e i protagonisti sono alcuni bambini che giocano insieme nella campagna. Michele, uno di questi bambini, un giorno scopre che dentro un buco profondo c'è un bambino...

Monica: Caspita! La settimana scorsa ho visto un film che parlava di situazioni simili. Ricordi i nomi degli altri protagonisti?

Lorenzo: Veramente non li ricordo tutti. Ne ricordo alcuni: Michele, i suoi genitori, Filippo...

Monica: Ho capito. Io ho visto il film tratto dalla favola.

Lorenzo: È un romanzo! Non una favola!

Monica: Va bene, è un romanzo. Lo sai che non capisco niente di letteratura. Per me tutti i generi sono uguali. Tu che sei molto bravo in questa materia, mi aiuti a fare la scheda?

Lorenzo: D'accordo, ti aiuto. E tu mi puoi prestare le tue fotocopie dell'ultima lezione di Matematica?

Monica: Mi dispiace, non posso, le ho dimenticate in classe.

2 **Scegli l'opzione corretta.** *Choose the correct option.*

1. **Lorenzo...**
   a. ha già cominciato a leggere *Io non ho paura* di Niccolò Ammaniti e lo trova molto interessante.
   b. non ha ancora cominciato a leggere *Io non ho paura* di Niccolò Ammaniti.
   c. ha già cominciato a leggere *Io non ho paura* di Niccolò Ammaniti e lo trova molto noioso.

2. **Nella scheda gli studenti devono...**
   a. fare solo un riassunto della trama.
   b. esprimere le loro idee sul contenuto.
   c. descrivere la trama, il contesto, i personaggi, lo stile e il messaggio.

3. **Gli studenti devono preparare la scheda...**
   a. per dopo Natale.
   b. per la fine dell'anno.
   c. prima di Natale.

Media and Arts

Cinema, TV Programmes, Newspapers and Magazines, Internet, Cultural Events, **Books**

4. **I protagonisti del romanzo *Io non ho paura* sono dei bambini che...**
   a. fanno un film.
   b. leggono le favole.
   c. giocano nella campagna. ✓

5. **Monica ha visto il film tratto...**
   a. dal racconto.
   b. dal romanzo. ✓
   c. dalla favola.

6. **Lorenzo...** — accepts to help Monica
   a. non vuole aiutare Monica a fare la scheda.
   b. accetta di aiutare Monica. ✓
   c. chiede aiuto a Monica per fare la scheda.

a. Vocabolario *Vocabulary*

ambientare = *to set*	**opera teatrale** = *theatre play*
ambientazione = *setting*	**pagina** = *page*
autore = *author*	**poesia** = *poem*
biblioteca = *library*	**poeta** = *poet*
biografia = *biography*	**pubblicare** = *to publish*
capitolo = *chapter*	**personaggi** = *characters*
contesto = *context*	**protagonisti** = *main characters/heroes*
descrivere = *to describe*	**racconto** = *short story*
descrizione = *description*	**riassunto** = *summary*
favola = *fable*	**romanzo** = *novel*
fiaba = *fairy tale*	**saggio** = *essay*
genere = *genre*	**scrittore** = *writer (masc.)*
leggere = *to read*	**scrittrice** = *writer (fem.)*
letteratura = *literature*	**scrivere** = *to write*
libro = *book*	**stile** = *style*
libreria = *bookshop*	**tema** = *theme, topic*
messaggio = *message*	

b. I generi letterari. Unisci le due colonne come nell'esempio.
Literary genres. Match the two columns as in the example.

1. *La volpe e l'uva*, Esopo — The fox and the grapes
2. *Ivanhoe*, Sir Walter Scott
3. *Macbeth*, William Shakespeare
4. *Se*, Rudyard Kipling
5. *Cenerentola* (Cinderella), Charles Perrault
6. *Uno scandalo in Boemia*, Sir Arthur Conan Doyle

a. opera teatrale
b. racconto (short story)
c. poesia
d. romanzo
e. favola
f. fiaba (fairytale)

Preparazione al NEW GCSE in Italian

Preparazione al NEW GCSE in Italian

3 Completa le seguenti frasi con le parole dei punti **a** e **b**.
Complete the following sentences with the words given in points a and b.

1. *Romeo e Giulietta* è un'importante .... teatrale di William Shakespeare.
2. "Quale .... inglese ti piace?" "Virginia Woolf."
3. Lo .... di questo scrittore è molto complicato.
4. *Biancaneve* è una .... che abbiamo letto tutti.
5. "Conosci due .... inglesi?" "Wordsworth e Coleridge. Ho letto tutte le loro poesie."
8. .... dei romanzi di Charles Dickens sono quasi sempre bambini che vivono in un contesto povero.
7. Niccolò Ammaniti .... *Io non ho paura*.
8. Per l'esame di Inglese devo .... molti libri di letteratura.
9. L'................................. di *Orgoglio e pregiudizio* di Jane Austen è l'Inghilterra del XIX secolo.
10. La poesia e il racconto sono i miei .... letterari preferiti.

Romeo e Giulietta

c. Annunciare una notizia/Esprimere sorpresa
To announce news/To express surprise, astonishment

Sai/Sapete che Marco non lavora più qui?

Caspita!/Davvero?/ Non ci posso credere!/Veramente?/ Ma non mi dire!/No...

Hai/Avete saputo/sentito che Luke ha comprato una nuova casa?

Ma va!/ Possibile?

EDILINGUA

Media and Arts

Cinema, TV Programmes, Newspapers and Magazines, Internet, Cultural Events, **Books**

Chapter 1

4 Tu e un tuo compagno fate dei dialoghi come nel modello.
You and your friend make up some dialogues as in the example.

Esempio: Fabio vuole scrivere un libro.
- *Hai sentito che Fabio vuole scrivere un libro?*
- *Davvero?*

1. Dobbiamo leggere tutto il racconto per la prossima settimana.
2. L'insegnante di Letteratura ha pubblicato un saggio su Shakespeare.
3. Dobbiamo analizzare la poesia che abbiamo letto a scuola.
4. C'è una nuova libreria vicino alla scuola.
5. Riccardo ha già fatto la scheda su *Io non ho paura*.
6. Non dobbiamo leggere tutte le pagine del capitolo ma solo alcune.

d. Chiedere aiuto *To ask for help*

Chiedere aiuto *how to ask for help*	**Accettare di dare aiuto** *how to agree to help*	**Rifiutare di dare aiuto** *how to decline to help*
• **Mi aiuti a** + Infinito: *Mi aiuti a fare la scheda del libro?*	• *Va bene.*	• **Mi dispiace, non posso** + giustificazione: *Mi dispiace, non posso perché devo lavorare.*
• **Mi dai una mano a** + Infinito: *Mi dai una mano a scrivere il riassunto del capitolo?*	• *D'accordo.*	
• **Puoi aiutarmi a** + Infinito: *Puoi aiutarmi a fare la ricerca su questo scrittore?*	• *Ma certo.*	
	• *Sì, non c'è problema.*	

5 Sei nelle seguenti situazioni. Chiedi aiuto a un amico/un'amica che può accettare o rifiutare.
You are in the following situations. Ask your friend to help you. He/She can either agree to help or not.

Esempio: Devi fare la scheda del libro.
- *Mi aiuti a fare la scheda del libro?*
- *D'accordo.*

1. Devi preparare la presentazione su uno scrittore italiano.
2. Devi fare il riassunto del capitolo di un libro.
3. Devi convincere Paolo a fare la ricerca su Dante insieme a voi.
4. Devi compilare il questionario di comprensione su un racconto che hai letto.
5. Devi scrivere una poesia.
6. Devi fare la descrizione dei personaggi principali di un romanzo.

Preparazione al NEW GCSE in Italian

Preparazione al NEW
GCSE in Italian

e. **Descrivere un libro** *To describe a book*

a. *Oliver Twist* è + genere
b. di/scritto da (*by*) + autore
c. È ambientato (*it is set*) + dove e quando (*where and when*)
   - dove: in + paese/regione/isola; a + città
   - quando: negli anni '70/'80/'90 (*in the Seventies/Eighties/Nineties*)/ nel Medioevo (*in the Middle Ages*)/nell'antichità (*in the ancient times*)/ nel XIX secolo (*in the XIX century*) etc.
d. I protagonisti sono... (*the main characters are...*)
e. La storia/trama parla/tratta di/è su... (*the plot deals with/talks about/is about...*)
f. Secondo me/Per me, è un libro triste/divertente/difficile/ interessante/lungo etc.

Oliver Twist è un romanzo di (scritto da) Charles Dickens. È ambientato a Londra nel XIX secolo. I protagonisti sono alcuni bambini poveri. Parla della vita di Oliver, un bambino molto povero che vive situazioni molto difficili. Secondo me, è un libro interessante ma anche un po' triste.

6 Scrivi dei brevi testi come nel modello. *Write some brief texts as in the example.*

Esempio: *Ivanhoe* ▮ romanzo ▮ Walter Scott ▮ in Inghilterra nel Medioevo ▮ Ivanhoe e altri cavalieri sassoni ▮ le battaglie dei cavalieri sassoni contro la dominazione normanna ▮ libro lungo e molto interessante

Ivanhoe è un romanzo di Walter Scott. È ambientato in Inghilterra nel Medioevo. I protagonisti sono Ivanhoe e altri cavalieri sassoni. La storia parla delle battaglie dei cavalieri sassoni contro la dominazione normanna. Secondo me, è un libro lungo e molto interessante.

1. *Romeo e Giulietta* ▮ opera teatrale ▮ Shakespeare ▮ a Verona nel XVI secolo ▮ Giulietta e Romeo, due giovani amanti di due famiglie rivali ▮ amore tra Giulietta e Romeo e della loro fine tragica ▮ libro interessante ma molto triste

   ....
   ....
   ....
   ....

2. *Orgoglio e pregiudizio* ▮ romanzo ▮ Jane Austen ▮ in Inghilterra alla fine del XVIII secolo ▮ Elizabeth Benneth e la sua famiglia e Darcy, un ricco gentiluomo ▮ amore tra Darcy ed Elizabeth Bennet ▮ libro difficile ma anche divertente

   ....

Media and Arts

Cinema, TV Programmes, Newspapers and Magazines, Internet, Cultural Events, **Books**

Chapter 1

3. *La donna in nero* ❙ racconto ❙ Susan Hill ❙ negli anni '20 del XX secolo in un piccolo paese inglese ❙ Arthur Kipps, un giovane avvocato, e una misteriosa donna vestita di nero ❙ Arthur Kipps che scopre segreti inquietanti dentro la casa dove abitava una donna anziana morta da poco ❙ libro appassionante ma qualche volta fa paura

4. *Il signore delle mosche* ❙ romanzo ❙ William Golding ❙ un'isola deserta nel XX secolo ❙ un gruppo di bambini inglesi sopravvissuti a un incidente aereo ❙ come questi bambini inglesi organizzano la loro vita nell'isola deserta ❙ libro facile ma un po' violento

Attività di parlato (*Edexcel – Task 1: Role-play – H*) *Speaking task*

Topic: *Cultural life*

You are at an Italian friend's house and you talk about books.

You must address your friend as *tu*.

- Where you see – ? – you must ask a question.
- Where you see – ! – you must respond to something you have not prepared.

Task

Sei a casa di un tuo amico italiano/una tua amica italiana e parlate dell'importanza della lettura.

1. Importanza della lettura – ragioni
2. I giovani del tuo Paese – rapporto con la lettura
3. !
4. ? Opera letteraria – consiglio
5. ? Riassunto di un'opera letteraria – richiesta di aiuto

The dialogue will last approximately between two and two-and-a-half minutes.

Preparazione al NEW
GCSE in Italian

Suggerimenti Tips

* **Per dire le ragioni per cui la lettura/leggere è importante**
  (*how to give the reasons why reading is important*)
  Secondo me, è importante leggere perché puoi imparare molte cose utili. Leggere è utile anche per capire il mondo e la società. Poi la lettura ti permette di stimolare la tua immaginazione e inoltre serve a (*is useful to*) capire il carattere delle persone.

* **Per parlare del rapporto dei giovani del tuo Paese con la lettura** (*how to talk about the relationship that young people of your country have with reading*)
  I giovani del mio Paese leggono abbastanza (*enough*)/molto/tanto (*a lot/much*).
  A dire il vero (*to tell the truth/to be honest*) i giovani del mio Paese leggono poco/non leggono molto.

Attività di scrittura (*Edexcel – H*) Writing task

Un'opera letteraria

Partecipa a una competizione organizzata da una rivista italiana di letteratura in cui si assegna un premio importante al miglior articolo che descrive un'opera letteraria. Scriva un articolo in cui descrive la sua opera letteraria preferita.

Deve includere i seguenti punti:

* genere, titolo, autore, ambientazione, personaggi principali e una breve trama
* perché è la sua opera letteraria preferita
* consiglio a leggere la sua opera preferita
* se ha letto altre opere dello stesso autore

Giustifichi le sue idee e le sue opinioni. Scriva 130-150 parole circa **in italiano**.

Suggerimenti Tips

* **Per spiegare perché è la tua opera letteraria preferita**
  (*how to explain why it is your favourite literary work*)
  Questa è la mia opera letteraria preferita perché la storia/la trama è interessante e avvincente, i personaggi sono interessanti...

* **Per consigliare di leggere la tua opera preferita**
  (*how to express a recommendation to read it*)
  Consiglio a tutti di leggere questo romanzo/racconto/quest'opera teatrale perché...

* **Per dire se hai letto altre opere dello stesso autore**
  (*how to to say whether you have read other books by the same author*)
  Ho letto altri libri di + nome dell'autore/di questo autore, per esempio + nome dell'opera.
  Non ho letto altri libri di + nome dell'autore/di questo autore.

Media and Arts

Chapter 1

Cinema, TV Programmes, Newspapers and Magazines, Internet, Cultural Events, **Books**

Attività di lettura (*Edexcel – H – Section B*) Reading task

Romanzi italiani

Leggi queste informazioni su alcuni romanzi italiani contemporanei.

Ragazzi di vita: scritto da Pier Paolo Pasolini e pubblicato nel lontano 1955, il libro descrive la vita dei giovani emarginati della capitale in un contesto di povertà estrema in cui si commettono atti di criminalità. I protagonisti sono il Riccetto, Marcello, Alduccio, il Caciotta, il Lenzetta, Genesio, il Begalone, il Pistoletta. Loro sono i "ragazzi di vita", i quali non vanno a scuola né lavorano dedicandosi ai furti e alla violenza.

La solitudine dei numeri primi: romanzo del 2008 scritto da Paolo Giordano. Ha vinto importanti premi letterari e nel 2010 è uscito anche l'omonimo film. La trama, ambientata a Torino fra gli anni Ottanta e l'inizio del XXI secolo, racconta la storia dei due protagonisti principali, Alice e Mattia, la cui infanzia è segnata per entrambi da un evento traumatico. Alice è vittima di un terribile incidente durante una gara di sci, dopo il quale comincia a soffrire di anoressia; Mattia, invece, un giorno decide di lasciare sua sorella gemella Michela nel parco da sola per poter andare a un compleanno. Michela purtroppo non verrà mai più trovata.

Il nome della rosa: romanzo di Umberto Eco pubblicato per la prima volta nel 1980, ha avuto um enorme successo di pubblico a livello mondiale. Ambientato nel Medioevo in un'abbazia del Nord Italia, il libro descrive una serie di delitti misteriosi. Il protagonsta principale, il frate francescano Guglielmo da Baskerville, è incaricato di svolgere le indagini per risolvere il caso di alcune morti misteriose. Dal film è stato tratto anche un film interpretato da Sean Connery.

L'amica geniale: romanzo di Elena Ferrante pubblicato nel 2011, è la storia delle due amiche Elena e Raffaella, nate e cresciute in un quartiere popolare di Napoli. La trama, che si sviluppa fra gli anni Cinquanta e Sessanta del secolo scorso, riguarda la profonda amicizia che si instaura fra queste due amiche le quali, con la loro intelligenza, sfidano le consuetudini sociali di quell'epoca sognando un futuro migliore.

Qual è il romanzo corretto? Scegli fra *Ragazzi di vita*, *Il nome della rosa*, *La solitudine dei numeri primi* e *L'amica geniale*. Alcuni titoli possono essere usati più di una volta.

Esempio: Il romanzo ambientato in una città del Sud è ....*L'amica geniale*........ .

a. Il romanzo ambientato nell'Italia del Nord durante il Medioevo è .... (1)

b. Il romanzo che tratta dell'amicizia fra due ragazze è .... (1)

c. I due protagonisti hanno vissuto un'esperienza negativa da bambini nel romanzo
   .... (1)

d. Il romanzo ambientato in un contesto di emarginazione giovanile è .... (1)

e. Il romanzo in cui il protagonista è un frate francescano che indaga su misteriosi omicidi è
   .... (1)

(Total = 5 marks)

Attività di lettura (*Edexcel – H – Section C: Translation*) Reading task

Translate this passage **into English**.

> *Il sentiero dei nidi di ragno* è un romanzo ambientato in Liguria alla fine della Seconda guerra mondiale. La trama parla di Pin, il protagonista principale, un bambino senza genitori e senza amici che vive con la sorella. Pin preferisce passare il tempo con gli adulti e un giorno decide di combattere per liberare l'Italia dai fascisti e dai tedeschi.

(Total = 7 marks)

Preparazione al NEW GCSE in Italian

Preparazione al NEW GCSE in Italian

Attività d'ascolto (*Edexcel – H – Section A*) *Listening task*

Generi letterari

Ascolta una conversazione fra alcuni amici che esprimono i loro gusti letterari. Completa le frasi con una parola contenuta nel riquadro. Ci sono più parole che spazi.

> romanzi • ~~tragedie~~ • trama • protagonista principale • stile
> autore • genere • racconti brevi • fiabe • favole • poesie

Esempio: A Stefania piacciono le ....*tragedie*.... di Shakespeare.

a. A Marco piacciono molto le ....*poesie*.... del periodo romantico. (1)
b. Monica preferisce i ....*romanzi*.... con la ....*trama*.... molto lunga. (2)
c. Francesco legge solo ....*racconti brevi*..... (1)
d. La nonna di Alessandra le racconta le ....*fiabe*..... (1)
e. Carlo ha letto due volte un libro di ....*favole*..... (1)

(Total = 6 marks)

Grammatica *Grammar*

Guarda le seguenti parti del dialogo iniziale e completa come nell'esempio.
Look at the following taken from the opening dialogue and complete as in the example.

Monica: Lorenzo, Lorenzo! Hai saputo che quest'anno dobbiamo leggere tutto il libro *Io non ho paura* di Niccolò Ammaniti?

Lorenzo: Sì. Io ho già cominciato a leggerlo e lo trovo molto interessante (*lo refers to* ....*il libro*....). E sai che dobbiamo anche preparare una scheda sul libro?

Monica: Cosa? Una scheda sul libro? Con la trama, i protagonisti, il contesto, lo stile e il messaggio?

Lorenzo: Esattamente, e la dobbiamo fare prima di Natale (1. *la refers to* ....*una scheda*....).

Monica: Caspita! La settimana scorsa ho visto un film che parlava di situazioni simili. Ricordi i nomi degli altri protagonisti?

Lorenzo: Veramente non li ricordo tutti (2. *li refers to* ....*altri protagonisti*....). Ne ricordo alcuni: Michele, i suoi genitori, Filippo... (3. *ne refers to* ....*i protagonisti/nomi*....)

Monica: Va bene, è un romanzo. Lo sai che non capisco niente di letteratura. Per me tutti i generi sono uguali. Tu che sei molto bravo in questa materia, mi aiuti a fare la scheda (4. *mi refers to* ....*Monica*....)?

Lorenzo: D'accordo, ti aiuto (5. *ti refers to* ....*Monica*....). E tu mi puoi prestare le tue fotocopie dell'ultima lezione di Matematica?

Monica: Mi dispiace, non posso, le ho dimenticate in classe (6. *le refers to* ....*le fotocopie di Matematica*....)

Media and Arts

Chapter 1

Cinema, TV Programmes, Newspapers and Magazines, Internet, Cultural Events, Books

PRONOMI DIRETTI
Direct object pronouns

I pronomi diretti sostituiscono un complemento diretto. Il complemento diretto risponde alla domanda chi?/che cosa?
Direct object pronouns replace direct object complements. Direct object complements answer the questions who?/what?

"Conosci Paolo?" "Sì, conosco Paolo."
Who do I know? Paolo. "Paolo" è il complemento diretto. "Paolo" is the direct object complement.
Sì, **lo** conosco. Lo sostituisce "Paolo". *Lo replaces "Paolo".*

"Scrivi la mail?" "Sì, scrivo la mail."
What do I write? The e-mail. "La mail" è il complemento diretto. *"La mail" is the direct object complement.*
Sì, **la** scrivo. La sostituisce "la mail". *La replaces "la mail".*

Schema generale dei PRONOMI DIRETTI

SINGOLARE	PLURALE
mi *me*	ci *us*
ti *you (informal)*	vi *you (informal)*
La *you (formal masc. and fem.)*	
lo *him, it*	li *them (masc.)*
la *her, it*	le *them (fem.)*

I pronomi diretti si mettono prima del verbo. *Direct object pronouns are placed before the verb.*
Se trovo i libri, **li** compro. *If I find the books, I will buy them.*
"Quando fai le fotocopie?" "**Le** faccio domani." *(I will do them tomorrow.)*

Nelle frasi negative non si mette prima del pronome diretto.
In negative sentences, non is placed before the direct object pronoun.
Non **la** mangio. *I don't eat it.*
Non **ci** conoscono. *They don't know us.*

> **Attenzione!** *Attention!*
>
> "Conosci Paolo e Maria?" "Sì, **li** conosco."
> Come vedi, quando ci sono complementi diretti maschili e femminili nella stessa frase, si usa il pronome diretto li. *As you can see, when there are masculine and feminine direct object complements in the same sentence, the masculine plural direct object pronoun li is used.*

IL PRONOME PARTITIVO *NE*

Il pronome partitivo ne si deve usare con le quantità. *The pronoun ne is used with quantities.*

- "Quante bottiglie di vino compri?"
- Compro *due* bottiglie di vino.
- **Ne** compro *due*."

Preparazione al NEW GCSE in Italian

Preparazione al NEW
GCSE in Italian

I PRONOMI DIRETTI E IL PARTITIVO NE CON I VERBI SERVILI VOLERE, DOVERE, POTERE + INFINITO

Ci sono due possibilità (*there are two possibilities*):

a. "**Mi** puoi aiutare?" "Sì, **ti** posso aiutare."
   "Questo è un libro molto interessante. **Lo** vuoi leggere?" "Sì, **lo** voglio leggere."
   "Quanti capitoli dobbiamo leggere?" "**Ne** dobbiamo leggere tre."

b. "Puoi aiutar**mi**?" "Sì, posso aiutar**ti**."
   "Questo è un libro molto interessante. Vuoi legger**lo**?" "Sì, voglio legger**lo**."
   "Quanti capitoli dobbiamo leggere?" "Dobbiamo legger**ne** tre."

I PRONOMI DIRETTI E IL PARTITIVO NE AL PASSATO PROSSIMO
Direct object pronouns and "ne" in the Passato Prossimo

- Quando hai conosciuto <u>Carlo</u>?
- **L'**ho conosciut**o** l'anno scorso.

- Dove hai comprato <u>questi orecchini</u>?
- **Li** ho comprat**i** da Bulgari.

- Quanti <u>caffè</u> hai preso oggi?
- Non **ne** ho preso nessun**o**.
- **Ne** ho preso uno.
- **Ne** ho pres**i** tre.
- **Ne** ho pres**i** pochi.
- **Ne** ho pres**i** tanti.

- Quando hai conosciuto <u>Maria</u>?
- **L'**ho conosciut**a** ieri.

- Dove hai comprato <u>quelle scarpe</u>?
- **Le** ho comprat**e** da Prada.

- Quante <u>birre</u> hai bevuto ieri sera?
- Non **ne** ho bevut**a** nessun**a**.
- **Ne** ho bevut**a** una.
- **Ne** ho bevut**e** tre.
- **Ne** ho bevut**e** poche.
- **Ne** ho bevut**e** tante/molte.

Al Passato Prossimo i pronomi diretti lo, la, li, le e il partitivo ne vogliono la concordanza con il genere e il numero dell'oggetto (non del soggetto!) nella formazione del Participio Passato. Con i pronomi mi, ti, ci e vi la concordanza non è obbligatoria. Ricorda che lo e la possono perdere la vocale e diventare l'.
In the Passato Prossimo the Past Participles agree with the gender and number of the object (not the subject!) that the direct object pronouns (lo, la, li, le) refer to. With mi, ti, ci, vi agreement is not required. Remember that the pronouns lo and la can lose their vowels and become l'.

1 Inserisci i pronomi diretti o il partitivo ne. *Insert direct object pronouns or ne.*

1. Ho cucinato la pizza e ora **la** mangio.
2. "Quanti fratelli hai?" "**Ne** ho tre, tutti più grandi di me."
3. "Puoi accompagnare a scuola Viviana?" "Mi dispiace, non posso accompagnar**la** perché non ho tempo."
4. "Quando ci chiamate?" "**Vi** chiamiamo questa sera quando arriviamo a casa."
5. Emanuele, se vuoi, **ti** posso aiutare a pulire la casa.

EDILINGUA

Media and Arts

Cinema, TV Programmes, Newspapers and Magazines, Internet, Cultural Events, **Books**

6. "Conoscete Fabio e Gennaro?" "Sì, **li** conosciamo, sono due ragazzi molto simpatici."
7. "Quanti libri legge Alessandra in un mese?" "**Ne** legge almeno tre."
8. "Quando vedi Carlo?" "**Lo** vedo domani al lavoro."
9. "Quante macchine avete?" "**Ne** abbiamo due."
10. "Dove comprate le melanzane?" "**Le** compriamo al mercato della frutta."

2 Inserisci i pronomi diretti o il partitivo ne. Attenzione anche alla concordanza del Participio Passato.
Insert direct object pronouns or ne. Focus also on the agreement of the Past Participle.

1. "Quanti caffè hai bevuto ieri?" "**Ne** ho bevut**i** tre."
2. "Avete portato il vino? "Sì, **lo** abbiamo portat**o**."
3. "Maria ha letto questo libro?" "No, non **lo** ha ancora lett**o**."
4. "Quando vi hanno chiamato?" "**Ci** hanno chiamat**o** ieri sera."
5. "Perché alla festa non mi hai salutato?" "Non **ti** ho salutat**o** perché non **ti** ho vist**o**."
6. "Quando hai conosciuto Anna?" "……… ho conosciut…… dieci anni fa."
7. "Quante pagine hai fotocopiato?" "……… ho fotocopiat…… circa cento."
8. "Dove avete incontrato Paolo?" "……… abbiamo incontrat…… allo stadio."
9. "Quante birre hai bevuto?" "Non ……… ho bevut…… nessuna."
10. "Quando hanno comprato la nuova casa?" "……… hanno comprat…… l'anno scorso."

3 Rispondi alle seguenti domande usando i pronomi diretti come nell'esempio.
Answer the following questions using direct object pronouns as in the example.

Esempio: • Hai guardato la TV ieri sera?
• Sì, l'ho guardata./No, non l'ho guardata.

1. • Hai visto Maria a scuola?
• ……………………………………………………

2. • Tu mangi la carne?
• ……………………………………………………

3. • Conoscete Giuseppe?
• ……………………………………………………

4. • Hai visto la partita lo scorso fine settimana?
• ……………………………………………………

5. • Hai visitato Padova?
• ……………………………………………………

6. • Hai letto il capitolo?
• ……………………………………………………

Chapter 2: Sports and Free time

Sports, Free Time, Food and Drink, Lifestyle, Fashion

Goals: in this chapter you will learn...

- how to talk about sports and competitions
- how to talk about what you and others do in your free time
- how to talk about food and drink
- how to talk about lifestyle (health, medicines, habits, etc.)
- how to talk about fashion and clothes

SPORTS

1 **Leggi il seguente dialogo.** *Read the following dialogue.*

Nicola: Hai partecipato anche tu alle competizioni sportive a scuola?
Monica: Certo, ho partecipato alle gare di atletica. E tu hai fatto il torneo di calcio, giusto?
Nicola: Esatto, con la squadra della mia classe. Siamo arrivati secondi. Purtroppo abbiamo perso in finale. E tu hai vinto qualche gara?
Monica: Sì, sono arrivata prima nei 100 e nei 200 metri.
Nicola: Davvero? Complimenti, Monica! Bravissima!
Monica: Grazie, troppo gentile.
Nicola: Ma quante ore ti alleni al giorno?
Monica: Almeno due.
Nicola: E dove trovi il tempo per la scuola, i compiti e tutto il resto? Devi essere molto occupata durante il giorno, vero?
Monica: Beh, sì. Mi sveglio alle 7, mi lavo, mi vesto e poi faccio colazione. Dalle 8 all'una e venti sono a scuola. Torno a casa verso le 2, pranzo, mi riposo mezz'ora davanti alla TV e poi, verso le 3, faccio i compiti. Alle cinque e mezzo mi metto la tuta e vado al campo sportivo a fare l'allenamento e alle 8 torno a casa. Ceno verso le otto e un quarto, guardo un po' la TV e poi controllo i compiti che ho fatto nel pomeriggio. Alla fine mi sento molto stanca e mi addormento verso le dieci e mezza.
Nicola: Anch'io mi addormento verso quell'ora, però prima guardo qualche partita di calcio alla TV. Mia madre si arrabbia quando io e mio padre urliamo e ci abbracciamo se la nostra squadra fa gol. Dice che ci esaltiamo troppo.
Monica: Io invece con il calcio mi annoio molto, infatti non tifo per nessuna squadra. Mi diverto molto di più a seguire altri sport come per esempio il tennis, la pallavolo o il pattinaggio.

Sports and Free Time

Sports, Free Time, Food and Drink, Lifestyle, Fashion

Chapter 2

2 Rispondi alle seguenti domande (prima a voce e poi per iscritto).
Answer the following questions (first orally and then in writing).

1. A quali competizioni sportive ha partecipato Monica e con quale risultato?
   ....
2. Quale torneo ha fatto Nicola e con quale risultato?
   ....
3. Quante ore si allena Monica al giorno?
   ....
4. Cosa fa Monica dopo l'allenamento?
   ....
   ....
5. A che ora si addormenta Nicola?
   ....
6. Quali sport preferisce Monica?
   ....

a. Vocabolario *Vocabulary*

aerobica = aerobics	**centrocampo** = midfield
allenamento = training	**competizione** = competition, contest
allenarsi = to train	**contro** = against/versus
allenatore = manager/coach	**correre** = to run
andare in bicicletta = to ride a bike	**corsa** = run, sprint, race
andare a cavallo = to ride a horse	**cricket** = cricket
arbitro = referee	**difesa** = defence
atleta = athlete	**difensore** = defender
attaccante = forward, striker	**durata** = running time
attacco = attack	**fallo** = fault/foul
battere = to beat	**fantino** = jockey
baseball = baseball	**fare ginnastica** = to exercise
calcetto = five-a-side football, futsal	**fare gol** = to score
calciatore = footballer	**fare jogging** = to jog
calcio d'angolo = corner kick	**fare sport** = to do/play sport
calcio di punizione = free kick	**fare (battere) un record** = to break a record
campionato = championship	**finale** = final
campione = champion (masc.)	**Formula Uno** = Formula One
campionessa = champion (fem.)	**gara** = competition, challenge, race
campo da/di calcio = football pitch	**ginnastica** = fitness, gymnastics
campo da pallacanestro = basketball court	**giocare** = to play
campo da tennis = tennis court	**giocatore** = player
campo da pallavolo = volleyball court	**gol** = goal
centrocampista = midfielder	**golf** = golf

Preparazione al NEW GCSE in Italian

Preparazione al NEW GCSE in Italian

Gran Premio = *Grand Prix*
guardalinee = *linesman*
hockey = *hockey*
(essere) in forma = *(to be) in shape*
jogging = *jogging*
motociclismo = *motorcycle sport*
nuotare = *to swim*
palestra = *gym*
palla = *ball (for football, tennis, etc.)*
pallanuoto = *water polo*
pallone = *ball (for football)*
pareggiare = *to tie, to equalise*
partita = *match/game*
pattini = *skates*
perdere = *to lose*
ping pong = *table tennis*
piscina = *swimming pool*
portiere = *goalkeeper*
pugilato = *boxing*
pugile = *boxer*
racchetta = *racket*

record = *record*
regola = *rule*
rigore = *penalty*
segnare = *to score*
scherma = *fencing*
sci = *ski*
sciare = *to ski*
sciatore = *skier*
spogliatoio = *changing room*
sport = *sport*
squadra = *team*
stadio = *stadium*
tennista = *tennis player*
tifare per = *to support*
tifoso/a = *fan*
torneo = *tournament*
tuta = *tracksuit*
vela = *sailing*
vincere = *to win*
vincitore = *winner*

b. Gli sport. Scrivi le seguenti parole sotto le immagini come negli esempi.
Sports. Write the following words under the images as in the examples.

automobilismo ◆ rugby ◆ tennis ◆ atletica ◆ pallacanestro ◆ pattinaggio ◆ ciclismo ◆ equitazione

1. calcio

2. tennis

3. pallavolo

4. pallacanestro

5. rugby

6. equitazione

EDILINGUA

Sports and Free Time

Sports, Free Time, Food and Drink, Lifestyle, Fashion

Chapter 2

nuoto

pattinaggio

ciclismo

atletica

automobilismo

canottaggio

c. Le Olimpiadi e le discipline dell'atletica. Inserisci la lettera come nell'esempio.
The Olympic Games and athletics events. Insert the appropriate letter as in the example.

a. salto in lungo   b. salto con l'asta   c. corsa a ostacoli
d. lancio del giavellotto   e. salto in alto   f. 100 metri
g. lancio del peso   h. lancio del disco

 1. a
 2. f
 3. e
4.
5. c
6. d
7. b
8. h

medaglia d'argento — medaglia d'oro — medaglia di bronzo

Preparazione al NEW GCSE in Italian

Preparazione al NEW
GCSE in Italian

> **Attenzione!** *Attention!*
> In una gara/competizione puoi *arrivare* + numero ordinale (in a race/competition you can *finish* + ordinal number): Fabrizio è arrivato **primo** nel lancio del peso.

d. Numeri ordinali *Ordinal numbers*

I	primo/a	VIII	ottavo/a
II	secondo/a	IX	nono/a
III	terzo/a	X	decimo/a
IV	quarto/a	XI	undicesimo/a
V	quinto/a	XII	dodicesimo/a
VI	sesto/a	XIII	tredicesimo/a
VII	settimo/a	XIV	quattordicesimo/a

3 Completa le seguenti frasi con le parole dei punti a, b e c.
Complete the following sentences with the words given in points a, b and c.

1. "Oggi pomeriggio vado in ...*palestra*... a fare ginnastica. E tu?"
   "Io invece vado in ...*piscina*... a nuotare."
2. Ieri alla TV ho visto una ...*gara*... di Formula Uno: la Ferrari ha vinto!
3. L'atleta italiano ieri è arrivato terzo nel salto in alto e dunque ha vinto la ...*medaglia*... di bronzo.
4. Io e Patrick siamo ...*tifosi*... dell'Arsenal. Andiamo allo stadio a vedere la ...*partita*... ogni sabato.
5. I giocatori di ...*pallacanestro*... sono tutti molto alti.
6. Nella sua carriera Micheal Phelps ha vinto molte medaglie d'oro alle ...*olimpiadi*... .
7. L'...*automobilismo*... è lo sport preferito di mio padre. Ogni fine settimana lui guarda il Gran Premio alla televisione.
8. ...*Andare*... a cavallo fa bene alla schiena e andare in ...*bicicletta*... fa bene alla gambe.
9. Purtroppo sabato scorso la mia squadra ...*ha perso*... contro il Manchester City.
10. Domenica prossima Silvia va in montagna a ...*passeggiate*... con la sua famiglia.
11. David Beckham è stato un grande ...*giocatore*... inglese. Ha giocato anche in Italia, ma non mi ricordo in quale ...*squadra*... .
12. Questo calciatore ...*segnato*... molti gol nella sua lunga carriera.

Sports and Free Time

Sports, Free Time, Food and Drink, Lifestyle, Fashion

4 **Rispondi alle seguenti domande.** *Answer the following questions.*

1. Quale/i sport pratichi?
   ....
2. Quando e dove di solito pratichi sport?
   ....
3. Quale/i sport ti piace seguire alla TV?
   ....
4. Quale/i sport non ti piace/piacciono?
   ....
5. Per quale squadra di calcio tifi?
   ....
6. Chi è il tuo campione dello sport preferito?
   ....

e. ...,vero/giusto?

Si dicono dopo la frase per avere conferma, come la "question tag" in inglese.
These are said after a statement to ask for confirmation, as with the question tag in English.

- Tu giochi a golf il fine settimana, **giusto?**
  You play golf at weekends, don't you?

- Monica ha vinto le gare dei 100 e dei 200 metri, **vero?**
  Monica won the 100 and 200 metres, didn't she?

5 **Tu e un tuo compagno fate dei mini-dialoghi come nel modello.**
You and your friend make up some short dialogues as in the example.

Esempio: Tu I giocare a tennis il fine settimana / Tu I andare in bicicletta ogni giorno
- Tu giochi a tennis il fine settimana, vero?
- Sì, e tu vai in bicicletta ogni giorno, giusto?

1. Paolo I venire in palestra con te / Marcella I fare pattinaggio con Daniela
2. Voi I tifare per il Manchester United / Voi I essere tifosi del Chelsea
3. Tu I arrivare terzo al torneo di scherma / Tu I arrivare primo nella gara dei 200 metri
4. Lucia e Sara I nuotare almeno tre ore al giorno / Alessio e Marco I allenarsi in palestra costantemente
5. Tu I giocare come attaccante / Tu I essere portiere
6. Valerio I andare a nuotare in piscina / Daniele I andare a cavallo in campagna

Preparazione al NEW
GCSE in Italian

f. Fare i complimenti/Congratularsi e ringraziare
To compliment someone/To congratulate and to thank

Fare i complimenti/Congratularsi	Ringraziare
Bravo/a! Bravissimo/a! Complimenti! Congratulazioni! Ti faccio i miei complimenti!/Ti faccio le mie congratulazioni!	Grazie! Ti ringrazio! Grazie, troppo gentile.

Monica: Sì, sono arrivata prima nei 100 e nei 200 metri.
Nicola: Davvero? Complimenti, Monica! Bravissima!
Monica: Grazie, troppo gentile.

6 Scrivi dei brevi dialoghi usando le espressioni del punto f secondo il modello.
Write some short dialogues using the expressions given in point f as in the example.

Esempio: vincere il torneo di tennis
- Ho vinto il torneo di tennis.
- Bravo/a!
- Grazie.

1. arrivare primo/a nella gara di nuoto
   ....
   ....

2. segnare due gol nella partita di calcio
   ....
   ....

3. fare un record nella gara dei 100 metri nella mia scuola
   ....
   ....

4. vincere la partita di pallavolo
   ....
   ....

5. correre per più di un'ora
   ....
   ....

6. arrivare in finale al torneo di ping pong
   ....
   ....

Sports and Free Time

Sports, Free Time, Food and Drink, Lifestyle, Fashion

Attività di scrittura (*Edexcel – H*) *Writing task*

In un blog italiano di sport si pubblicano articoli scritti da atleti e da atlete di successo. Scrivi un articolo per il blog.

Devi includere i seguenti punti:

- in cosa consiste la tua giornata di atleta di successo
- quali competizioni/gare hai vinto
- quello che pensano e dicono i tuoi genitori e i tuoi amici di te
- cosa fai nel tempo libero quando non ti alleni

Scrivi 80-90 parole circa **in italiano**.

Suggerimenti *Tips*

- **Per dire in cosa consiste la tua giornata di atleta di successo**
  (*how to say what your day as a successful athlete consists of*)
  (Usa i verbi riflessivi – vedi la tabella a pagina 83. *Use reflexive verbs – see the chart on page 83*)
  Dunque, **mi sveglio** alle 7, **mi lavo** e poi **mi vesto**. Dopo faccio colazione ed esco per andare ad allenarmi in palestra. **Mi alleno** dalle ... alle ... Infine **mi addormento** alle...

- **Per dire quali competizioni/gare hai vinto** (*how to say which competitions you have won*)
  Ho vinto il torneo di.../la medaglia d'oro a.../**Sono arrivato/a** primo/a in...

- **Per dire quello che pensano e dicono i tuoi genitori e i tuoi amici di te**
  (*how to say what your parents and your friends say about you*)
  I miei genitori sono molto orgogliosi/fieri (*proud*) di me e mi sostengono (*support*) costantemente.
  I miei amici fanno sempre il tifo per me/vengono a vedermi mentre competo.

- **Per dire cosa fai nel tempo libero quando non ti alleni**
  (*how to say what you do in your free time apart from training*)
  Oltre ad allenarmi/Quando non mi alleno, nel mio tempo libero ascolto la musica, vado al cinema etc.

Attività di parlato (*Edexcel – Task 1: Role-play – H*) *Speaking task*

Topic: *Using languages beyond the classroom*

You would like to invite an Italian friend to the local sports centre. Your friend will start the conversation.

You must address your friend as *tu*.

- Where you see – ? – you must ask a question.
- Where you see – ! – you must respond to something you have not prepared.

Preparazione al NEW GCSE in Italian

Preparazione al NEW
GCSE in Italian

Task

Desideri invitare il tuo amico italiano/la tua amica italiana al centro sportivo locale. Parli con lui/lei degli orari del centro e dei servizi offerti.

1. ? Centro sportivo – invito a visitarlo
2. Centro sportivo – prezzi, impianti, orari e sport che si possono praticare
3. Sport da te praticato/i nel centro – quale/i
4. !
5. ? Sport praticati dal tuo amico – adesso e in passato

The dialogue will last approximately between two and two-and-a-half minutes.

 **Suggerimenti** *Tips*

- **Per invitare il tuo amico/la tua amica a visitare il centro sportivo**
  (*how to invite your friend to visit the sports centre*)
  Ti piacerebbe/Ti va di/Vuoi/Che ne dici di visitare/conoscere/venire a vedere il centro sportivo?
  (Vedi come invitare a pagina 17. *See how to make invitations on page 17*)

- **Per dare informazioni sugli impianti del centro e gli sport che si possono praticare**
  (*how to give information about the facilities and the sports that can be practised*)
  Nel centro sportivo **c'è** la palestra, **c'è** il campo da calcetto, **c'è** il campo da tennis etc.
  Il centro sportivo **ha** la palestra, il campo da calcetto, il campo da tennis etc.
  Nel centro sportivo **si può** giocare a calcetto/tennis/golf etc.

- **Per dire quale sport pratichi**
  (*how to say which sport you do*)
  Io **pratico/faccio** tennis, **gioco a** calcetto, **pratico/faccio** nuoto.

Attenzione! *Attention!*

Si dice praticare/fare uno sport:
Io pratico/faccio (il) nuoto/(il) rugby/(il) ciclismo etc.

Per gli sport in cui c'è una palla si può anche dire giocare a + nome dello sport:
giocare a calcio/giocare a tennis/giocare a pallacanestro etc.

You have to say praticare/fare uno sport:
Io pratico/faccio (il) nuoto/(il) rugby/(il) ciclismo etc.

For ball games you can also say giocare a + name of the sport:
giocare a calcio/giocare a tennis/giocare a pallacanestro etc.

EDILINGUA

Sports and Free Time

Sports, Free Time, Food and Drink, Lifestyle, Fashion

Chapter 2

 Attività di lettura (*Edexcel – H – Section A*) *Reading task*

Football and other sports

Read the following message on a sport forum.

> Salve a tutti,
> mi chiamo Robert, sono un ragazzo inglese di Manchester, ho 16 anni e mi piace molto lo sport, in particolare il calcio. Sono tifoso del Manchester United e ogni sabato vado allo stadio a vedere la partita con i miei amici. Durante la settimana, il lunedì e il mercoledì pomeriggio dalle 4 alle 5, gioco a calcio al campo sportivo vicino a casa. Io gioco come attaccante e segno molti gol. Sono davvero molto bravo. La domenica mattina invece vado un'ora in piscina dalle 10 alle 11. Non mi piace molto nuotare perché mi annoio però mia madre dice che questo sport fa bene al corpo.
> Il mio migliore amico si chiama Marco e lui fa equitazione, uno sport molto bello e interessante che lui pratica la domenica in campagna.
> Cerco amici italiani con la mia stessa passione per il calcio per scambiare informazioni e opinioni su questo bellissimo sport.
>
> Robert

Answer these questions **in English**.

a. Who is Robert and what sport does he like?

....(2)

b. What does he do on Saturdays?

....(1)

c. Which days of the week does he play football and where?

....(2)

d. What other sport does he practise?

....(1)

e. Who is Robert's best friend and what sport does he do?

....(2)

(Total = 8 marks)

Preparazione al NEW GCSE in Italian

Preparazione al NEW GCSE in Italian

(7) Attività d'ascolto (*Edexcel – H – Section B*) *Listening task*

Tennis

Some Italian friends are talking about sports.

Listen to the conversation. Put crosses (✗) next to the **four** correct statements.

Example: Sonia plays tennis on Tuesday and Thursday afternoons.	✗
A. Michele trains from Monday to Friday.	
B. On Saturday afternoons Michele plays in a match.	
C. On Sunday mornings Michele gets up late.	
D. On Sunday afternoons Michele watches TV.	
E. At the weekend Sonia goes out with her parents.	
F. Michele also likes tennis and swimming.	
G. Francesca also likes skating.	
H. Francesca doesn't like swimming.	

(Total = 4 marks)

Grammatica *Grammar*

Guarda queste parti del dialogo iniziale e completa lo schema dei verbi riflessivi.
Look at the following taken from the opening dialogue and complete the chart.

Monica: Mi sveglio alle 7, mi lavo, mi vesto e poi faccio colazione. Dalle 8 all'una e venti sono a scuola. Torno a casa verso le 2, pranzo, mi riposo mezz'ora davanti alla TV e poi, verso le 3, faccio i compiti. Alle cinque e mezzo mi metto la tuta e vado al campo sportivo a fare l'allenamento e alle 8 torno a casa. [...] Alla fine mi sento molto stanca e mi addormento verso le dieci e mezza.

Nicola: Anch'io mi addormento verso quell'ora, però prima guardo qualche partita di calcio alla TV. Mia madre si arrabbia quando io e mio padre urliamo e ci abbracciamo se la nostra squadra fa gol. Dice che ci esaltiamo troppo.

Monica: Io invece con il calcio mi annoio molto, infatti non tifo per nessuna squadra. Mi diverto [...] a seguire altri sport.

EDILINGUA

Sports and Free Time

Sports, Free Time, Food and Drink, Lifestyle, Fashion

Chapter 2

VERBI RIFLESSIVI

I verbi riflessivi comprendono anche un pronome riflessivo prima del verbo. Normalmente si usano per esprimere azioni quotidiane (alzarsi, svegliarsi, addormentarsi, lavarsi, prepararsi, vestirsi ecc.).

Reflexive verbs also include a reflexive pronoun which precedes the verb. They are normally used to express daily routines (to get up, to wake up, to go to sleep/to fall asleep, to wash oneself, to prepare oneself, to get dressed, etc.).

SVEGLIARSI To wake up	METTERSI To put on	VESTIRSI To get dressed
Io	Io	Io ....
Tu ti svegli	Tu ti metti	Tu ti vesti
Lui/Lei si sveglia	Lui/Lei si mette	Lui/Lei si veste
Noi ci svegliamo	Noi ci mettiamo	Noi ci vestiamo
Voi vi svegliate	Voi vi mettete	Voi vi vestite
Loro si svegliano	Loro si mettono	Loro si vestono

ALZARSI To get up	ADDORMENTARSI To go to sleep/To fall asleep	SENTIRSI To feel
Io	Io	Io ....
Tu ti alzi	Tu ti addormenti	Tu ti senti
Lui/Lei si alza	Lui/Lei si addormenta	Lui/Lei si sente
Noi ci alziamo	Noi ci addormentiamo	Noi ci sentiamo
Voi vi alzate	Voi vi addormentate	Voi vi sentite
Loro si alzano	Loro si addormentano	Loro si sentono

LAVARSI To wash oneself	DIVERTIRSI To enjoy oneself	ANNOIARSI To get bored
Io	Io	Io ....
Tu ti lavi	Tu ti diverti	Tu ti annoi
Lui/Lei si lava	Lui/Lei si diverte	Lui/Lei si annoia
Noi ci laviamo	Noi ci divertiamo	Noi ci annoiamo
Voi vi lavate	Voi vi divertite	Voi vi annoiate
Loro si lavano	Loro si divertono	Loro si annoiano

Io mi sveglio alle 7 e mi alzo alle sette e mezza.
Poi mi preparo: mi lavo, mi vesto.
Io mi addormento alle 11.

Preparazione al NEW GCSE in Italian

Preparazione al NEW
GCSE in Italian

POSIZIONE DEL PRONOME RIFLESSIVO
Position of the reflexive pronoun

Normalmente il pronome riflessivo viene prima del verbo (*the reflexive pronoun is normally placed before the verb*):

    Io **mi** alzo.   Tu **ti** svegli.   Lui/Lei **si** diverte.

Ma (*but*) con i verbi servili **dovere, volere** e **potere**:

    Io **mi** devo svegliare presto domani. = Io devo svegliar**mi** presto domani.
    Paolo **si** vuole vestire elegante. = Paolo vuole vestir**si** elegante.
    Noi **ci** possiamo vestire casual. = Noi possiamo vestir**ci** casual.

ALTRI IMPORTANTI VERBI RIFLESSIVI ITALIANI
Other important Italian reflexive verbs

abbronzarsi = *to tan*	fermarsi = *to stop*
allenarsi = *to train*	incontrarsi con = *to meet with*
arrangiarsi = *to manage, to get by*	preoccuparsi = *to worry*
arrabbiarsi = *to get angry/to get annoyed*	riposarsi = *to rest*
avvicinarsi = *to go or come near, to approach*	sbrigarsi = *to hurry*
cambiarsi = *to change one's clothes*	scusarsi = *to excuse oneself, to apologize*
chiamarsi = *to be called*	trovarsi = *to be located*
comportarsi = *to behave*	tuffarsi = *to dive*

1 **Completa con i verbi riflessivi.** *Complete using the reflexive verbs in brackets.*

1. Io (allenarsi) .... in palestra il fine settimana.
2. "Tu (svegliarsi) .... presto la domenica?"
   "No, la domenica io (svegliarsi) .... sempre molto tardi."
3. Noi (alzarsi) .... alle 7 ogni giorno.
4. Maria (addormentarsi) .... generalmente alle 10 di sera.
5. Io (lavarsi) .... con acqua calda.
6. "Tu (divertirsi) .... allo stadio?"
   "No, preferisco andare al cinema."
7. Noi (riposarsi) .... solo il fine settimana.
8. Mio figlio (chiamarsi) .... Ian.
9. Io (prepararsi) .... in 25 minuti.
10. Io (vestirsi) .... casual quando vado al lavoro.

EDILINGUA

Sports and Free Time

Sports, Free Time, Food and Drink, Lifestyle, Fashion

2 **Rispondi alle seguenti domande.** *Answer the following questions.*

1. A che ora ti svegli la mattina?
....
2. Quando ti diverti?
....
3. A che ora si alza Roberto?
....
4. Come si chiama il tuo migliore amico?
....
5. A che ora ti addormenti?
....
6. Come ti vesti per andare a scuola?
....

I VERBI RIFLESSIVI AL PASSATO PROSSIMO

I verbi riflessivi al Passato Prossimo si coniugano con l'ausiliare **essere** e dunque c'è la concordanza del Participio Passato con il genere e il numero del soggetto.

Reflexive verbs in the Passato Prossimo are conjugated with the auxiliary **essere**, *therefore the Past Participle agrees with the gender and the number of the subject.*

> Io mi *sono* svegliato/a
> Tu ti *sei* alzato/a
> Lui si *è* addormentato
> Lei si *è* addormentata
> Noi ci *siamo* lavati/e
> Voi vi *siete* vestiti/e
> Loro si *sono* preparati/e

3 **Inserisci i pronomi riflessivi e le desinenze nel Participio Passato.**
Insert the reflexive pronouns and the correct ending to the Past Participle.

1. Ieri mattina Carlo .... è svegliat... alle 7 e poco dopo .... è fatt... la doccia.
2. Io .... sono divertit... molto quando sono andata in Italia.
3. Francesca .... è annoiat... molto durante la lezione di Matematica.
4. Gli studenti .... sono arrabbiat... con l'insegnante.
5. "Sandro, ... sei lavat... i denti ieri sera?" "Certo, mamma."
6. Io e mio fratello .... siamo alzat... alle 7 della mattina e poi .... siamo vestit... .
7. Voi .... siete comportat... in modo molto educato.
8. Fabiana .... è addormentat... molto tardi ieri sera.

4 **Traduci in italiano le seguenti frasi.** *Translate the following sentences into Italian.*

1. I usually wake up at six, but yesterday morning I woke up at seven.
....
2. Susanna got up early yesterday.
3. Last night we went to sleep late.
4. I got angry with Paul last night.
5. We enjoyed ourselves at the theatre last week.
6. I got bored during the football match.

Preparazione al NEW GCSE in Italian

Preparazione al NEW
GCSE in Italian

FREE TIME

1 **Leggi la seguente lettera.** *Read the following letter.*

Cara Jenny,
come stai? Spero bene. Rispondo alla tua lettera in cui mi chiedi cosa fanno di solito i giovani del mio Paese nel tempo libero. Normalmente il fine settimana, il sabato sera o la domenica pomeriggio molti vanno in discoteca oppure al cinema. Alcuni organizzano feste, vanno a concerti o al ristorante. Tra tutte queste cose io preferisco andare a ballare in discoteca con le mie amiche e andare al ristorante con la mia famiglia.
Mi diverto anche quando passeggio per il parco con il mio cane Larry o quando suono la chitarra. La musica è il mio passatempo preferito. La prossima settimana comincio un corso di canto perché mi piacerebbe entrare nel coro dell'orchestra della scuola. Magari un giorno canterò al Teatro La Scala di Milano!
Pobabilmente sabato sera uscirò con la mia amica Monica. Forse andremo a teatro oppure io andrò a trovarla a casa sua per chiacchierare o guardare la TV.
E tu che cosa fai nel tuo tempo libero? Con chi esci di solito e dove vai? Qual è il tuo passatempo preferito? E quando pensi di venire a trovarmi? Mamma mia, quante domande!

Un abbraccio,
Sara

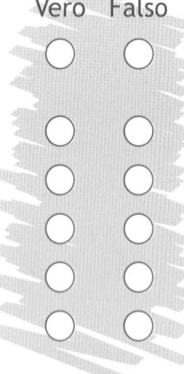

2 **Vero/Falso? Indica se le affermazioni sono vere o false.**
True/False? Indicate whether the following statements are true or false.

	Vero	Falso
1. Sara dice che i giovani del suo Paese il fine settimana vanno al cinema o in discoteca.	○	○
2. Lei preferisce andare al ristorante con le sue amiche il fine settimana.	○	○
3. Le piace anche suonare la chitarra o passeggiare con il suo cane.	○	○
4. La prossima settimana canterà al Teatro La Scala di Milano.	○	○
5. Sabato sera andrà al ristorante con la sua amica Monica.	○	○
6. Alla fine Sara chiede a Jenny qual è il suo passatempo preferito.	○	○

Sports and Free Time

Chapter 2

Sports, **Free Time**, Food and Drink, Lifestyle, Fashion

a. Vocabolario *Vocabulary*

- **amico/a** = *friend*
- **andare a trovare un amico** = *to visit a friend*
- **ballare** = *to dance*
- **birreria** = *pub*
- **centro commerciale** = *shopping centre*
- **chiacchierare** = *to chat*
- **corso** = *course*
- **divertirsi** = *to have fun/to enjoy oneself*
- **fare un corso** = *to take a course*
- **fare un picnic** = *to picnic*
- **festa** = *party*
- **fine settimana** = *weekend*

- **giocare** = *to play (a game)*
- **giocare a scacchi** = *to play chess*
- **giocare a carte** = *to play cards*
- **gioco di società** = *board game*
- **lettura** = *reading*
- **passatempo** = *hobby, pastime*
- **pizzeria** = *pizzeria*
- **tempo libero** = *free time*
- **trovarsi** = *to meet/to get together*
- **uscire** = *to go out*
- **videogioco** = *video game*

LE PARTI DEL GIORNO *PARTS OF THE DAY*
la mattina (dalle 05:00 alle 12:00)
il pomeriggio (dalle 12:00 alle 17:00/18:00)
la sera (dalle 17:00/18:00 alle 23:00)
la notte (dalle 23:00 alle 05:00)

I GIORNI DELLA SETTIMANA *DAYS OF THE WEEK*
lunedì • martedì • mercoledì • giovedì
venerdì • sabato • domenica

b. I passatempi. Scrivi le espressioni sotto le immagini corrispondenti come negli esempi.
Hobbies. Write the expressions under the corresponding images as in the examples.

andare al bar • leggere • andare in discoteca • giocare con i videogiochi
fare una passeggiata • andare al ristorante • fare una festa • andare a teatro
andare a pesca • andare al cinema • fare acquisti/compere/spese • guardare la TV

1. *ascoltare musica* 2. .... 3. .... 4. ....

5. .... 6. .... 7. .... 8. *fare sport*

Preparazione al NEW GCSE in Italian

Preparazione al NEW
GCSE in Italian

.... suonare (uno strumento) ....

.... navigare su Internet ....

3 Completa le seguenti frasi con le parole dei punti a e b.
Complete the following sentences with the words given in points a and b.

1. Generalmente io .... sport in palestra.
2. Il fine .... noi andiamo in discoteca oppure facciamo una .... in centro.
3. Nel tempo libero Rita preferisce andare al centro commerciale a fare ....
4. Ieri pomeriggio io e i miei amici abbiamo fatto una .... a casa mia per celebrare l'inizio delle vacanze.
5. Non mi piace molto giocare con i ...., preferisco andare con gli amici al bar.
6. A Michele piace molto .... musica, in particolare il rock.
7. "Tu .... qualche strumento?" "Sì, il violino."
8. Oggi resto a casa e .... un libro. Domani sera invece andrò in discoteca a .... con i miei amici.
9. "Ti piace .... su Internet?" Sì, mi piace molto."
10. Di solito la domenica vado a pranzare al .... con la mia famiglia.
11. Federica si annoia molto quando .... la TV. Infatti lei preferisce uscire con gli amici.
12. Il giorno dopo non si lavora, così il .... sera noi andiamo in pizzeria oppure in birreria.

Sports and Free Time

Sports, **Free Time**, Food and Drink, Lifestyle, Fashion

Chapter 2

c. **Parlare di progetti futuri** *To talk about future plans*

1. Puoi usare il Presente Indicativo o il Futuro Semplice (*you can use the Presente Indicativo or the Futuro Semplice*):

   - Il prossimo fine settimana **gioco/giocherò** a carte con i miei amici.

FUTURO SEMPLICE – VERBI REGOLARI* *Future - Regular verbs*		
PARLARE	**PRENDERE**	**PARTIRE**
Io parlerò	Io prenderò	Io partirò

FUTURO SEMPLICE – VERBI IRREGOLARI* *Future - Irregular verbs*				
ESSERE	**AVERE**	**STARE**	**ANDARE**	**FARE**
Io sarò	Io avrò	Io starò	Io andrò	Io farò
DOVERE	**POTERE**	**VENIRE**	**RIMANERE**	**VEDERE**
Io dovrò	Io potrò	Io verrò	Io rimarrò	Io vedrò

*Vedi lo schema generale del Futuro Semplice alle pagine 95 e 96.
(*See the chart outlining the Futuro Semplice on pages 95 and 96*)

2. Parlare di progetti futuri con i verbi di opinione pensare/credere/immaginare etc.
   To talk about future plans using verbs that express opinions such as pensare/credere/immaginare, etc.

   a. pensare/credere/immaginare + che + Futuro Semplice:
   Penso che andrò a vivere in Italia.

   b. pensare/credere/immaginare + di + Infinito:
   Penso di andare a vivere in Italia.

3. Esprimere l'intenzione o il desiderio di fare qualcosa (vedi anche capitoli I e IV alle pagine 25 e 205)
   To express the intention or the desire to do something (see also chapters I and IV on pages 25 and 205)

   - Vorrei/Mi piacerebbe/Ho voglia di + Infinito (*I would like/I feel like*):
   Domani vorrei uscire con i miei amici.

d. **Espressioni temporali del futuro** *Expressions to indicate future time*

domani = *tomorrow*
dopodomani = *the day after tomorrow*
fra/tra + indicazione temporale (**fra una settimana, tra un anno, fra un mese etc.**) = *in* + time (*in a week, in one year, in a month, etc.*)
la prossima settimana = *next week*
il mese prossimo = *next month*
l'anno prossimo = *next year*

Preparazione al NEW GCSE in Italian

Preparazione al **NEW**
GCSE in Italian

4 Tu e un tuo compagno fate dei mini-dialoghi usando le espressioni dei punti **c** e **d** come nel modello.
You and your friend make up some short dialogues using the expressions given in points c and d as in the example.

Esempio: il prossimo fine settimana I guardare la TV I andare al cinema
- Cosa fai/farai/pensi di fare il prossimo fine settimana?
- Guardo/Guarderò/Penso di guardare/Vorrei guardare la TV. E tu?
- Vado/Andrò/Penso di andare/Vorrei andare al cinema.

1. la settimana prossima I fare sport in palestra I andare al bar con i miei amici
2. domani pomeriggio I andare in piscina I leggere un po'
3. fra due settimane I fare una festa a casa mia I fare una passeggiata al parco
4. sabato sera I andare in discoteca I giocare con i videogiochi con Paolo
5. dopodomani I andare al ristorante con la mia famiglia I fare acquisti al nuovo centro commerciale
6. stasera I ascoltare musica I suonare il pianoforte

e. Gli interrogativi: *Chi? Come? Quando? Perché? Dove? (Che) Cosa? Qual(e)/i? Quanto/a/e/i?*
Question words: Who? How? When? Why? Where? What? Which? How much?/How many?

Chi...? Who...?	si riferisce alle <u>persone</u> *refers to people* • Con <u>chi</u> esci di solito? • Di solito esco con Marco.
Come...? How...?	si riferisce al <u>modo</u> *refers to what way/manner* • <u>Come</u> stai? • Sto bene, grazie.
Quando...? When...?	si riferisce al <u>tempo</u> *refers to time* • <u>Quando</u> vai in discoteca? • Vado in discoteca il sabato sera.
Perché...? Why...?	si riferisce alla <u>causa</u> *refers to a reason* • <u>Perché</u> non guardi la TV con noi? • Perché preferisco leggere.
Quanto/a/i/e...? How much...? How many...?	si riferisce a <u>quantità</u> *refers to quantities* • <u>Quanti</u> libri leggi in un mese? • Leggo almeno tre libri al mese. • <u>Quante</u> volte alla settimana vai al corso di pianoforte? • Due volte.

Dove...? Where...?	si riferisce al <u>luogo</u> *refers to places* • <u>Dove</u> vai quando esci? • Quando esco vado al cinema.
(Che) Cosa...? What...?	si riferisce alle <u>cose</u> o alle <u>azioni</u> *refers to things and actions* • <u>Che cosa</u> fai domani sera? • Domani sera penso di andare al ristorante. • <u>Cosa</u> mangi a colazione? • A colazione mangio pane e marmellata.
Qual(e)/i...? Which...?	si riferisce a <u>cose o persone specifiche</u> *refers to specified things or people* • <u>Qual</u> è il tuo passatempo preferito? • Fare sport è il mio passatempo preferito. • <u>Quali</u> cantanti italiani conosci? • Conosco Laura Pausini e Andrea Bocelli.

EDILINGUA

Sports and Free Time

Sports, **Free Time**, Food and Drink, Lifestyle, Fashion

5 Completa con gli interrogativi.

Complete using question words.

1. "......Quando...... fai una passeggiata?" "La domenica mattina."
2. "......Dove...... fai sport?" "Faccio sport nella palestra vicino a casa mia."
3. "......Perché...... non prendi la birra?" "Perché non mi piace."
4. "......Come...... vai in discoteca?" "Vado in discoteca in macchina."
5. "......Che / Quale...... musica ascolti?" "Ascolto il rap."
6. "......Come Quante...... ore al giorno navighi su Internet?" "Circa due."
7. "......Che / cosa...... fai domenica prossima?" "Andrò alla festa di Nicola."
8. "......Chi...... è la tua cantante preferita?" "Beyoncé."
9. "......Cosa...... hai fatto ieri?" "Sono andato a trovare Enrico."
10. "......Quale...... strumento suoni?" "Suono la chitarra."

6 Scrivi le domande usando gli interrogativi.

Write the questions using question words.

1. • ....?
   • Il fine settimana vado al cinema oppure faccio una passeggiata.

2. • ....?
   • Paolo e Maria stanno bene.

3. • ....?
   • Vado a teatro il sabato sera.

4. • ....?
   • Il mio passatempo preferito è giocare a scacchi.

5. • ....
   ....?
   • A Milano i giovani il fine settimana vanno in discoteca oppure al cinema.

6. • ....
   ....?
   • Faccio sport perché mi piace.

Preparazione al NEW GCSE in Italian

Preparazione al NEW
GCSE in Italian

Attività di parlato (*AQA – Photo card – H*) *Speaking task*

- Cosa vedi nella foto?
- Cosa fai di solito nel tempo libero?
- Cosa pensi di fare il prossimo fine settimana?
- Quali sono i vantaggi del tempo libero?
- Secondo te, i giovani hanno abbastanza tempo libero?

Suggerimenti *Tips*

- **Per la descrizione fisica** vedi le pagine 223, 224 e 225
  (*for physical descriptions see pages 223, 224 and 225*)

- **Per descrivere i capi di abbigliamento** vedi le pagine 126 e 127
  (*for clothing see pages 126 and 127*)

- **Per dire cosa pensi di fare il prossimo fine settimana**
  (*how to say what you think you will do next weekend*)
  Penso di andare/che andrò al cinema/in discoteca/a fare una passeggiata etc.
  Forse/Probabilmente/Magari (*maybe/perhaps*) vado/andrò al cinema/in discoteca/a fare una passeggiata etc.

- **Per parlare dei vantaggi del tempo libero** (*to talk about the advantages of free time*)
  Secondo me, il tempo libero è molto importante perché ho bisogno di riposare un po' dopo tanto studio.
  Uno degli aspetti positivi del tempo libero, per esempio, è che posso discutere con i miei amici di tante cose.
  Nel tempo libero posso fare molte cose interessanti, per esempio posso conoscere nuovi amici, posso fare un corso e imparare cose nuove, posso stare con la mia famiglia etc.

- **Per dire se, secondo te, i giovani hanno abbastanza tempo libero**
  (*how to say whether you think that young people have enough free time*)
  Secondo me, i giovani **(non) hanno abbastanza/sufficiente** *tempo libero.*
  Per me i giovani **hanno poco/abbastanza/molto/troppo** *tempo libero.*

EDILINGUA

Sports and Free Time

Sports, Free Time, Food and Drink, Lifestyle, Fashion

Chapter 2

Attività di scrittura (*AQA – H*) *Writing task*

Scrivi una mail a un tuo amico/una tua amica italiano/a.

Menziona:

- cosa fai nel tempo libero quando sei solo/a
- cosa fai nel tempo libero quando sei in compagnia dei tuoi amici
- l'importanza dell'amicizia
- il tuo passatempo preferito/i tuoi passatempi preferiti
- se stai seguendo qualche corso

Scrivi circa 90 parole **in italiano**. Rispondi a **tutti** gli aspetti della domanda.

Suggerimenti *Tips*

- **Per descrivere cosa fai nel tempo libero quando sei solo/a**
  (*how to say what you do in your free time when you are alone*)
  Quando sono solo/a nel mio tempo libero/Quando passo il mio tempo libero da solo/a, ascolto musica, guardo la TV, leggo etc.

- **Per descrivere cosa fai nel tempo libero quando sei in compagnia dei tuoi amici**
  (*how to say what you do in your free time when you are with your friends*)
  Quando invece passo il tempo libero con i miei amici di solito esco e vado al cinema, vado in discoteca, faccio una festa etc.

- **Per descrivere l'importanza dell'amicizia**
  (*how to describe the importance of friendship*)
  Gli amici sono molto importanti perché ti possono aiutare nei momenti difficili/con loro ti diverti/ci aiutano a crescere/con loro possiamo fare progetti etc.

- **Per parlare del tuo passatempo preferito/dei tuoi passatempi preferiti**
  (*how to talk about your favourite hobby/hobbies*)
  Il mio passatempo preferito è fare sport.
  I miei passatempi preferiti sono lo sport, gli scacchi, la musica etc.

- **Per dire se stai seguendo qualche corso**
  (*how to say whether you are currently attending a course*)
  Al momento/Attualmente/Adesso seguo/faccio/frequento un corso di teatro/italiano/violino/yoga etc.

Preparazione al NEW
GCSE in Italian

Attività di lettura (AQA – H – Section A) *Reading task*

What friendship means to me

You read some comments on a social network.

Il significato dell'amicizia

Eugenio

Io credo che la vera amicizia consista principalmente nel sentirsi bene con quelle persone che per noi sono speciali. Ci si sente a proprio agio in loro compagnia rimanendo se stessi senza paura di essere giudicati. Io mi sento in perfetta sintonia con i miei amici in quanto a loro piace stare con me malgrado siamo molto diversi. Non penso che ci sia bisogno di parlare molto per comprendersi, anzi i veri amici riescono a capire il tuo stato d'animo anche stando in silenzio. Rispetto, sincerità e soprattutto complicità in un vero rapporto d'amicizia nascono spontanei.

Mattia

Anche se credo fermamente nel valore dell'amicizia, ritengo di avere pochissimi amici veri. Affetto, empatia, solidarietà, generosità e stima sono sentimenti che posso provare solo con quelle persone che si dimostrano sinceramente vicine al mio modo di essere, con cui posso condividere momenti di gioia e su cui posso contare nei momenti di difficoltà. Agli amici veri inoltre posso rivelare apertamente i miei segreti con l'assoluta certezza di essere ascoltato rispettosamente e trovando allo stesso tempo la più completa disponibilità ad aiutarmi. In tutto ci saranno 4 o 5 persone che conosco che hanno queste caratteristiche.

Sonia

Purtroppo l'amicizia vera è una cosa molto rara, specialmente oggigiorno in cui c'è molta ipocrisia e voglia di apparire a tutti i costi. Le vere amiche non sono quelle che si limitano a mettere "mi piace" su Facebook o a mandarti il messaggino di solidarietà su WhatsApp ma sono quelle che provano per te sentimenti profondi, riuscendo a immedesimarsi nelle tue situazioni – soprattutto quando stai attraversando dei momenti difficili a scuola, al lavoro, in famiglia o con il fidanzato. Questo tipo di empatia non ha bisogno dei social network per esprimersi ma si manifesta spontaneamente nelle relazioni sociali di tutti i giorni.

Flavia

A mio avviso, l'amicizia può esserci quando le persone riescono a comprenderti nei momenti di difficoltà e fanno di tutto per farti stare bene. Anche se qualche volta ci si può criticare fino a litigare, fra veri amici alla fine prevalgono sempre l'affetto e il rispetto reciproco. Senza essere bugiardi o ipocriti, una persona che ti vuole bene sa come aiutarti o consigliarti a prendere la decisione migliore. Per questo motivo io penso che nel rapporto di amicizia, sentimenti e razionalità debbano essere entrambi presenti. Non basta provare affetto per qualcuno, ma è necessario avere un controllo delle emozioni per poter avere una comunicazione sincera e intelligente.

Which of the following aspects describes the meaning of friendship for each student?

Write the correct letter in each box.

A	feelings and rationality
B	feelings and same ideas
C	empathy and understanding
D	generosity and will to listen
E	severe criticism and respect
F	respect and spontaneous complicity
G	same ideas and respect
H	sharing moments of joy and communication on social networks

1. Eugenio [ ] [1 mark]
2. Mattia [ ] [1 mark]
3. Sonia [ ] [1 mark]
4. Flavia [ ] [1 mark]

Sports and Free Time

Sports, *Free Time*, Food and Drink, Lifestyle, Fashion

Chapter 2

8. Attività d'ascolto (*AQA – H – Section A*) *Listening task*

Young people's pastimes

Listen to two Italian friends, Daniele and Giancarlo. What is their opinion of leisure activities?

Write **P** for a **positive** opinion.
N for a **negative** opinion.
P+N for a **positive** and **negative** opinion.

1	Daniele	Nightclubs	☐	Cinema ☐	[2 marks]
2	Giancarlo	Going for walks	☐	Videogames ☐	[2 marks]

Grammatica *Grammar*

- Magari un giorno **canterò** al Teatro La Scala di Milano.
- Probabilmente sabato sera **uscirò** con Monica. Forse **andremo** a teatro oppure io **andrò** a casa sua.

FUTURO SEMPLICE
Future

Il Futuro Semplice si utilizza per esprimere (*the Futuro Semplice is used to express*):

a. **una promessa** (*a promise*): Mamma, ti prometto che **studierò** tanto quest'anno.
b. **una previsione** (*a prediction*): Secondo me, l'Inter **vincerà** il campionato.
c. **un obiettivo, una finalità, uno scopo** (*a plan, a purpose*): Il prossimo anno **andrò** in vacanza in Italia.
d. **un'ipotesi** (*a hypothesis*): "Quanti anni ha Mario?" "Non lo so, **avrà** 30 anni."

FUTURO SEMPLICE – VERBI REGOLARI
Future - Regular verbs

PARL**ARE**	PREND**ERE**	PART**IRE**
Io parl**erò**	Io prend**erò**	Io part**irò**
Tu parl**erai**	Tu prend**erai**	Tu part**irai**
Lui/Lei parl**erà**	Lui/Lei prend**erà**	Lui/Lei part**irà**
Noi parl**eremo**	Noi prend**eremo**	Noi part**iremo**
Voi parl**erete**	Voi prend**erete**	Voi part**irete**
Loro parl**eranno**	Loro prend**eranno**	Loro part**iranno**

Il Futuro Semplice ha molti verbi irregolari (*The Future tense has many irregular verbs*):

FUTURO SEMPLICE – VERBI IRREGOLARI
Future - Irregular verbs

ESSERE	AVERE	STARE	ANDARE	FARE
Io sarò	Io avrò	Io starò	Io andrò	Io farò
Tu sarai	Tu avrai	Tu starai	Tu andrai	Tu farai
Lui/Lei sarà	Lui/Lei avrà	Lui/Lei starà	Lui/Lei andrà	Lui/Lei farà
Noi saremo	Noi avremo	Noi staremo	Noi andremo	Noi faremo
Voi sarete	Voi avrete	Voi starete	Voi andrete	Voi farete
Loro saranno	Loro avranno	Loro staranno	Loro andranno	Loro faranno

Preparazione al NEW GCSE in Italian

Preparazione al NEW GCSE in Italian

ALTRI VERBI IRREGOLARI *Other irregular verbs*				
DOVERE	**POTERE**	**SAPERE**	**VEDERE**	**VIVERE**
Io dovrò	Io potrò	Io saprò	Io vedrò	Io vivrò
VOLERE	**RIMANERE**	**BERE**	**VENIRE**	**DARE**
Io vorrò	Io rimarrò	Io berrò	Io verrò	Io darò

1 **Completa con il Futuro Semplice.** *Complete using the Future tense.*

1. Io (andare) .... a casa di Pietro domani.
2. "Tu (studiare) .... Chimica all'università?" "No, io (studiare) .... Lingue straniere."
3. Noi (venire) .... alla tua festa di compleanno.
4. "Debora (scrivere) .... al direttore?" "Non lo so, forse."
5. Io (dormire) .... in albergo quando (essere) .... in Italia.
6. Marco (prendere) .... l'aereo per andare a Londra.
7. Io e Francesco (dovere) .... lavorare molto la prossima settimana.
8. "Voi (fare) .... colazione a casa domani mattina?" "No, noi (fare) .... colazione al bar."
9. Io (uscire) .... con i miei amici il fine settimana.
10. Tu (essere) .... un grande avvocato.

2 **Rispondi alle seguenti domande usando il Futuro.** *Answer the following questions using the Future tense.*

1. Cosa farai il prossimo fine settimana?
   ....
2. Dove andrai domani?
   ....
3. Cosa studierà Daniele all'università?
   ....
4. Quando andrai in discoteca?
   ....
5. Quale squadra vincerà il campionato quest'anno?
   ....
6. Cosa farete la prossima settimana?
   ....

EDILINGUA

Sports and Free Time

Sports, Free Time, **Food and Drink**, Lifestyle, Fashion

FOOD AND DRINK

1 **Leggi il seguente dialogo.** *Read the following dialogue.*

Roberto: Senta, scusi, può portarci il menù, per favore?
Cameriere: Certo, ecco.
Samanta: Grazie. Mmh, quanti buoni piatti!
Roberto: Ieri quando ti ho telefonato ti ho detto che questo era un buon ristorante.
Samanta: Comunque mi sembra un po' caro.
Roberto: Non importa. Io ti offro la cena.
Samanta: Grazie, sei molto gentile. Però non so cosa prendere. Tu cosa mi consigli?
Roberto: Come antipasto la bruschetta e come primo le penne all'arrabbiata.
Samanta: Veramente non mi piacciono le penne all'arrabbiata, sono troppo piccanti. E come secondo?
Roberto: Non lo so, preferisci la carne o il pesce?
Samanta: Preferisco il pesce. Comunque, non prendo né l'antipasto né il primo. Penso che prenderò la spigola alla griglia e come contorno le zucchine. E tu?
Roberto: Io prendo gli gnocchi al pesto come primo e una cotoletta alla milanese come secondo. *(Al cameriere)* Senta, scusi, possiamo ordinare?
Cameriere: Sì, eccomi.
Roberto: Dunque, per la signora spigola alla griglia e zucchine. Io invece vorrei gli gnocchi al pesto e per secondo una cotoletta alla milanese.
Cameriere: Bene. E da bere?
Samanta: Per me mezzo litro di vino bianco, per favore.
Cameriere: E per lei, signore?
Roberto: Per me mezzo litro di vino rosso.

durante la cena

Roberto: Tu preferisci il vino bianco o il vino rosso?
Samanta: Mi piacciono tutti e due. Posso provare un po' del tuo vino rosso?
Roberto: Certo. *(Al cameriere)* Senta, scusi, ci può portare un altro bicchiere, per favore?
Cameriere: Sì, subito.

a fine cena

Cameriere: Volete ordinare un dolce, la frutta o un gelato?
Roberto: Per me solo un caffè. E tu, Samanta, vuoi qualcos'altro?
Samanta: Sì, vorrei un tiramisù.
Roberto: Bene, un tiramisù, un caffè e il conto, per favore.

Preparazione al NEW GCSE in Italian

Preparazione al NEW GCSE in Italian

2 Indica le affermazioni presenti nel testo scegliendo sì o no.
Indicate the statements which are in the text by choosing sì or no.

1. Secondo Samanta, il ristorante è un po' caro.
2. Per Roberto il ristorante è economico.
3. Roberto consiglia a Samanta alcuni piatti.
4. Samanta consiglia a Roberto alcuni piatti.
5. Roberto ordina al cameriere di portare altro vino.
6. Roberto non è soddisfatto della cena.
7. Samanta prende un dolce.
8. Alla fine Roberto chiede il conto.

	Sì	No
1	○	○
2	○	○
3	○	○
4	○	○
5	○	○
6	○	○
7	○	○
8	○	○

a. Vocabolario *Vocabulary*

acqua = water
aperitivo = aperitif, cocktail
al forno = baked
alla griglia = grilled
basilico = basil
bere = to drink
bicchiere = glass
brodo = broth
cameriere = waiter
cereali = cereals
cioccolata = chocolate
coltello = knife
cucchiaio = spoon
cucchiaino = tea spoon
cucina = cuisine/kitchen
cucinare = to cook
fagioli = beans
fetta = slice
forchetta = fork
formaggio = cheese
friggere = to fry
fritto/a/i/e = fried
funghi = mushrooms
ingredienti = ingredients
ketchup = ketchup
maionese = mayonnaise
mangiare = to eat
marmellata = jam, marmalade

menù = menu
miele = honey
mozzarella = mozzarella
pane = bread
panino = sandwich/roll
parmigiano = parmesan
patatine fritte = chips
pepe = pepper
pesto = pesto sauce
pizza = pizza
piatto = dish, course/plate
portata = dish, course
prendere = to fetch/get, to have (to eat or drink)
ricetta = recipe
riso = rice
ristorante = restaurant
sale = salt
salsa = sauce
salvietta = napkin
sugo = sauce
tavolo = table
tovaglia = tablecloth
tovagliolo = napkin
uovo = egg
yogurt = yoghurt
zucchero = sugar

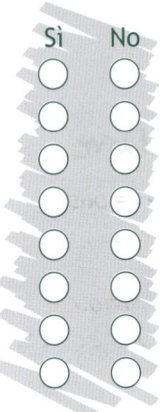
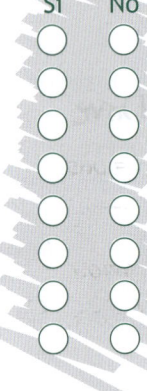

Sports and Free Time

Sports, Free Time, **Food and Drink**, Lifestyle, Fashion

b. Cibi. Scrivi le parole della seguente lista negli spazi vuoti come nell'esempio.
Food. Write the words from the following list in the blank spaces as in the example.

pomodori • caffè • salmone • arrosto • pollo • tiramisù • banana • cornetto
prosciutto • limone • carote • insalata mista • spremuta d'arancia

Pasta = pasta
lasagne = *lasagne*
gnocchi = *gnocchi*
ravioli = *ravioli*
tagliatelle = *tagliatelle*
tortellini = *tortellini*

Carne = meat
affettati = *sliced cured meats*
agnello = *lamb*
bistecca = *steak*
braciola = *chop*
carpaccio = *carpaccio*
carne macinata = *minced meat*
coniglio = *rabbit*
cotoletta = *cutlet*
hamburger = *hamburger*
maiale = *pork*
manzo = *beef*
pancetta = *bacon*
salame = *salami*
salsiccia = *sausage*
vitello = *veal*

Verdure = vegetables
aglio = *garlic*
broccoli = *broccoli*
carciofi = *artichokes*
cavolo = *cabbage*
cetrioli = *cucumbers*
cipolla = *onion*
insalata verde = *green salad*
lattuga = *lettuce*
melanzane = *aubergines*
patate = *potatoes*
peperoni = *peppers*
radicchio = *chicory*
sedano = *celery*
spinaci = *spinach*
zucchine = *courgettes*

1. spaghetti

Preparazione al NEW GCSE in Italian

Preparazione al NEW
GCSE in Italian

Dolci = desserts, cakes
biscotti = biscuits, cookies
gelato = ice cream
macedonia = fruit salad
panna cotta = panna cotta
profiterole = profiterole
torta = cake
torta al cioccolato = chocolate cake
torta di mele = apple pie
zabaione = zabaglione
zuppa inglese = trifle

Frutta = fruit
albicocca = apricot
ananas = pineapple
arancia = orange
ciliegia = cherry
fragola = strawberry
mela = apple
melone = melon
pera = pear
pesca = peach
pompelmo = grapefruit
uva = grapes

Pesce e frutti di mare = fish and seafood
aragosta = lobster
calamari = squid
sogliola = sole
spigola = bass
tonno = tuna
trota = trout

Bevande fredde = cold drinks
acqua naturale = still water
acqua frizzante/gassata = sparkling water
aranciata = orange soda/orangeade
coca cola = coke
limonata = lemonade
succo di frutta = fruit juice

Bevande calde = hot drinks
cappuccino = cappuccino
cioccolata calda = hot chocolate
tè = tea

Bevande alcoliche = alcoholic drinks
birra = beer
liquore = spirit
vino bianco = white wine
vino rosso = red wine

EDILINGUA

Sports and Free Time

Sports, Free Time, **Food and Drink**, Lifestyle, Fashion

c. Ordinare al bar o al ristorante *To order in a bar or in a restaurant*

- Senta, scusi, può portarmi/ci il menù, per favore?
- Senta, scusi, posso/possiamo ordinare?
- Come **antipasto** (vorrei/prendo/per me) + piatto dell'antipasto:
  Come antipasto (prendo) una bruschetta.
- Come **primo** (vorrei/prendo/per me) + piatto a base di pasta o riso:
  Come primo (vorrei) tortellini in brodo.
- Come **secondo** (vorrei/prendo/per me) + piatto a base di carne o pesce:
  Come secondo (per me) una cotoletta alla milanese.
- Come **contorno** (insieme al secondo) (vorrei/prendo/per me) + piatto del contorno:
  Come contorno (prendo) le zucchine.
- **Da bere** (vorrei/prendo/per me) + bevanda/bibita:
  Da bere (vorrei) mezzo litro di vino rosso.

Alla fine (at the end):

- Scusi, può portarmi/ci il conto (*the bill*), per favore?

d. Le portate/I piatti *The courses/dishes*

antipasto = *antipasto, starter*
primo (pasta o riso) = *first course (pasta or rice)*
secondo (carne o pesce) = *main course (meat or fish)*
contorno (con il secondo) = *side dish (with the main course)*
dolce = *dessert*

3 Tu e un tuo compagno fate dei mini-dialoghi fra un cliente e un cameriere usando le espressioni del punto **c** come nell'esempio. Potete scegliere i piatti del menù del ristorante "Da Mario".
You and your friend make up some short dialogues between a customer and a waiter using the expressions given in point c as in the example. You can choose from the dishes of Ristorante "Da Mario".

Cliente: Senta, scusi, posso ordinare?
Cameriere: Certo, mi dica.
Cliente: Dunque, come antipasto vorrei un'insalata verde.
Cameriere: Va bene.
Cliente: Come primo prendo le tagliatelle alla bolognese.
Cameriere: E come secondo?
Cliente: Come secondo bistecca ai ferri con contorno di zucchine al forno.
Cameriere: E da bere?
Cliente: Una bottiglia di acqua minerale, grazie.

Preparazione al NEW GCSE in Italian

RISTORANTE "Da Mario"

Antipasti

Bruschetta	€ 6,00
Insalata verde	€ 5,00
Prosciutto e Melone	€ 9,00
Caprese	€ 7,00
Affettati misti	€ 8,00

Primi piatti

Spaghetti al pomodoro	€ 7,00
Tagliatelle alla bolognese	€ 8,00
Risotto ai funghi	€ 9,00
Lasagne della casa	€ 9,00
Penne all'arrabbiata	€ 8,00
Tortellini in brodo	€ 8,00
Gnocchi al pesto	€ 9,00
Pasta alla carbonara	€ 8,00

Bibite

Acqua naturale/frizzante ½ litro	€ 1,00
Acqua naturale/frizzante 1 litro	€ 2,00
Aranciata	€ 1,50
Coca cola	€ 1,50
Limonata	€ 1,50

Secondi piatti

Carne

Cotoletta alla milanese	€ 10,00
Bistecca ai ferri	€ 9,50
Braciola di maiale	€ 9,00
Carpaccio	€ 11,00
Arrosto di vitello	€ 10,50
Agnello in umido	€ 12,00
Pollo arrosto	€ 9,50
Coniglio alla cacciatora	€ 12,00

Pesce

Fritto misto	€ 11,00
Spigola alla griglia	€ 13,00
Calamari fritti	€ 12,00
Aragosta mediterranea	€ 15,00
Trota al forno	€ 10,00
Sogliola alla griglia	€ 11,00

Bevande alcoliche

Birre

Peroni	€ 4,50
Moretti	€ 4,50

Vini

Vino bianco 1/2 litro	€ 9,00
Vino rosso 1/2 litro	€ 9,00
Vino bianco 1 litro	€ 15,00
Vino rosso 1 litro	€ 15,00

Contorni

Patatine fritte	€ 4,00
Cavoli	€ 4,50
Melanzane fritte	€ 5,00
Zucchine al forno	€ 5,00
Insalata mista	€ 5,00

Frutta e dolci

Ananas	€ 3,00
Frutta fresca	€ 3,00
Macedonia di frutta	€ 3,50
Torta di mele	€ 3,50
Tiramisù	€ 3,50
Panna cotta	€ 3,50
Gelato	€ 3,00

Caffè e liquori

Caffè	€ 1,50
Limoncello	€ 2,50
Grappa	€ 2,50

Sports and Free time

Sports, Free Time, **Food and Drink**, Lifestyle, Fashion

e. I pasti del giorno *The meals of the day*

colazione = *breakfast*
fare colazione = *to have breakfast*
fare uno spuntino = *to snack (in the morning)*
pranzo = *lunch*
pranzare = *to have lunch*
fare merenda = *to snack (in the afternoon)*
cena = *dinner*
cenare = *to have dinner*

4 Completa le seguenti frasi con le parole dei punti a, b, c, d ed e.
Complete the following sentences with the words given in points a, b, c, d and e.

1. Di solito io faccio ………………………… alle 7 di mattina, all'una pranzo, verso le 4 del pomeriggio ………………………… merenda e poi ceno alle 8:30 di sera.
2. Questa sera vado a mangiare al ………………………… con i miei amici.
3. Stefano non mangia ………………………… perché è vegetariano.
4. "Preferisci il vino bianco o il vino …………………………?"
   "Nessuno dei due. Io non ………………………… bevande alcoliche."
5. Il tiramisù è il mio ………………………… preferito.
6. "Io prendo un ………………………… di acqua frizzante. E tu cosa vuoi da bere?"
   "Un ………………………… di frutta."
7. "Cosa mangi di solito a colazione?" "Mangio un cornetto e bevo un ………………………… con due cucchiaini di ………………………… ."
8. In questa insalata mista ci sono vari tipi di …………………………: pomodori, cetrioli, cipolle e ovviamente la ………………………… .
9. In Inghilterra si beve molto …………………………, al latte o al limone.
10. Mi piace molto mangiare un hamburger con le ………………………… fritte.

Preparazione al NEW GCSE in Italian

Preparazione al NEW
GCSE in Italian

5 Scrivi delle frasi usando le parole di ogni lista come nell'esempio.
Write some sentences using the words given in each case as in the example.

Esempio: Ieri I io I colazione I cappuccino I cornetto
Ieri ho fatto colazione con cappuccino e cornetto.

1. Domani sera I io e Franca I al ristorante
   ....

2. Ieri I a pranzo I io I spaghetti al pomodoro
   ....

3. Monica I di solito I il pomeriggio I una mela o una pesca
   ....

4. Da piccolo I io I molta frutta e verdura
   ....

5. Il prossimo fine settimana I io I arrosto di vitello I per i miei amici
   ....

6. Francesca e Dario I sempre I vino bianco I con il pesce
   ....

f. Aggettivi per descrivere il cibo *Adjectives to describe food*

- Il limone è **aspro** (sour).
- La pizza è **buona** (good), **saporita** (savoury, flavourful) e **calda** (hot).
- Le patatine fritte sono **grasse** (fatty/greasy) e **pesanti** (heavy).
- Il tiramisù è **dolce** (sweet) e **buono**.
- L'insalata è **fresca** (fresh), **sana** (healthy), **saporita**, **buona**, **leggera** (light) e **magra** (low-fat).
- Le penne all'arrabbiata sono **calde**, **piccanti** (spicy) e un po' **pesanti**.
- Il caffè senza zucchero è **amaro** (bitter).

6 Descrivi i seguenti cibi. *Describe the following foods.*

1. gli spaghetti al pomodoro

2. l'arrosto di vitello

3. l'English Breakfast

4. le lasagne

5. l'insalata mista

6. la cioccolata calda

EDILINGUA

Sports and Free Time

Sports, Free Time, **Food and Drink**, Lifestyle, Fashion

Chapter 2

Attività di parlato (*Edexcel – Task 2: Picture-based task – H*) *Speaking task*

Topic: *Who am I?*

Guarda la foto e prepara le risposte ai seguenti punti:

- descrizione della foto
- cibi preferiti
- cibi che eviti di mangiare e perché
- piatti della cucina italiana: quali conosci e quali ti piacciono
- !

The dialogue will last approximately between two-and-a-half to three minutes.

Suggerimenti *Tips*

✿ **Per la descrizione fisica** vedi le pagine 223, 224 e 225
(*for physical descriptions see pages 223, 224 and 225*)

✿ **Per dire se c'è qualche cibo che eviti di mangiare e perché**
(*how to say whether you avoid eating some types of food and why*)
Evito di mangiare/Non mangio le patatine fritte perché sono troppo grasse e pesanti.

Attività di scrittura (*Edexcel – H*) *Writing task*

Scriva un articolo a una rivista italiana di cucina in cui parla delle abitudini alimentari del suo Paese.

Deve includere i seguenti punti:

- a che ora le persone fanno colazione, pranzano, cenano e cosa mangiano di solito
- alcuni piatti tipici
- la sua opinione sulla cucina del suo Paese
- le sue abitudini alimentari
- se è andato/a al ristorante ultimamente e cosa ha preso

Giustifichi le sue idee e le sue opinioni. Scriva 130-150 parole circa **in italiano**.

Preparazione al NEW GCSE in Italian

💡 Suggerimenti *Tips*

- **Per parlare di alcuni importanti piatti tipici**
  (*how to talk about some important typical dishes*)
  I piatti più importanti/principali della cucina del mio Paese sono Fish and Chips, l'English Breakfast etc. *L'English Breakfast è un piatto con* + ingredienti (*uova, pancetta etc.*). *È* + descrizione del piatto (*buono, caldo, un po' pesante e grasso etc.*).

- **Per esprimere la tua opinione sulla cucina del tuo Paese**
  (*how to give your opinion on the cuisine of your country*)
  Secondo me/Per me, la cucina del mio Paese (non) è molto varia/buona/sana etc.
  Nella cucina del mio Paese (non) ci sono molti piatti di carne/pesce/verdure etc.

- **Per dire se sei andato/a al ristorante ultimamente e cosa hai preso**
  (*how to say whether you have been to a restaurant recently and what you had*)
  Ultimamente/Recentemente (non) sono andato/a al ristorante ()con chi? Quando? Dove?) e ho mangiato ... Da bere ho preso ... etc.

Attività di lettura (*Edexcel – H – Section A*) *Reading task*

Food habits

Read what some Italians say about their food habits.

Salve, mi chiamo Anna, sono una ragazza italiana di Vicenza. Vorrei parlarvi delle mie abitudini alimentari. Di solito a colazione prendo un caffè e un cornetto nel bar vicino alla mia scuola. A pranzo normalmente la mia mamma mi prepara sempre un bel piatto di spaghetti al pomodoro oppure risotto ai funghi. Non mangio carne perché ho deciso di essere vegetariana. A cena di solito mangio poco, un risotto in bianco o un'insalata verde.

Ciao a tutti, sono Piero e sono sovrappeso. Purtroppo la mattina al bar prendo sempre due cornetti con una tazza grande di cioccolata calda. Poi, verso le 11 faccio uno spuntino con un tramezzino e una lattina di coca cola al bar vicino all'ufficio. A pranzo i miei piatti preferiti sono pasta all'amatriciana, bistecca di maiale ai ferri e patatine fritte, il tutto accompagnato da mezzo litro di vino rosso. A cena non riesco a trattenermi e mangio ancora primo, secondo e contorno seguito da un dolce. Non pratico nessuno sport ma so che dovrei farlo.

Eccomi, sono Camilla e seguo la Dieta Mediterranea. Mangio dunque molto pane e molta pasta e consumo quotidianamente sia frutta che verdura. Evito la carne rossa (soprattutto quella di maiale) e limito il consumo di carne bianca (pollo e pesce) a una volta alla settimana. Di solito mi concedo un bicchiere di vino al giorno ma allo stesso tempo bevo almeno un litro d'acqua. Anche se mi piacciono molto, mangio dolci solo una volta al mese. Faccio molta attività fisica: vado in palestra e faccio jogging.

Mi presento, sono Donatella e faccio la cuoca in un ristorante di Milano. Data la grande varietà di cibo disponibile, posso mangiare tutto quello che voglio. A pranzo, che normalmente per noi cuochi e camerieri è anticipato alle 11, di solito mangio un piatto di pasta fatta in casa. Il mio preferito sono le linguine o le tagliatelle condite con salsa alla bolognese preparata da me personalmente. A cena invece molto spesso mangio pesce fritto oppure un petto di pollo. Non bevo alcolici perché sono astemia.

Sports and Free Time

Sports, Free Time, **Food and Drink**, Lifestyle, Fashion

Choose the correct answer from **Anna**, **Piero**, **Camilla** or **Donatella**.

a. .... is able to eat a wide range of foods due to her job. (1)

b. .... should change his eating habits. (1)

c. .... eats a croissant at breakfast and has a light dinner. (1)

d. .... pays attention to her nutrition. (1)

Answer the following questions **in English**.

e. Apart from eating good food, what else does Camilla do to take care of herself?

.... (1)

f. What should Piero do to improve his health?

.... (1)

(Total = 6 marks)

Attività d'ascolto (*Edexcel – H – Section B*) Listening task

In a restaurant

Listen to Davide talking about an evening spent in a restaurant.

Put a cross (✗) in each correct box.

Example: Last night Davide went to a restaurant ...

✗	A. with his friends
	B. with his girlfriend
	C. alone
	D. with his parents

(i) Davide had ...

	A. an starter and a main course
	B. a main course and sparkling water
	C. a first course and white wine
	D. a first and a main course

(ii) Paolo had ...

	A. rice and white wine
	B. a first course and a main course
	C. a first course and sparkling water
	D. a main course and red wine

(iii) Francesca had ...

	A. a cutlet and vegetables
	B. a first course and vegetables
	C. a cutlet, vegetables and white wine
	D. a cutlet, vegetables and red wine

(iv) Luisa did not have ...

	A. a first course
	B. water
	C. a main course
	D. a starter

(Total = 4 marks)

Preparazione al NEW GCSE in Italian

Preparazione al NEW GCSE in Italian

Grammatica *Grammar*

Leggi le frasi e completa lo schema. *Read the sentences and complete the chart.*

Roberto: Senta, scusi, può portarci il menù, per favore?

Roberto: Ieri quando ti ho telefonato ti ho detto che questo era un buon ristorante.
Samanta: Comunque mi sembra un po' caro.
Roberto: Non importa. Io ti offro la cena.
Samanta: Grazie, sei molto gentile. Però non so cosa prendere. Tu cosa mi consigli?
Roberto: Certo. *(Al cameriere)* Senta, scusi, ci può portare un altro bicchiere, per favore?

PRONOMI INDIRETTI	
Indirect object pronouns	
SINGOLARE	**PLURALE**
.... = a me *to me*	.... = a noi *to us*
.... = a te *to you*	vi = a voi *to you*
le = a lei *to her* / Le = a Lei *to you (form.)*	gli = (a) loro *to them*
gli = a lui *to him*	

I pronomi indiretti sostituiscono un complemento indiretto. Il complemento indiretto risponde alla domanda *a chi?* Il complemento indiretto in italiano normalmente è introdotto dalla preposizione *a*.
Indirect object pronouns replace indirect object complements, which answer the question to whom? In Italian the indirect object pronoun is normally introduced by the preposition a.

- Telefoni a Gino?
- Sì, telefono a Gino. ("a Gino" è il complemento indiretto / *"a Gino" is the indirect object complement*)
- Sì, gli telefono.

Come i pronomi diretti e riflessivi anche i pronomi indiretti si mettono prima del verbo.
As with direct and reflexive pronouns, indirect object pronouns are also placed before the verb.
Ti offro la cena. *I offer the dinner to you (dinner is on me).*
Le manderò la mail stasera. *I will send the e-mail to her tonight.*

Nelle frasi negative *non* si mette prima del pronome indiretto.
In negative sentences, non is placed before the indirect object pronoun.
Non gli parlo. *I don't talk to him.*
Non ci portano il vino. *They don't bring the wine to us.*

I PRONOMI INDIRETTI CON I VERBI SERVILI *VOLERE, DOVERE, POTERE* + INFINITO

Ci sono due possibilità (*there are two possibilities*):

a. Mi puoi dire che ore sono?	=	b. Puoi dirmi che ore sono?
Le voglio regalare un libro.	=	Voglio regalarle un libro.
Ci dovete portare i documenti.	=	Dovete portarci i documenti.

EDILINGUA

Sports and Free Time

Chapter 2

Sports, Free Time, Food and Drink, **Lifestyle**, Fashion

1 **Inserisci i pronomi indiretti.** *Insert the appropriate indirect object pronouns.*

1. Ora telefono a Maria perché .... devo parlare.
2. "Quando scrivi a Leo?" "....... scrivo domani."
3. Se venite con me, ... offro la cena.
4. Per il tuo compleanno .... regalo un tablet.
5. Marco e Maria, ... spedirò una cartolina da Londra.
6. Il mio professore di Storia .... ha insegnato molte cose interessanti.
7. Carlo .... ha detto che oggi non viene.
8. Se Monica vuole, ... presto le fotocopie.
9. Sandra .... chiede se può venire anche lei.
10. Quando .... mostri la tua nuova casa?
11. Marco, puoi prestar....... il tuo dizionario?
12. "Ragazzi, ... interessano i documentari?" "Sì, ... interessano."
13. "Cosa chiederai ai tuoi genitori?" "....... chiederò di lasciarmi uscire."
14. "....... piace sciare, Mara?" "Sì, ... piace."
15. "Che cosa hai consigliato a Claudia e Patrizia?" "....... ho consigliato di aspettare."

LIFESTYLE

1 **Leggi le seguenti lettere.** *Read the following letters.*

Gentile dott.ssa Abbruzzi,

mi chiamo Valeria, sono una ragazza di 18 anni di Milano. Le scrivo perché penso di essere un po' grassa e dunque vorrei avere qualche consiglio da Lei per dimagrire un po'. Da quando ho cominciato a fare questa dieta, ho smesso di mangiare dolci e cerco di evitare sia le bibite che la carne. Mia madre dice che stare a dieta fa male alla salute. In effetti durante il giorno non mi sento molto bene perché sono sempre stanca e debole e qualche volta ho una fame terribile. A volte mi sento stressata e con un forte mal di testa e dunque forse non vale la pena continuare. Secondo Lei, cosa devo fare?

Saluti
Valeria Franzini

Cara Valeria,

molte ragazze della tua età mi scrivono per chiedermi consigli su come dimagrire. Se vuoi perdere peso, evita i dolci e non mangiare cibi troppo grassi o con molte calorie. Mangia invece i cibi che fanno bene alla salute come frutta, verdura e bevi molta acqua. Cerca di non fare spuntini fuori dai pasti e fa' un po' di attività fisica. Prima di cominciare a fare la dieta, consulta un medico o un dietologo e soprattutto non prendere farmaci che non conosci e che possono avere effetti collaterali. Ovviamente non esagerare con la dieta ma vivi in modo sereno e dormi regolarmente altrimenti poi ti senti stanca e stressata.

Un caro saluto
Dott.ssa Roberta Abbruzzi

2 **Rispondi alle seguenti domande (prima a voce e poi per iscritto).**
Answer the following questions (first orally and then in writing).

1. Perché Valeria scrive alla dottoressa Abbruzzi?

   ....

2. Cosa dice la madre di Valeria?

   ....

Preparazione al NEW GCSE in Italian

Preparazione al NEW
GCSE in Italian

3. Come si sente Valeria?
....
4. Quali consigli dà la dottoressa Abbruzzi a Valeria?
....
5. Perché la dottoressa Abbruzzi dice a Valeria che non deve esagerare con la dieta?
....

a. Vocabolario *Vocabulary*

ambulanza = *ambulance*
ammalarsi = *to fall ill, to get sick*
aspirina = *aspirin*
cerotto = *sticking plaster*
chirurgo = *surgeon*
consultare = *to consult*
cotone = *cotton*
crampo = *cramp*
data di scadenza = *expiry date*
dentista = *dentist*
dieta = *diet*
dietologo/a = *nutritionist, dietitian*
dimagrire = *to lose weight, to slim down*
dolore = *pain*
dottore = *doctor (masc.)*
dottoressa = *doctor (fem.)*
effetto collaterale = *side effect*

energia = *energy*
essere a dieta = *to be on a diet*
farmacia = *pharmacy, chemist's*
farmacista = *chemist*
farmaco = *medicine, drug*
farsi male = *to hurt oneself*
fasciatura = *bandage*
ferita = *wound, injury*
guarire = *to heal, to recover*
incidente = *accident*
infermiera = *nurse (fem.)*
infermiere = *nurse (masc.)*
influenza = *flu*
ingrassare = *to get fat, to put on weight*
malato = *sick, ill*
malattia = *illness, disease, sickness*

medicina = *medicine, drug*
medico = *doctor, medic*
oculista = *eye specialist*
ortopedico = *orthopaedist*
ospedale = *hospital*
perdere peso = *to lose weight*
pomata = *cream*
ricetta = *prescription*
raffreddore = *cold*
sciroppo = *syrup*
stare bene = *to be well*
stare male = *to be sick*
stile di vita = *lifestyle*
sano/a = *healthy*
salute = *health*
tagliarsi = *to cut oneself*
tossire = *to cough*

b. Problemi di salute/Disturbi *Health problems*

avere = *to have* +
- **l'influenza** = *flu*
- **la febbre** = *fever*
- **la tosse** = *cough*
- **il raffreddore** = *cold*
- **mal di denti** = *toothache*
- **mal di gola** = *sore throat*
- **mal di testa** = *headache*
- **mal di stomaco** = *stomachache*
- **mal di pancia** = *bellyache*
- **la pressione alta** = *high blood pressure*
- **un dolore a** + parte del corpo = *a pain in* + *part of the body*

Sports and Free Time

Sports, Free Time, Food and Drink, **Lifestyle**, Fashion

Chapter 2

c. Le parti del corpo *Parts of the body*

COME SI CHIAMANO LE PARTI DEL MIO CORPO?

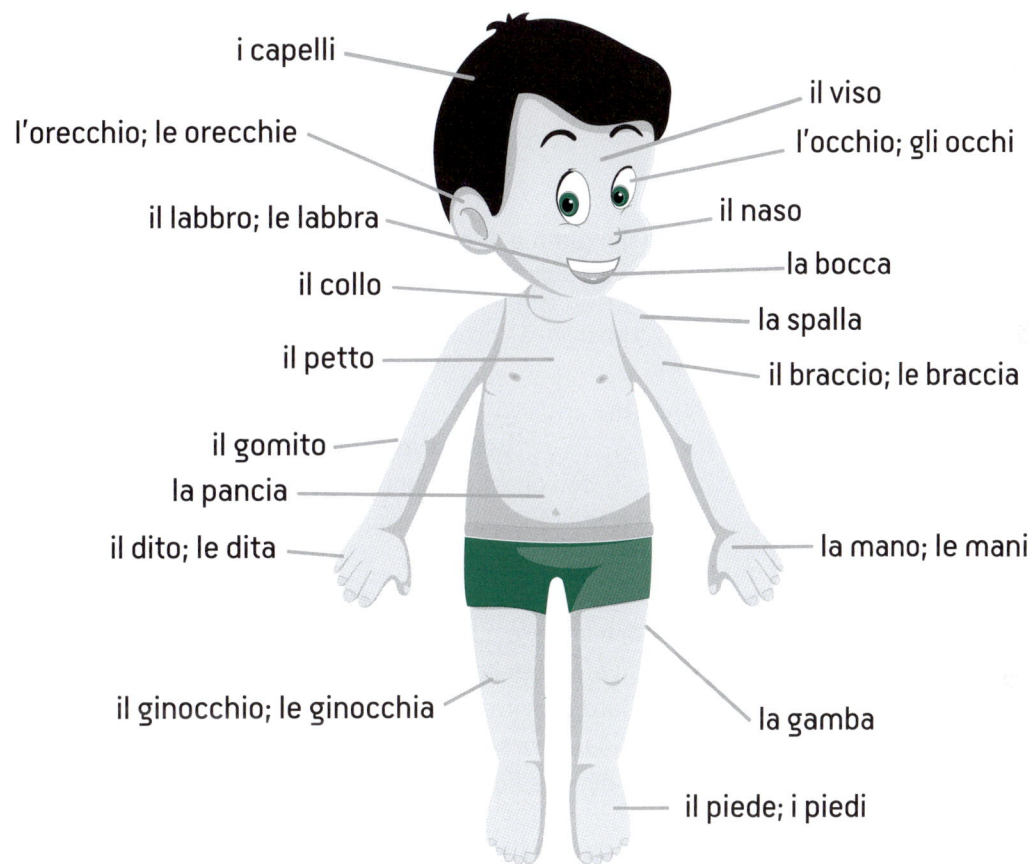

- i capelli
- il viso
- l'orecchio; le orecchie
- l'occhio; gli occhi
- il labbro; le labbra
- il naso
- la bocca
- il collo
- la spalla
- il petto
- il braccio; le braccia
- il gomito
- la pancia
- il dito; le dita
- la mano; le mani
- il ginocchio; le ginocchia
- la gamba
- il piede; i piedi

3 Che problemi di salute hanno queste persone? Scrivilo sotto le immagini come nell'esempio.
What health problems do these people have? Write each under the image as in the example.

1

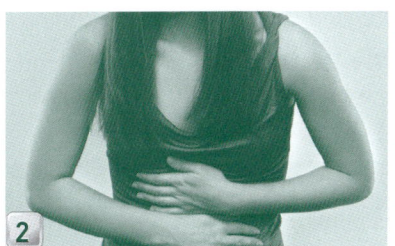
2

3

Lui ha mal di testa.

Preparazione al NEW GCSE in Italian

Preparazione al NEW
GCSE in Italian

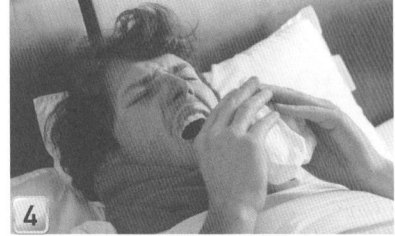

4 .... 5 .... 6 ....

4 Completa le seguenti frasi con le parole dei punti a, b e c.
Complete the following sentences with the words given in points a, b and c.

1. Quando ho l'................................ rimango a letto, mi riposo e prendo qualche .... per guarire.
2. Gianni oggi non viene a scuola perché sta ....
3. Da una settimana sono a .... perché voglio dimagrire.
4. Per sbaglio ieri io .... con un coltello mentre cucinavo.
5. Quando ho .... di testa prendo un'aspirina e sto subito meglio.
6. Oggi ho un forte .... alle spalle.
7. Monica ha mal di .... Le ho detto che deve andare dal dentista.
8. Il .... mi ha detto di mangiare molta verdura ed evitare le bevande alcoliche.
9. Saverio ha mangiato tre fette di tiramisù e adesso ha mal di ....
10. Per .... peso, puoi fare attività fisica.
11. Sara ha avuto un incidente con la macchina e ora si trova in ....
12. Purtroppo ho la .... dunque non posso uscire con voi.
13. Tutte le medicine possono avere .... collaterali.
14. Ultimamente non vedo bene. Domani vado a fare una visita dall'................................ .
15. Per non .... , evita di mangiare dolci.

5 Scrivi le parole o le espressioni nella colonna corrispondente come negli esempi.
Write the words or the expressions in the appropriate column as in the examples.

~~fare attività fisica~~ ♦ ~~fumare~~ ♦ lo stress ♦ le bevande alcoliche ♦ avere molti interessi
stare con gli amici ♦ rilassarsi ♦ lavorare troppo ♦ mangiare frutta e verdura ♦ passeggiare
mangiare molti cibi grassi ♦ lo yoga ♦ annoiarsi ♦ divertirsi ♦ stare troppo da soli ♦ arrabbiarsi

👍 Fa bene (alla salute)	👎 Fa male (alla salute)
fare attività fisica	fumare

EDILINGUA

Sports and Free Time

Sports, Free Time, Food and Drink, **Lifestyle**, Fashion

Chapter 2

d. Sottolineare/Marcare/Enfatizzare un contrasto *To highlight/To emphasize a contrast*

- **Mentre** fare attività fisica fa bene alla salute, fumare fa male.
- Fare attività fisica fa bene alla salute, **mentre/invece** fumare fa male.

Come vedi, solo l'avverbio mentre può essere messo anche all'inizio della frase.
As you can see, only the adverb mentre can be placed both at the beginning and in the middle of the sentence.

6 Scrivi delle frasi marcando il contrasto come nell'esempio. Usa le espressioni dell'esercizio 5.
Write some sentences highlighting the contrast as in the example. Use the expressions given in exercise 5.

Esempio: bere succhi di frutta **I** bere troppi caffè
   Mentre bere succhi di frutta fa bene alla salute, bere troppi caffè fa male.
   Bere succhi di frutta fa bene alla salute, **mentre/invece** bere troppi caffè fa male.

....
....
....
....
....
....

e. Dare un consiglio con l'Imperativo *To give advice with the Imperative*

Leggi i consigli della dott.ssa Abbruzzi. *Read the advice of dott.ssa Abbruzzi.*

- ...**evita** i dolci e **non mangiare** cibi troppo grassi.
- **Mangia** invece i cibi che fanno bene alla salute [...] e **bevi** molta acqua. **Cerca** di non fare spuntini [...] e **fa'** un po' di attività fisica.
- ...**consulta** un medico o un dietologo.
- ...**non prendere** farmaci che non conosci.
- ...**non esagerare** con la dieta ma **vivi** in modo sereno e **dormi** regolarmente.

Completa ora lo schema dell'Imperativo informale.
Now complete the chart outlining the informal Imperative.

IMPERATIVO INFORMALE (TU) - VERBI REGOLARI			
Informal Imperative - Regular verbs			
MANGIARE	**PRENDERE**	**DORMIRE**	**FINIRE** *(-isc-)*
(Tu)	(Tu) prendi	(Tu)	(Tu) finisci
(Tu) non mangiare	(Tu) non	(Tu) non dormire	(Tu) non finire

Preparazione al NEW GCSE in Italian

Preparazione al NEW
GCSE in Italian

IMPERATIVO INFORMALE (TU) - VERBI IRREGOLARI			
Informal Imperative - Irregular verbs			
ESSERE	**AVERE**	**ANDARE**	**DIRE**
(Tu) sii	(Tu) abbi	(Tu) va'/vai	(Tu) di'
(Tu) non essere	(Tu) non avere	(Tu) non andare	(Tu) non dire
DARE	**STARE**	**FARE**	**VENIRE**
(Tu) da'/dai	(Tu) sta'/stai	(Tu) fa'/fai	(Tu) vieni
(Tu) non dare	(Tu) non stare	(Tu) non fare	(Tu) non venire

Come vedi, l'Imperativo informale (tu) negativo si forma mettendo non prima del verbo all'Infinito (*non parlare/non dormire/non finire* etc.).
As you can see, the negative form of the informal Imperative is formed by non + Infinitive.

7 **Tu e un tuo compagno/una tua compagna fate dei dialoghi usando le seguenti situazioni secondo il modello. Usa l'Imperativo per dare consigli.** *You and your friend make up some dialogues using the following situations as in the example. Use the Imperative to give advice.*

Esempio: Il/La tuo/a compagno/a ha mal di testa.
- *Ho un terribile mal di testa. Che consiglio mi dai?*
- **Prendi** *un'aspirina.*

1. Il/La tuo/a compagno/a non riesce a leggere bene.
2. Il/La tuo/a compagno/a vuole dimagrire.
3. Il/La tuo/a compagno/a si sente stressato/a.
4. Il/La tuo/a compagno/a si è tagliato/a.
5. Il/La tuo/a compagno/a ha un terribile mal di stomaco.
6. Il/La tuo/a compagno/a ha il raffreddore.
7. Il/La tuo/a compagno/a ha un dolore al braccio.
8. Il/La tuo/a compagno/a beve troppi caffè.
9. Il/La tuo/a compagno/a ha l'influenza.
10. Il/La tuo/a compagno/a ha mal di denti.

f. *Altrimenti/Se no/In caso contrario* Otherwise, Or else

Alla fine della sua lettera, la dott.ssa Abbruzzi scrive (*at the end of her letter, dott.ssa Abbruzzi writes*):

- *Ovviamente non esagerare con la dieta ma vivi in modo sereno e dormi regolarmente* **altrimenti** *poi ti senti stanca e stressata.*

Altrimenti/Se no/In caso contrario (*Otherwise, Or else*) introducono la conseguenza dell'azione contraria (*introduce the consequences of the opposite action*).

Sports and Free Time

Sports, Free Time, Food and Drink, **Lifestyle**, Fashion

Chapter 2

8 Tu e un tuo compagno/una tua compagna fate dei dialoghi usando le seguenti situazioni secondo il modello. Usa l'Imperativo per dare consigli e introduci la conseguenza contraria con altrimenti, se no, in caso contrario.
You and your friend make up some dialogues using the following situations as in the example. Use the Imperative to give advice and introduce the opposite consequence with altrimenti, se no, in caso contrario.

Esempio: Situazione: il/la tuo/a compagno/a ha un terribile dolore alla gamba
Consiglio: andare dall'ortopedico
Conseguenza: il dolore diventa più forte
- Ho un terribile dolore alla gamba. Che consiglio mi dai?
- **Va'** dall'ortopedico **altrimenti** il dolore diventa più forte.

1. Situazione: il/la tuo/a compagno/a si sente stressato/a
   Consiglio: lavorare di meno
   Conseguenza: si ammala

2. Situazione: il/la tuo/a compagno/a ha la febbre
   Consiglio: prendere il paracetamolo
   Conseguenza: la febbre può salire

3. Situazione: il/la tuo/a compagno/a ha il raffreddore e il mal di testa
   Consiglio: non uscire
   Conseguenza: gli/le viene l'influenza

4. Situazione: il/la tuo/a compagno/a fa vita sedentaria
   Consiglio: fare un po' di sport
   Conseguenza: ingrassa

5. Situazione: il/la tuo/a compagno/a ha mal di stomaco
   Consiglio: non bere alcolici
   Conseguenza: aumenta l'acidità

6. Situazione: il/la tuo/a compagno/a ha un terribile mal di denti
   Consiglio: andare dal dentista
   Conseguenza: il dolore può aumentare

g. Condizioni fisiche e stati d'animo *Physical and psychological conditions*

Nella sua lettera, Valeria scrive (*in her letter, Valeria writes*):

- ...**non mi sento molto bene** perché **sono sempre stanca e debole** e qualche volta **ho una fame terribile**. A volte **mi sento stressata**.

avere fame

essere/sentirsi stanco/a

essere/sentirsi stressato/a

Preparazione al NEW GCSE in Italian

Preparazione al NEW
GCSE in Italian

avere sete

avere caldo

avere freddo

avere paura

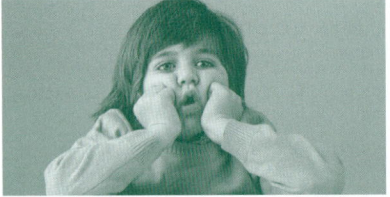
essere annoiato/a

essere/sentirsi triste

essere arrabbiato/a

essere contento/a

9 Unisci le due colonne come nell'esempio. *Match the two columns as in the example.*

1. Quando ho fame
2. Sono stanco
3. Paolo è arrabbiato
4. Marta è contenta
5. Ho molta sete
6. Quando ho caldo
7. Siamo tristi
8. Sono annoiato
9. Luisa è stressata
10. Ho paura

a. perché ha passato l'esame.
b. e dunque vado a dormire.
c. e ora voglio bere un po' d'acqua.
d. vado al mare.
e. mangio un panino.
f. perché stasera non può uscire.
g. perché non ho niente da fare.
h. perché lavora molto.
i. quando siamo lontani da casa.
l. di tornare a casa da sola.

Attività di parlato (*AQA – Role-play – H*) *Speaking task*

You talk about good and bad habits with an Italian friend.

You must address your friend as *tu*.

Where you see – ! – you must respond to something you have not prepared.

Where you see – ? – you must ask a question.

Sports and Free Time

Chapter 2

Sports, Free Time, Food and Drink, **Lifestyle**, Fashion

Parli di buone e cattive abitudini con un amico/un'amica italiano/a.

- Cattive abitudini del passato – cosa facevi di sbagliato
- Sane abitudini di adesso – cosa fai di sano
- !
- ? Abitudini del tuo amico/della tua amica – buone o cattive
- Cattive abitudini – conseguenze
- Sane abitudini – importanza
- Consigli per cambiare le abitudini del tuo amico/della tua amica – cibo e attività

The dialogue will last approximately 2 minutes.

💡 Suggerimenti *Tips*

* **Per dire cosa facevi quando avevi cattive abitudini**
  (*how to say what you used to do when you had bad habits*)
  Di solito prima + ... (vedi le abitudini che fanno male alla salute a pagina 112 e usa l'Imperfetto. *See bad habits for health on page 112 and use the Imperfetto*):
  Di solito prima la notte dormivo poco, fumavo molto, bevevo molti alcolici etc.

* **Per dire quali sono le sane abitudini che hai adesso**
  (*how to say what your good habits are now*)
  Adesso invece + ... (vedi le abitudini che fanno bene alla salute a pagina 112 e usa il Presente. *See the good habits for health on page 112 and use the Present tense*):
  Adesso invece faccio sport, non fumo, mangio molta frutta e verdura etc.

* **Per dire quali sono le conseguenze delle cattive abitudini**
  (*how to say what the consequences of bad habits are*)
  Se + cattiva abitudine + conseguenza (*if* + *bad habit* + *consequence*):
  Se lavori troppo, poi sei stressato e ti arrabbi./Se mangi troppi cibi grassi, ingrassi e la pressione ti sale./Se stai troppo da solo, poi sei triste e stai male etc.

* **Per parlare dell'importanza delle sane abitudini**
  (*how to talk about the importance of healthy habits*)
  (Vedi "Suggerimenti" a pagina 43. *See the "Tips" on page 43*)
  *Le sane abitudini sono molto importanti per la tua vita: **in primo luogo** perché puoi vivere senza stress, **poi** perché sei più rilassato... **e poi... e poi...***
  ***Oltretutto** hai più energia per avere successo nella scuola e nello sport etc.*
  ***Pertanto**, avere buone abitudini ti permette di vivere meglio giorno dopo giorno.*

* **Per dare alcuni consigli su come cambiare abitudini**
  (*how to give advice on how to change bad habits*)
  a. *Ti consiglio di* + Infinito:
     Ti consiglio di mangiare frutta e verdura, non fare una vita sedentaria, non lavorare troppo etc.
  b. Imperativo (*Imperative*):
     Mangia frutta e verdura, non fare una vita sedentaria, non lavorare troppo etc.

Preparazione al NEW GCSE in Italian

Preparazione al NEW
GCSE in Italian

Attività di scrittura (AQA – H) Writing task

Scrivi un testo per un sito italiano di medicina in cui descrivi come dovrebbe essere uno stile di vita sano.

Menziona:

- il tuo stile di vita sano (cosa fai e cosa mangi per stare bene)
- le conseguenze positive di uno stile di vita sano
- le conseguenze negative di uno stile di vita non sano
- se è difficile cambiare stile di vita
- se hai consultato un medico/dietologo prima di cominciare a seguire uno stile di vita più sano

Scrivi circa **90 parole in italiano**. Rispondi a **tutti** gli aspetti della domanda.

Suggerimenti *Tips*

- **Per dire quali sono le conseguenze positive di uno stile di vita sano**
  (*how to say what the positive consequences of a healthy lifestyle are*)
  Se hai/Se segui/Con uno stile di vita sano + conseguenze positive (*positive consequences*):
  Se hai uno stile di vita sano, ti senti bene, non sei stressato, hai più energia etc.

- **Per dire quali sono le conseguenze negative di uno stile di vita non sano**
  (*how to say what the negative consequences of an unhealthy lifestyle are*)
  Se invece non hai/segui uno stile di vita sano + conseguenze negative (*negative consequences*):
  Se invece non segui uno stile di vita sano, allora ti puoi sentire debole e stressato, ti ammali più facilmente, non stai bene, ti senti stanco etc.

- **Per dire se è difficile cambiare stile di vita**
  (*how to say whether it is hard to change lifestyle*)
  Certo/Ovviamente/Naturalmente cambiare stile di vita all'inizio può essere un po' difficile **perché devi rinunciare** ad alcuni cibi come per esempio i dolci, le patatine fritte, le bibite, però **ne vale la pena** (*it is worthwhile*).

- **Per dire se hai consultato un medico/un dietologo prima di cominciare a seguire uno stile di vita sano**
  (*how to say whether you consulted a doctor/nutritionist before starting your healthy lifestyle*)
  Per avere i consigli giusti, **prima di cominciare a seguire uno stile di vita sano** ho consultato un medico/dietologo.

Sports and Free Time

Sports, Free Time, Food and Drink, **Lifestyle**, Fashion

Attività di lettura (*AQA – H – Section A*) *Reading task*

Love

You read this extract from the novel "Bianca come il latte, rossa come il sangue" by Alessandro D'Avenia. Leo, the main character, talks about his friend Beatrice.

Non ho rivisto Beatrice. Ora non è più ricoverata lì in ospedale, è tornata a casa. Ha finito il primo ciclo della chemioterapia. Una specie di antibiotico contro il tumore. Io sono sicuro che le farà bene. Beatrice è una forte: troppo giovane e piena di bellezza per non farcela. Vorrei andare a trovarla, ma Silvia dice che Beatrice non vuole vedere nessuno. È molto stanca e provata dalla malattia e non se la sente di parlare. Io però la vorrei vedere. Comunque adesso lei avrà il mio sangue, e sarà come tenerle compagnia ancora più da vicino. Da dentro. Uniti. Spero che il mio sangue le faccia bene. Mi sento felice e stanco. Così è l'amore.

(Source: from *Bianca come il latte, rossa come il sangue*, Alessandro D'Avenia)

Answer these questions **in English**.

1 What does he say about Beatrice's health?

   ....

   [1 mark]

2 What does Silvia say about Beatrice?

   ....

   [1 mark]

3 How does Leo feel?

   ....

   [1 mark]

Preparazione al NEW
GCSE in Italian

Attività d'ascolto (*AQA – H – Section B*) *Listening task*

Franco ci parla del suo stile di vita.

Rispondi alle domande **in italiano**.

1 Come si mantiene in forma Franco?

....
....
....

[1 mark]

2 Cosa mangia di solito?

....
....
....

[1 mark]

Grammatica *Grammar*

IMPERATIVO
Imperative

L'Imperativo è usato per dare a) ordini, b) consigli o c) istruzioni.
The Imperative is used to give a) orders, b) advice or c) instructions.

a) Marco, **telefona** a Valeria! *Marco, phone Valeria!*
b) Maria, **non guardare** quel film. Non vale la pena. *Maria, don't watch that film. It's not worth it.*
c) **Apri** il file e **copia** il testo. *Open the file and copy the text.*

	PARL<u>ARE</u>	**PREND<u>ERE</u>**	**DORM<u>IRE</u>**	**FIN<u>IRE</u>** (*-isc-*)
Tu	parla	prendi	dormi	finisci
Noi *Let's...*	parliamo	prendiamo	dormiamo	finiamo
Voi	parlate	prendete	dormite	finite

Per noi e voi l'Imperativo corrisponde al Presente Indicativo.
For noi and voi the Imperative corresponds to the Presente Indicativo.

Sports and Free Time

Sports, Free Time, Food and Drink, **Lifestyle**, Fashion

Chapter 2

IMPERATIVO NEGATIVO *Negative Imperative*				
	PARL<u>ARE</u>	**PREND<u>ERE</u>**	**DORM<u>IRE</u>**	**FIN<u>IRE</u> (-*isc-*)**
Tu	non parlare	non prendere	non dormire	non finire
Noi *Let's not...*	non parliamo	non prendiamo	non dormiamo	non finiamo
Voi	non parlate	non prendete	non dormite	non finite

L'Imperativo negativo si forma con:
- non prima del verbo all'Infinito per tu;
- non seguito dal verbo coniugato all'Imperativo per noi e voi.

The negative Imperative is formed with non before the verb in the Infinitive for tu and non followed by the verb in the Imperative for noi and voi.

L'IMPERATIVO CON I PRONOMI
The Imperative with pronouns

Nell'Imperativo affermativo i pronomi si trovano alla fine del verbo e formano un'unica parola.
In the affirmative Imperative pronouns are placed at the end of the verb and form a single word.

- **Leggiamolo**, è molto interessante. (pronome diretto / *direct object pronoun*)
- **Telefonategli** adesso, per favore. (pronome indiretto / *indirect object pronoun*)
- **Ricordati** di non esagerare con la dieta. (pronome riflessivo / *reflexive pronoun*)

L'imperativo negativo con i pronomi si può formare in due modi.
The negative imperative with the pronouns can be formed in two ways.

- **Non lo leggere.** – **Non leggerlo.** (pronome diretto / *direct object pronoun*)
- **Non le telefonare.** – **Non telefonarle.** (pronome indiretto / *indirect object pronoun*)
- **Non ti arrabbiare.** – **Non arrabbiarti.** (pronome riflessivo / *reflexive pronoun*)

CASI PARTICOLARI DELL'IMPERATIVO CON I PRONOMI
Particular cases of the Imperative with pronouns

Andare - Va'
Vammi a prendere un panino al bar!

Fare - Fa'
Fammi un piacere.

Dare - Da'
Dalle i libri.

Dire - Di'
Dimmi la verità!

Preparazione al NEW GCSE in Italian

Preparazione al NEW
GCSE in Italian

1 **Trasforma le seguenti frasi usando l'Imperativo come nell'esempio.**
Transform the following sentences using the Imperative as in the example.

Esempio: Tu devi studiare il capitolo.
Studia il capitolo.

1. Devi andare dal dottore.
   ....

2. Dovete parlare in italiano durante la lezione.
   ....

3. Non devi uscire questa sera.
   ....

4. Dobbiamo mangiare a casa.
   ....

5. Devi pulire la casa.
   ....

6. Non dovete tornare tardi.
   ....

7. Non devi fumare.
   ....

8. Dobbiamo cominciare una dieta.
   ....

9. Devi leggere questo libro.
   ....

10. Non devi mangiare troppa carne.
    ....

2 **Completa con l'Imperativo.** *Complete using the Imperative.*

1. Renato, (fare) .... un po' di sport.
2. Massimo e Luca, (prendere) .... un po' di questo vino, è buono.
3. (Noi-andare) .... al cinema questa sera!
4. Daria, (scrivere) .... una mail al direttore, per favore.
5. (Noi-dormire) .... in quell'albergo: è bello, pulito ed economico.
6. Alessio, non (essere) .... sempre arrabbiato.
7. Ragazzi, non (lavorare) .... troppo.
8. Chiara, (comprare) .... del pane al negozio di alimentari, per favore.
9. Daniele, non (stare) .... sempre davanti al computer, altrimenti non stai mai con i tuoi amici.
10. (Noi-prendere) .... un caffè insieme oggi pomeriggio.

EDILINGUA

Sports and Free Time

Sports, Free Time, Food and Drink, **Lifestyle**, Fashion

Chapter 2

3 Rispondi alle seguenti domande usando l'Imperativo con i pronomi come nell'esempio.

Answer the following questions using the Imperative with pronouns as in the example.

Esempio: • Posso mangiare questo panino?
• Sì, *mangialo*.

1. • Invito Francesca alla festa?
   • Sì, ...
2. • Telefono a Paolo?
   • No, ...
3. • Devo leggere l'articolo?
   • Sì, ...
4. • Dobbiamo telefonare a Nicola?
   • Sì, ...
5. • Devo rispondere a Veronica?
   • Sì, ...
6. • Dobbiamo prendere le vitamine?
   • Sì, ...

4 Traduci in italiano le seguenti frasi. Immagina cha stai parlando a un amico.

Translate the following sentences into Italian. Imagine that you are talking to a friend.

1. Don't go to that restaurant. It's expensive and the food is not good.

2. Call him (*dir.*) now, please.

3. Phone me (*ind.*) when you arrive at home, please.

4. Don't be so rude with your friends.

5. Read the message and then tell me (*ind.*) your opinion.

6. Buy some bread for dinner.

7. Have lunch with me today. I feel sad.

8. Rest and don't watch TV.

9. Speak in Italian during the class.

10. Bring some drinks to the party tonight.

Preparazione al NEW GCSE in Italian

Preparazione al NEW GCSE in Italian

FASHION

1 **Leggi i seguenti dialoghi.** *Read the following dialogues.*

IN UN NEGOZIO DI ABBIGLIAMENTO

Commessa: Buongiorno, cerca qualcosa?
Cliente: Sì, vorrei provare quei pantaloni di cotone neri in vetrina.
Commessa: Va bene. Che taglia porta?
Cliente: La 48.
Commessa: Ecco, li può provare nel camerino in fondo a destra.
Cliente: Grazie.

Commessa: Allora, come le stanno?
Cliente: Sono un po' stretti. Forse è meglio se provo una taglia più grande.
Commessa: D'accordo. Però di taglie più grandi, li abbiamo solo blu e verdi. Va bene lo stesso?
Cliente: Veramente li volevo neri.
Commessa: Mi dispiace, quelli neri sono finiti. Se vuole, ci sono questi di velluto.
Cliente: Non importa. Ripasso in un altro momento. Arrivederci.
Commessa: Arrivederci.

IN UN NEGOZIO DI SCARPE

Commessa: Buongiorno, desidera?
Cliente: Quanto costano quelle scarpe marroni con i tacchi alti?
Commessa: Quali, scusi?
Cliente: Quelle marroni vicino agli stivali neri.
Commessa: Quelle costano 75 euro.
Cliente: Sono un po' care. È possibile vederne un altro paio di meno costose?
Commessa: Sì, queste blu sono più economiche, vengono 50 euro. Che numero porta?
Cliente: Il 38.
Commessa: Ecco.

Cliente: Vanno bene, le prendo. Posso pagare con la carta di credito?
Commessa: Certo.

EDILINGUA

Sports and Free Time

Chapter 2

Sports, Free Time, Food and Drink, Lifestyle, **Fashion**

2 Scegli l'opzione corretta. *Choose the correct option.*

1. Il cliente del negozio di abbigliamento vuole...
   a. provare un paio di pantaloni neri di velluto.
   b. provare un paio di pantaloni neri di cotone.
   c. provare un paio di pantaloni verdi di velluto.

2. I pantaloni che prova il cliente...
   a. sono un po' stretti.
   b. sono un po' larghi.
   c. vanno bene.

3. Alla fine il cliente...
   a. compra i pantaloni neri di velluto.
   b. compra i pantaloni verdi di cotone.
   c. esce senza comprare niente.

4. La cliente del negozio di scarpe vuole...
   a. provare un paio di scarpe blu con i tacchi.
   b. provare un paio di scarpe marroni con i tacchi.
   c. provare un paio di stivali neri.

5. Le scarpe che prova...
   a. costano 50 euro.
   b. costano 75 euro.
   c. sono care.

6. Alla fine la cliente compra...
   a. le scarpe blu e paga 50 euro.
   b. le scarpe marroni e paga 50 euro.
   c. le scarpe blu e paga 75 euro.

a. Vocabolario *Vocabulary*

abbigliamento = *clothing*
abito = *dress/suit*
a buon mercato = *cheap*
acquistare = *to purchase*
a quadri = *checked*
a righe = *striped*
bottone = *button*
boutique = *boutique*
camerino = *fitting room*
capo (di abbigliamento) = *item of clothing, garment*
caro/a/i/e = *expensive*
cassa = *till*
casual = *casual*
classico/a/i/-he = *classic*
commesso/a = *shop assistant*
corto/a/i/e = *short*
costoso/a/i/e = *expensive*
economico/a/i/-he = *cheap*
elegante/i = *elegant*

firmato (abito, vestito, capo) = *designer (suit/dress/outfit)*
grande/i = *large*
griffato (abito, vestito, capo) = *designer clothes*
indossare = *to wear*
larghezza = *width*
largo/a/-hi/-he = *large/wide*
leggero/a/i/e = *light*
lunghezza = *length*
lungo/a/-hi/-he = *long*
manica = *sleeve*
mettersi = *to put (an item of clothing) on*
moda = *fashion*
modello/a = *model*
negozio di abbigliamento = *clothes shop*
negozio di scarpe = *shoe shop*

numero (di scarpe) = *shoe size*
pagare = *to pay*
paio (di) = *pair (of)*
pesante/i = *heavy, thick, warm*
piccolo/a/i/e = *small*
portare = *to wear*
provarsi = *to try on*
saldi = *sales, clearance*
sconto = *discount*
scontrino = *receipt*
stilista = *stylist, fashion designer*
svendita = *clearance sale*
stretto/a/i/e = *tight*
tacchi = *heels*
taglia = *size (clothing)*
truccarsi = *to put make up on*
trucco = *make up*
vestito = *dress*
vetrina = *shop window*

I COLORI *COLOURS*
arancione = *orange* • **azzurro/blu** = *blue*
bianco = *white* • **giallo** = *yellow* • **grigio** = *grey*
marrone = *brown* • **nero** = *black* • **rosa** = *pink*
rosso = *red* • **verde** = *green* • **viola** = *purple*

Tonalità *Shades*
chiaro = *light* • **scuro** = *dark*

LE STOFFE E I MATERIALI *FABRICS AND MATERIALS*
(di) cotone = *cotton* • **(di) cuoio** = *leather*
jeans = *jeans* • **(di) lana** = *wool* • **(di) seta** = *silk*
(di) pelle = *hide (skin)* • **(di) velluto** = *velvet*

Preparazione al NEW GCSE in Italian

Preparazione al NEW
GCSE in Italian

> **Attenzione!** *Attention!*
>
> Con le tonalità l'aggettivo del colore è sempre al maschile (*with shades, the adjective of colour is always masculine*):
> Una giacca rossa. *A red jacket.*
> **Ma** (*but*) Una giacca **rosso scuro**. *A dark-red jacket.*

b. I capi di abbigliamento: vestiti e colori. Scrivi le parole della lista negli spazi vuoti come nell'esempio.
Clothes and colours. Write the words from the following list in the blank spaces as in the example.

~~maglione~~ ◆ paio ◆ cuoio ◆ cappello ◆ camicia ◆ sciarpa ◆ scarpe ◆ pantaloni ◆ jeans ◆ cotone ◆ stivali

un ....*maglione*.... verde di lana

una maglietta di ....(1)

una ....(2) bianca

un paio di ....(3) neri

una giacca grigia a quadri

una cravatta viola

una ....(4) blu

un cappotto

un paio di
................(5) chiari

un paio di
................(6) classiche

un paio di calzini neri

un paio di scarpe
da ginnastica

EDILINGUA

Sports and Free Time

Sports, Free Time, Food and Drink, Lifestyle, **Fashion**

Chapter 2

una gonna rosa

un ....(7) di guanti

un ....(8)

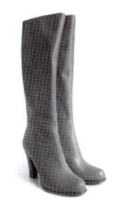
un paio di ....(9)

un paio di scarpe con i tacchi

un paio di scarpe basse

una cintura di ....(10)

un giubbotto

un vestito

una borsetta di pelle

un portafoglio

un impermeabile

una felpa

un giubbino

uno zaino

una blusa

una tuta da ginnastica

un berretto

Preparazione al NEW GCSE in Italian

Preparazione al NEW
GCSE in Italian

3 **Completa le seguenti frasi con le parole dei punti a e b.**
Complete the following sentences with the words given in points a and b.

1. Ieri sono andata in un negozio di .... e ho comprato un paio di pantaloni neri e una maglietta di cotone.
2. "Che .... porti di scarpe?" "Il 42."
3. Oggi fa freddo e dunque mi metto un paio di ...., un maglione di lana e una sciarpa. Ovviamente mi metto anche un .... pesante.
4. "Che .... porti di pantaloni?" "La 48."
5. Queste scarpe sono un po' .... È meglio se provo un numero più grande.
6. Quando voglio vestirmi ...., mi metto una giacca e una cravatta.
7. Questi pantaloni sono troppo .... È meglio se provo una taglia più piccola.
8. Ieri Mirella ha comprato un .... di scarpe con i tacchi.
9. Normalmente quando vado a in discoteca non mi vesto elegante ma ....
10. Prendo la .... e le scarpe da ginnastica e vado in palestra.
11. Giorgio Armani è un grande .... di moda.
12. Paolo .... sempre vestiti eleganti e costosi.

4 **Cosa indossano queste persone? Scrivilo sotto le immagini.**
What are these people wearing? Write it under the pictures.

Roberto indossa ....

Francesca ....

Fabrizio ....

128   EDILINGUA

Sports and Free Time

Sports, Free Time, Food and Drink, Lifestyle, **Fashion**

Chapter 2

Federica .... Marco .... Giovanna ....

....
....
....
....

c. In un negozio di abbigliamento/scarpe *In a clothes/shoe shop*

Commesso/a: *Buongiorno/Buonasera, desidera?*
Cliente: *Buongiorno/Buonasera, vorrei/volevo vedere/provare* (try on) *una giacca/un paio di pantaloni/una maglietta/un maglione/un paio di scarpe/un paio di stivali etc.*
Commesso/a: *Che taglia porta?* (vestiti) *Che numero porta?* (scarpe)
Cliente: *Porto la 46* (taglia)/*il 42* (numero di scarpe).

✿ **Per chiedere il prezzo** *To ask for the price*
- *Quanto costa/viene* + singolare?
  Quanto cosa questo vestito/questa giacca/questo cappello etc.?
- *Quanto costano/vengono* + plurale?
  Quanto costano questi pantaloni/queste scarpe/questi calzini etc.?

✿ **Per dire che comprerai/prenderai l'articolo** *To say that you are going to buy the item*
- *Va bene, lo/la/li/le compro/prendo.*

✿ **Per uscire senza comprare** *To go out of the shop without buying*
- *Grazie, ma ci devo pensare.*
- *Grazie, ma non sono molto convinto/a.*
- *Grazie. Ripasso in un altro momento.*

Preparazione al NEW GCSE in Italian

Preparazione al NEW GCSE in Italian

d. L'aggettivo dimostrativo *quello* (that/those)

Nei due dialoghi iniziali i due clienti chiedono (*in the two opening dialogues the two customers ask*):

Cliente: Sì, vorrei provare **quei** pantaloni di cotone neri in vetrina.

Cliente: Quanto costano **quelle** scarpe marroni con i tacchi alti?

Per le diverse forme dell'aggettivo dimostrativo *quello* valgono le stesse regole degli articoli determinativi.
For the different forms of the demonstrative adjective quello the rules are the same as for definite articles.

MASCHILE				
SINGOLARE	PLURALE			
quel	quei	+ consonante	quel maglione	quei maglioni
quell'	quegli	+ vocale	quell'impermeabile	quegli impermeabili
quello	quegli	+ s-consonante + z-	quello stivale / quello zaino	quegli stivali / quegli zaini

FEMMINILE				
SINGOLARE	PLURALE			
quella	quelle	+ consonante	quella gonna	quelle gonne
quell'	quelle	+ vocale	quell'amica	quelle amiche

e. Numeri *Numbers*

1	uno	11	undici	21	ventuno	40	quaranta
2	due	12	dodici	22	ventidue	50	cinquanta
3	tre	13	tredici	23	ventitré	60	sessanta
4	quattro	14	quattordici	24	ventiquattro	70	settanta
5	cinque	15	quindici	25	venticinque	80	ottanta
6	sei	16	sedici	26	ventisei	90	novanta
7	sette	17	diciassette	27	ventisette		
8	otto	18	diciotto	28	ventotto		
9	nove	19	diciannove	29	ventinove		
10	dieci	20	venti	30	trenta		

EDILINGUA

Sports and Free Time

Sports, Free Time, Food and Drink, Lifestyle, Fashion

Chapter 2

100 cento		**1000** mille	
200 duecento		**1500** millecinquecento	
300 trecento		**2000** duemila	
400 quattrocento		**3000** tremila	
500 cinquecento		**4000** quattromila	
		5000 cinquemila	

5 Scrivi i numeri in lettere come nell'esempio. *Write the numbers out in full as in the example.*

Esempio: Questo maglione costa (35) ....*trentacinque*........ euro.

1. Questa giacca costa (250) .... euro.
2. Queste scarpe costano (86) .... euro.
3. Questi stivali vengono (74) .... euro.
4. Questa sciarpa viene (18) .... euro.
5. Questo impermeabile costa (133) .... euro.
6. Questi pantaloni costano (42) .... euro.

6 Tu e un tuo compagno fate dei dialoghi fra un/una commesso/a e un/una cliente come negli esempi. *You and your friend make up some dialogues between a shop assistant and a customer as in the examples.*

Cliente: paio di pantaloni neri ▌ 48 / Commesso: 60 euro 😊

Commesso: *Buongiorno, desidera?*
Cliente: *Vorrei/Volevo provare quei pantaloni neri.*
Commesso: *Che taglia porta?*
Cliente: *La 48.*
Commesso: *Ecco.*
(*Il cliente prova i pantaloni*)
Cliente: *Quanto costano?*
Commesso: *60 euro.*
Cliente: *Va bene, li prendo.*

Cliente: scarpe con il tacco alto ▌ 38 / Commesso: 120 euro ☹

Commesso: *Buongiorno, desidera?*
Cliente: *Vorrei/Volevo provare quelle scarpe con il tacco alto.*
Commesso: *Che numero porta?*
Cliente: *Il 38.*
Commesso: *Ecco.*
(*La cliente prova le scarpe*)
Cliente: *Quanto costano?*
Commesso: *120 euro.*
Cliente: *Grazie, ma sono un po' care. Ripasso in un altro momento.*

Preparazione al NEW GCSE in Italian

Preparazione al NEW
GCSE in Italian

1. Cliente: maglione verde di lana I Medium / Commesso: 25 euro
2. Cliente: stivali di cuoio I 39 / Commessa: 85 euro
3. Cliente: scarpe da ginnastica bianche I 42 / Commesso: 80 euro
4. Cliente: scarpe basse I 37 / Commessa: 35 euro
5. Cliente: camicia bianca I 42 / Commesso: 40 euro
6. Cliente: giacca a quadri I 50 / Commesso: 85 euro
7. Cliente: gonna I 42 / Commessa: 50 euro
8. Cliente: impermeabile grigio I 64 / Commessa: 120 euro

f. *Più* (-er/more)/*meno* (less). **Fare comparazioni/confronti/paragoni** *To make comparisons*

Commessa: *Allora, come le stanno?*
Cliente: *Sono un po' stretti. Forse è meglio se provo una taglia **più grande** (bigger).*

Commessa: *Quelle costano 75 euro.*
Cliente: *Sono un po' care. È possibile vederne un altro paio di **meno costose** (less expensive)?*
Commessa: *Sì, queste blu sono **più economiche** (cheaper), vengono 50 euro.*

7 **Tu e un tuo compagno fate dei dialoghi fra un/una commesso/a e un/una cliente come negli esempi.**
You and your friend make up some dialogues between a shop assistant and a customer as in the examples.

Commessa: gonna / cliente: stretta

Commessa: *Allora, come le sta la gonna?*
Cliente: *È un po' stretta. Forse è meglio se provo una taglia più grande.*

Commessa: scarpe I 60 euro I 50 euro / cliente: care

Commessa: *Le scarpe costano 60 euro.*
Cliente: *Sono un po' care. È possibile vederne un altro paio di meno costose?*
Commessa: *Sì, queste sono più economiche, vengono 50 euro.*

1. Commessa: pantaloni / Cliente: lunghi
2. Commessa: camicia / Cliente: stretta
3. Commessa: giacca I 120 euro I 100 euro / Cliente: cara
4. Commessa: felpa I 50 euro I 35 euro / Cliente: cara
5. Commessa: maglietta / Cliente: grande
6. Commessa: impermeabile / Cliente: piccolo

EDILINGUA

Sports and Free Time

Chapter 2

Sports, Free Time, Food and Drink, Lifestyle, **Fashion**

Attività di parlato (*Edexcel – Task 1: Role-play – H*) *Speaking task*

Topic: *Daily life*

You would like to buy one or more items from Giovanna's clothes shop. You talk to the shop assistant.

You must address the shop assistant as *Lei*.

- Where you see – ? – you must ask a question.
- Where you see – ! – you must respond to something you have not prepared.

Task

Hai intenzione di comprare uno o più capi nel negozio di abbigliamento Giovanna. Parli con il commesso/la commessa italiano/a.

1. Capi che sei interessato/a a vedere/provare
2. Capi: taglia e colore
3. ? Capi – prezzo e possibilità di sconto
4. !
5. ? Capi – possibilità di vederne un altro/di vedere altri modelli

The dialogue will last approximately between two and two-and-a-half minutes.

Suggerimenti *Tips*

- **Per dire quali capi sei interessato/a vedere/provare**
  (*how to say what items you are interested in seeing/trying on*)
  Buongiorno/Buonasera, vorrei vedere/provare un + capo:
  Buongiorno, vorrei vedere una camicetta azzurra di cotone.
  Buonasera, vorrei provare un paio di pantaloni jeans.

- **Per parlare della taglia del capo**
  (*how to talk about the size/sizes of the item/items*)
  Porto/Ho una + numero della taglia oppure *Small/Medium/Large/Extra-large*:
  Porto una 46.
  Ho una Medium.

- **Per dire che il capo che hai provato ti sta bene**
  (*how to say that the item you have tried on fits you*)
  Nome dell'articolo al singolare + *mi va bene*:
  La maglietta mi va bene.
  Nome dell'articolo al plurale + *mi vanno bene*:
  I pantaloni mi vanno bene.

Preparazione al NEW
GCSE in Italian

✿ **Per dire che il capo che hai provato non ti sta bene**
(*how to say that the item you tried on does not fit you*)
Mi sta (singolare) **stretto/a** (*tight*)**/largo/a** (*loose*):
Questo maglione mi sta stretto.
Mi stanno (plurale) **stretti/e** (*tight*)**/larghi/e** (*loose*):
Questi pantaloni mi stanno larghi.
Queste scarpe mi stanno strette.

✿ **Per chiedere se è possible avere uno sconto**
(*how to ask whether it is possible to get a discount*)
Per caso è possibile avere un piccolo sconto/fate lo sconto?

✿ **Per chiedere se è possible vedere un altro modello**
(*how to ask whether there is another kind of style*)
Per caso ne avete/ce n'è un altro/un'altra di un colore diverso?
di una taglia più grande/piccola?
a righe?
meno costoso/a?

✿ **Per dire come paghi**
(*how to say how you are going to pay*)
Pago **in contanti** (*cash*).
Pago **con la carta di credito** (*by credit card*).

ℹ **Attività di scrittura (*Edexcel – H*)** *Writing task*

Moda

Una rivista italiana di moda pubblica articoli sugli stili e le tendenze dei giovani di oggi.
Scriva un articolo alla rivista in cui descrive le mode e le tendenze dei giovani del suo Paese.

Deve includere i seguenti punti:

- quali vestiti sono di moda fra i giovani del suo Paese
- come si veste a seconda delle varie occasioni
- quali vestiti ha comprato di recente
- quali capi non le piacciono
- se è interessato/a alla moda

Giustifichi le sue idee e le sue opinioni. Scriva 130-150 parole circa **in italiano**.

Sports and Free Time

Chapter 2

Sports, Free Time, Food and Drink, Lifestyle, **Fashion**

Suggerimenti *Tips*

- **Per dire quali vestiti sono di moda fra i giovani del tuo Paese**
  (*how to talk about what is fashionable among the youth of your country*)
  a. **Fra i giovani del mio Paese è/va di moda (indossare/portare)** + vestito al singolare/
     sono/vanno di moda + vestito al plurale:
     Fra i giovani del mio Paese va di moda la giacca a quadri.
     Fra i giovani del mio Paese sono di moda i pantaloni molto stretti.
  b. **Molti giovani del mio Paese indossano/portano/si mettono** + vestito:
     Molti giovani del mio Paese indossano il berretto colorato e la camicia a righe.

- **Per dire come ti vesti a seconda delle varie occasioni**
  (*how to say how you dress for particular occasions*)
  Se/Quando vado + luogo (place) + **mi metto** + vestito:
  Se vado in discoteca, mi metto i jeans. / Quado vado al lavoro, mi metto la giacca.
  Se/Quando vado + luogo (place) + **mi vesto normale/casual/sportivo/classico/elegante**:
  Se vado a una festa, di solito mi vesto casual.
  Se vado a un colloquio di lavoro, mi vesto classico.

- **Per dire quali vestiti hai comprato di recente**
  (*how to say what clothes you have bought recently*)
  Recentemente/Ultimamente ho acquistato/ho comprato + nome del vestito:
  Recentemente ho comprato un paio di scarpe classiche.
  Ultimamente ho acquistato un maglione di lana e un paio di pantaloni di velluto.

- **Se sei interessato/a alla moda** (*whether you are interested in fashion*)
  La moda mi interessa molto, in particolare quella degli stilisti italiani.
  La moda mi piace molto, soprattutto quella italiana.

Attività di lettura (*Edexcel – H – Section B*) *Reading task*

Saldi

Leggi questo testo pubblicitario.

Alla boutique *Carmela* dal 15 gennaio al 31 marzo ci saranno i saldi di fine stagione su tutti i capi invernali. Venite a vedere la grande offerta di sconti su impermeabili, cappotti, giacche, maglioni, camice, pantaloni, sciarpe e berretti. Su tutti gli abiti firmati lo sconto è del 30% mentre su tutti gli altri capi gli sconti vanno dal 30 al 50%, a seconda del modello. Per gli studenti universitari i saldi saranno applicati anche su accessori vari come borsette, braccialetti e orecchini. Si avvisa la gentile clientela che per l'abbigliamento donna e bambino sono già disponibili i capi per la stagione primavera-estate. La boutique *Carmela* si trova a Roma in Via del Babuino vicino a Piazza del Popolo. Avvisiamo inoltre che il 1° febbraio sarà inaugurata un'altra boutique *Carmela* nell'elegante Via dei Condotti all'angolo con Via Belsiana. Vi aspettiamo. Tel.: 06/7456238

Preparazione al NEW
GCSE in Italian

Metti una croce (X) nella casella corretta.

Esempio: L'annuncio si rivolge ...

	A. ai dipendenti del negozio
X	B. ai clienti in generale
	C. agli studenti universitari
	D. agli abitanti di Via del Babuino

(i) Alla boutique *Carmela* i saldi di fine stagione saranno ...

A. da metà gennaio a metà marzo
B. da metà gennaio alla fine di marzo
C. da metà gennaio alla fine di gennaio
D. dall'inizio di gennaio alla fine di marzo

(ii) I saldi di fine stagione si applicano ...

A. su tutti i capi estivi
B. sui capi estivi e su quelli invernali
C. solo sui capi invernali
D. sui capi invernali e su alcuni accessori

(iii) Gli abiti firmati avranno uno sconto ...

A. del 50%
B. del 30%
C. del 30 o del 50%
D. dal 30 al 50% a seconda del modello

(iv) I clienti potranno inoltre ...

A. vedere o acquistare i capi estivi per donne e bambini
B. avere lo sconto sui capi estivi per donne e bambini
C. avere lo sconto sui capi estivi dell'abbigliamento uomo
D. vedere o acquistare i capi estivi per uomo e donna e bambino

(v) Sarà aperta una nuova boutique *Carmela* ...

A. in Via del Babuino
B. in Via dei Condotti
C. in Piazza del Popolo
D. in Via Belsiana

(Total = 5 marks)

Sports and Free Time

Chapter 2

Sports, Free Time, Food and Drink, Lifestyle, **Fashion**

Attività d'ascolto (*Edexcel – H – Section A*) *Listening task*

Abbigliamento difettoso

Ascolta il dialogo tra un cliente e la commessa di un negozio di abbigliamento e completa.

Scegli fra le seguenti parole: maglione, taglia, scontrino o colore.

Puoi usare una parola più di una volta.

Esempio: Il cliente vorrebbe cambiare un ...*maglione*... .

a. Il maglione ha perso il .... (1)

b. La commessa chiede al cliente lo .... (1)

c. Nel negozio non c'è un maglione della stessa .... (1)

d. Il cliente tornerà domani a prendere il .... (1)

(Total = 4 marks)

Grammatica *Grammar*

I COMPARATIVI
The comparatives

- **Comparativo di maggioranza** - più ... di... (*-er/more ... than...*)
  *Questa gonna è **più** economica **dei** pantaloni.*

- **Comparativo di minoranza** - meno ... di... (*less ... than...*)
  *Questo maglione è **meno** caro **della** camicia.*

- **Comparativo di uguaglianza** - come/quanto... (*as ... as...*)
  *Queste scarpe sono strette **quanto** quelle.*

✱ La preposizione semplice di si usa (*the simple preposition di is used*):

a. davanti ai nomi propri di persona e città (*in front of the proper names of people and cities*)
   Alessandro studia meno di Luca.
   Londra è più grande di Roma.

b. davanti ai pronomi personali (*in front of personal pronouns*) me/te/lui/lei/noi/voi/loro
   Vittoria lavora più di me.
   Noi spendiamo meno di voi.

c. davanti ai pronomi dimostrativi (*in front of demonstrative pronouns*) questo/a/i/e e quello/a/i/e
   Queste scarpe sono più belle di quelle.
   Quella borsa costa meno di questa.

d. davanti agli articoli indeterminativi (*in front of indefinite articles*) un/uno/una/un'
   Un cappotto è più pesante di un giubbino.

Preparazione al NEW GCSE in Italian

Preparazione al NEW
GCSE in Italian

✿ Con gli altri casi si usa la preposizione articolata, di + articolo determinativo:

	IL	LO	L'	LA	I	GLI	LE
DI	DEL	DELLO	DELL'	DELLA	DEI	DEGLI	DELLE

La sciarpa è più economica (di + la) **della** gonna.
La giacca è più cara (di + i) **dei** pantaloni.
La maglietta costa meno (di + il) **del** maglione.

1 Scrivi delle frasi secondo il modello. *Write some sentences as in the example.*

Esempio: la giacca ▌ 65 euro / il maglione ▌ 45 euro
   La giacca è più cara del maglione.
   Il maglione è meno caro della giacca.

1. i pantaloni di velluto ▌ taglia 50 / i pantaloni jeans ▌ taglia 48

   ....
   ....

2. la maglietta ▌ 15 euro / la camicia ▌ 25 euro

   ....
   ....

3. gli stivali ▌ numero 39 / le scarpe con i tacchi ▌ numero 37

   ....
   ....

4. la camicia di cotone ▌ 30 euro / il maglione di lana ▌ 30 euro

   ....
   ....

5. la giacca a scacchi ▌ taglia 50 / la giacca a righe ▌ taglia 52

   ....
   ....

6. il vestito azzurro ▌ 150 euro / il vestito verde ▌ 200 euro

   ....
   ....

Holidays and Geography

Chapter 3

Holidays, Excursions and Accommodation, Houses and Public Places, Geography and the Environment

> **Goals:** in this chapter you will learn...
> - how to talk about holidays, means of transport, seasons and the weather
> - how to describe houses and public places
> - how to talk about geography, the environment, plants and animals

HOLIDAYS, EXCURSIONS AND ACCOMMODATION

1 **Leggi la seguente mail.** *Read the following e-mail.*

A: sandra89@yahoo.it
Cc:
Oggetto: Vacanze in Italia

Cara Sandra,

come stai? Spero bene. Ti scrivo per raccontarti che il mese scorso io e la mia famiglia siamo andati in vacanza in Italia. Siamo partiti da Londra in aereo e siamo arrivati a Roma dopo solo un'ora e mezza di volo. Siamo andati in albergo in taxi, abbiamo lasciato i bagagli in camera e siamo subito usciti per visitare i musei, le chiese, le piazze e tutti gli altri monumenti importanti. Per girare per la città abbiamo preso l'autobus, il tram, il metrò ma abbiamo anche fatto lunghe passeggiate a piedi. A Roma siamo rimasti tre giorni, poi siamo andati a Firenze con il treno. Anche lì abbiamo visitato molti musei interessanti, siamo andati in alcune chiese molto belle e abbiamo fatto un sacco di fotografie davanti ai monumenti più importanti. Dopo Firenze abbiamo visitato Venezia e infine Milano. C'erano turisti da tutto il mondo: giapponesi, americani, tedeschi e anche qualche inglese. Durante la vacanza ho conosciuto una ragazza italiana, un ragazzo spagnolo, delle ragazze francesi e delle studentesse australiane. Con loro sono andata in discoteca, mi sono rilassata, ho mangiato al ristorante, insomma ho fatto tante cose. Faceva molto caldo perché era estate, non come quando tu sei venuta a Londra in inverno a dicembre, ti ricordi che freddo faceva?
Siamo tornati in Inghilterra il 20 agosto. Siamo partiti dall'aeroporto di Milano.
A Capodanno vorrei tornare in Italia, però vorrei andare in montagna questa volta. Ho già chiesto informazioni all'agenzia di viaggi e penso che fra due settimane prenoterò l'albergo.
E tu che cosa mi racconti? Dove hai passato le tue vacanze?

Un abbraccio,
Fiona

2 **Rispondi alle seguenti domande (prima a voce e poi per iscritto).**
Answer the following questions (first orally and then in writing).

1. Dove, quando e con chi è andata in vacanza Fiona?

....

Preparazione al NEW GCSE in Italian

Preparazione al NEW
GCSE in Italian

2. Come è partita da Londra?

....

3. Cosa ha fatto a Roma?

....

....

4. Come è andata a Firenze?

....

5. Quali altre città italiane ha visitato?

....

6. Quando è tornata a Londra?

....

a. Vocabolario *Vocabulary*

aeroporto = *airport*
agenzia di viaggi = *travel agency*
agriturismo = *agritourism, farm holiday*
albergo = *hotel*
all'estero = *abroad*
alloggio = *accommodation*
andata = *one-way, single*
andata e ritorno = *return, round trip*
bagagli = *baggage, luggage*
biglietto = *ticket*
camera (d'albergo) = *hotel room*
campeggio = *camping, campsite*
cartolina = *postcard*
check-in = *check-in*
chiedere informazioni = *to enquire*
chiesa = *church*
crociera = *cruise*
fare una gita = *to take a trip*
fotografia = *picture*
gita = *day trip, excursion*
hotel = *hotel*
itinerario = *route, itinerary*
montagna = *mountain*
montare la tenda = *to pitch the tent*
monumento = *monument*

lago = *lake*
macchina fotografica = *camera*
mare = *sea*
museo = *museum*
ostello della gioventù = *hostel*
partire = *to leave*
passare = *to spend (time)*
reception = *reception*
receptionist = *receptionist*
scaricare i bagagli = *to unload the luggage*
spiaggia = *beach*
stanza (d'albergo) = *(hotel) room*
stazione = *station*
tenda = *tent*
trascorrere = *to spend (time)*
ufficio del turismo = *tourist office*
turismo = *tourism*
turista = *tourist*
vacanze = *holidays*
valigia = *suitcase*
viaggiare = *to travel*
viaggio = *journey*
visitare = *to visit*
volare = *to fly*
volo = *flight*

EDILINGUA

Holidays and Geography

Chapter 3

Holidays, Excursions and Accommodation, Houses and Public Places, Geography and the Environment

b. I mezzi di trasporto. Scrivi le seguenti parole sotto le immagini.
Means of transport. Write the following words under the images.

> bicicletta ◆ taxi ◆ motocicletta ◆ treno ◆ aereo ◆ autobus ◆ tram ◆ metrò

1. macchina

2. ....

3. ....

4. ....

5. nave

6. ....

7. ....

8. ....

9. barca

10. ....

11. ....

12. traghetto

Preparazione al NEW GCSE in Italian

Preparazione al NEW
GCSE in Italian

Attenzione! *Attention!*

andare + *in* + mezzo di trasporto
oppure
andare + *con* + articolo determinativo + mezzo di trasporto

Vado a scuola **in** autobus.
Vado a scuola **con** l'autobus.
(anche Per andare a scuola **prendo** l'autobus.)

Ma (*but*) Vado al lavoro **a piedi**.

c. I mesi dell'anno e le stagioni. Scrivi le parole negli spazi vuoti.
The months of the year and the seasons. Write the words in the blank spaces.

agosto ■ ottobre ■ dicembre ■ aprile

marzo
.....................[1]
maggio

PRIMAVERA

giugno
luglio
.....................[2]

ESTATE

settembre
.....................[3]
novembre

AUTUNNO

.....................[4]
gennaio
febbraio

INVERNO

- In/A maggio, in primavera, **fa** un po' (di) caldo (*it's a little hot*).
- In/A luglio, in/d'estate **fa** molto caldo (*it's very hot*).
- In/A novembre, in autunno, **fa** un po' freddo (*it's a little cold*).
- In/A gennaio, in/d'inverno, **fa** molto freddo (*it's very cold*).

Holidays and Geography

Chapter 3

Holidays, Excursions and Accommodation, Houses and Public Places, Geography and the Environment

d. Feste religiose e nazionali. Unisci le parole alle immagini come nell'esempio.
Religious and national holidays. Match the words with the pictures as in the example.

Anniversario della Liberazione
25 aprile

Ferragosto
15 agosto

Pasqua
marzo o aprile

Natale
25 dicembre

Capodanno
1° gennaio

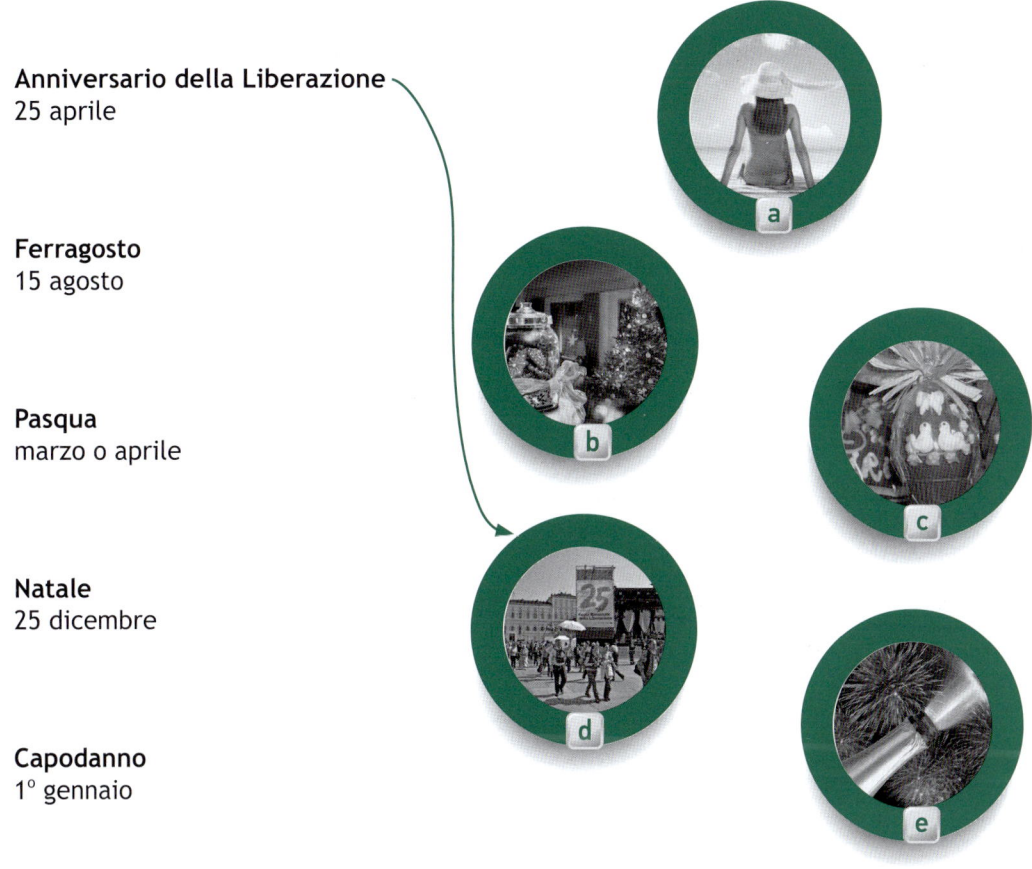

3 Completa le seguenti frasi con le parole dei punti a, b, c e d.
Complete the following sentences with the words given in points a, b, c and d.

1. Per andare a Londra ho preso l'.................................... . Sono partito il 3 agosto dall'aeroporto di Roma.
2. Ieri io e la mia famiglia abbiamo fatto una .... al lago.
3. In estate, quando fa caldo, vado in vacanza al ....
4. Di solito passo il .... con la mia famiglia, mentre a Capodanno vado a una festa con i miei amici.
5. In .... vado a sciare in montagna.
6. Non vado a scuola in autobus ma con la ....
7. Domani telefono all'agenzia di viaggi per .... il volo e poi telefono all'albergo per prenotare la ....
8. In ...., a marzo, in Italia fa un po' caldo.
9. L'estate scorsa abbiamo fatto una crociera nelle isole greche. Siamo partiti in .... da Venezia.

Preparazione al NEW GCSE in Italian

Preparazione al NEW
GCSE in Italian

10. Quando sono arrivato all'albergo ho lasciato i miei .... in camera e poi sono uscito a fare un giro per la città.
11. A Roma molte persone vanno in .... perché è comodo e veloce.
12. "Ti piace viaggiare?" "Sì, mi piace molto, per questo io viaggio in tutte le stagioni: in primavera, in estate, in .... e in inverno.
13. "Dove passi le vacanze?" "........................ le vacanze al mare."
14. "Quali città italiane hai visitato?" "Dunque, ... Roma, Firenze, Venezia e Milano."
15. Siccome non voglio spendere molto, di solito quando vado in vacanza non dormo in un albergo ma in un ....

e. **Cosa si può fare in vacanza?** *What can you do on holiday?*

ammirare i monumenti e le opere d'arte = *to admire the monuments and the works of art*
andare a cavallo = *to go horse-riding*
andare ai concerti = *to go to concerts*
andare in bicicletta = *to cycle*
andare in discoteca = *to go to the disco*
conoscere nuove persone/nuova gente = *to meet new people*
fare acquisti = *to shop*
fare/scattare fotografie = *to take pictures*
fare passeggiate/passeggiare = *to walk, to go for a walk*
fare/praticare sport = *to do/practise sport*
fare surf = *to surf*
fare trekking = *to trek*
fare un giro in barca = *to take a boat trip*
giocare = *to play*
girare per la città = *to go around the city*
mangiare al ristorante = *to eat in restaurants*
mangiare all'aperto = *to eat outdoors*
mangiare il gelato = *to eat ice cream*
nuotare/fare il bagno al mare o in piscina = *to swim in the sea or the swimming pool*
pescare = *to fish*
prendere il sole = *to sunbathe*
rilassarsi (*rifl.*) = *to relax*
sciare = *to ski*
visitare chiese, musei, monumenti, piazze etc. = *to visit churches, museums, monuments, squares, etc.*

Holidays and Geography

Chapter 3

Holidays, Excursions and Accommodation, Houses and Public Places, Geography and the Environment

4 Guardando le immagini, tu e un tuo compagno fate dei mini-dialoghi come nel modello.
Looking at the pictures, you and your friend make up some short dialogues as in the example.

al mare

in montagna

- Dove sei andato in vacanza?
- Sono andato in montagna. Ho passeggiato e ho fatto fotografie. E tu?
- Sono andato al mare. Ho preso il sole e ho fatto il bagno.

1

a Roma

al lago

2

in un agriturismo

in crociera

3

in campeggio

a Milano

Preparazione al NEW GCSE in Italian

Preparazione al NEW GCSE in Italian

al mare

in Toscana

in montagna

all'estero

in Italia

in campagna

5 **Rispondi alle seguenti domande.** *Answer the following questions.*

1. Dove e con chi vai in vacanza di solito? Che cosa fai/fate?
   ....

2. Dove sei andato/a in vacanza l'ultima volta e cosa hai fatto?
   ....

3. Dove pensi che andrai o dove ti piacerebbe andare in vacanza la prossima volta?
   ....

4. Come passi di solito il Natale?
   ....

5. Cosa hai fatto a Capodanno?
   ....

6. Sei mai andato/a in vacanza in Italia? Se sì, dove e per quanto tempo?
   ....

Holidays and Geography

Chapter 3

Holidays, Excursions and Accommodation, Houses and Public Places, Geography and the Environment

f. Prenotare una camera d'albergo. Completa il dialogo: inserisci le domande della cliente.
To book a hotel room. Complete the conversation by adding the customer's questions.

Receptionist: *Hotel Michelangelo*, buongiorno.
Cliente: ....(1)
Receptionist: Un momento che controllo... sì.
Cliente: ....(2)
Receptionist: Certo, signora. Mi può dare un nominativo per la prenotazione?
Cliente: ....
....(3)
Receptionist: 150 euro per notte.
Cliente: ....
....(4)
Receptionist: Sì e la serviamo dalle 7 alle 9 del mattino.
Cliente: ....
....(5)
Receptionist: Certamente. In più lei può controllare la temperatura della stanza sull'apposito display.
Cliente: ....(6)
Receptionist: Sì, lei può collegare il suo computer con una password che le diamo noi.

Domande della cliente *Customer's questions*

a. E avete la connessione wi-fi?
b. È possibile prenotare la camera per tre notti, da venerdì a lunedì?
c. Bene. Nella stanza c'è l'aria condizionata?
d. Barbara Rossi e senta, quanto viene la camera?
e. Buongiorno, avete una camera matrimoniale per il prossimo fine settimana?
f. È compresa la colazione?

g. **Frasi utili per fare una prenotazione in albergo** *Useful phrases for booking a hotel room*

✱ **Per chiedere se la camera/stanza è libera** *To ask whether the room is available*
Pronto, buongiorno, avete/c'è una camera singola/doppia/matrimoniale libera per il prossimo fine settimana/il 20 gennaio?

✱ **Per chiedere se è possibile prenotare la camera per un determinato numero di notti**
To ask whether it is possible to book the room for a given number of nights
Posso/È possibile prenotare la camera/stanza per una/due/tre/etc. notti?

Preparazione al NEW GCSE in Italian

Preparazione al NEW
GCSE in Italian

* **Per chiedere il prezzo della stanza** *To ask the price of the room*
  Quanto costa/viene la camera?

* **Per chiedere se la colazione è compresa** *To ask whether breakfast is included*
  È compresa la colazione?

* **Per chiedere se l'albergo offre un determinato servizio**
  To ask whether the hotel provides a particular service
  Nella stanza c'è l'aria condizionata/la connessione wi-fi etc.?
  Nell'albergo c'è/avete il ristorante/il parcheggio/la piscina/la sauna etc.?

h. I servizi dell'albergo. Inserisci la lettera come nell'esempio.
Hotel services. Insert the correct letter in the spaces as in the example.

a. camera singola   b. ristorante   c. campo da tennis   d. aria condizionata   e. colazione compresa
f. sauna   g. piscina   h. wi-fi   i. camera doppia   l. parcheggio   m. palestra   n. servizio in camera

148

EDILINGUA

Holidays and Geography

Holidays, Excursions and Accommodation, Houses and Public Places, Geography and the Environment

Chapter 3

6 Tu e un tuo compagno fate dei dialoghi fra un cliente e il receptionist di un albergo come nell'esempio. *You and your friend make up some dialogues between a customer and the receptionist of a hotel as in the example.*

Esempio: Cliente: due notti dal 20 al 22 ottobre, Mario Baldetti

Receptionist: *Hotel Michelangelo*, 120 euro

> Receptionist: *Hotel Michelangelo, buongiorno.*
> Cliente: *Buongiorno, avete una camera singola per due notti dal 20 al 22 ottobre?*
> Receptionist: *Un momento che controllo... sì. Mi può dare un nominativo per la prenotazione?*
> Cliente: *Mario Baldetti, e quanto viene la camera?*
> Receptionist: *120 euro per notte.*
> Cliente: *Avete la connessione wi-fi?*
> Receptionist: *No, mi dispiace.*
> Cliente: *E c'è l'aria condizionata?*
> Receptionist: *Certo.*

1. Cliente: due notti il prossimo fine settimana I Carla Franti

   Receptionist: *Albergo Leonardo* I 130 euro

2. Cliente: dal 27 dicembre al 3 gennaio I Valerio Sampieri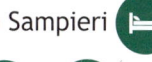

   Receptionist: *Albergo Raffaello* I 125 euro

3. Cliente: una settimana dal 13 al 20 luglio I Monica Gentile

   Receptionist: *Albergo Donatello* I 150 euro

4. Cliente: due notti, domani e dopodomani I Paolo Peretti

   Receptionist: *Albergo Pinturicchio* I 160 euro

5. Cliente: cinque notti I dal lunedì al venerdì della prossima settimana I Franca Masani

   Receptionist: *Albergo Perugino* I 180 euro

6. Cliente: due settimane I dal 2 al 16 luglio I Claudia Biagi

   Receptionist: *Albergo Vasari* I 200 euro

Preparazione al NEW GCSE in Italian

Preparazione al NEW
GCSE in Italian

i. **In un'agenzia di viaggi. Riordina le battute del seguente dialogo.**
In a travel agency. Put the following dialogue in the correct order.

a. Impiegata: Buongiorno, desidera?
b. Cliente: Il 4 aprile, e vorrei tornare a Roma l'11 aprile.
c. Impiegata: Alle 10, sa, qui in Italia siamo un'ora avanti rispetto all'Inghilterra.
d. Cliente: Va bene, allora prendo il biglietto per il volo che parte da Roma alle 9 e per il ritorno mi dia quello che parte da Gatwick alle 7 di sera.
e. Impiegata: Bene, un attimo... allora c'è un volo che parte alle 9 di mattina dall'aeroporto di Fiumicino e arriva a Londra alle 10 oppure ce n'è un altro il pomeriggio alle 4 che arriva a Londra alle 5.
f. Cliente: E al ritorno?
g. Impiegata: Quando vuole partire?
h. Cliente: Buongiorno, vorrei delle informazioni per i voli andata e ritorno per Londra.
i. Impiegata: Dunque, c'è un volo che parte da Heathrow alle 11 e un altro la sera alle 7 che parte dall'aeroporto di Gatwick.
l. Cliente: Se prendo quello delle 7 di sera, a che ora arrivo a Roma?

L'ordine esatto è *(the proper order is)*:

1 [a] 2 [ ] 3 [ ] 4 [ ] 5 [ ] 6 [ ] 7 [ ] 8 [ ] 9 [ ] 10 [ ]

l. **Frasi utili per chiedere informazioni in un'agenzia di viaggi**
Useful phrases for asking for information/making enquiries in a travel agency

✱ **Per chiedere informazioni su un volo/un viaggio in treno/in autobus etc.**
To ask for information about flights/train routes/times, etc.

- Buongiorno, vorrei delle informazioni sui voli per Roma.
- A che ora parte il treno da Perugia?
- A che ora è il volo per Napoli?
- Quanto costa un biglietto andata e ritorno per Firenze?
- Quanto dura il viaggio?
- Vorrei un biglietto andata e ritorno per Venezia.

EDILINGUA

Holidays and Geography

Chapter 3

Holidays, Excursions and Accommodation, Houses and Public Places, Geography and the Environment

✿ Per specificare la data *To specify the date*

- *il* + numero del giorno + mese:

  Vorrei partire il 3 dicembre.

  Vorrei tornare il 7 aprile.

  Vorrei un biglietto aereo per Londra per il 15 agosto.

7 Tu e un tuo compagno fate dei dialoghi fra un cliente e l'impiegato di un'agenzia di viaggi come nell'esempio. *You and your friend make up some dialogues between a customer and the employee of a travel agency as in the example.*

Cliente:
Roma-Londra
20 gennaio-27 gennaio
andata e ritorno

Impiegato:
andata: 8 di mattina-
9 di mattina
ritorno: 4 del pomeriggio-
7 di sera
120 euro

- Buongiorno, desidera?
- Buongiorno, vorrei alcune informazioni sui voli andata e ritorno per Londra.
- Quando vuole partire?
- Il 20 gennaio, e vorrei tornare a Roma il 27 gennaio.
- Bene, un attimo… per l'andata allora c'è un volo che parte alle 8 di mattina e arriva a Londra alle 9 e per il ritorno ce n'è uno che parte da Londra alle 4 del pomeriggio e arriva a Roma alle 7 di sera.
- Ho capito. Quanto costa in totale?
- 120 euro.

 Cliente: **Venezia-Manchester** I 3 luglio-5 luglio I andata e ritorno
Impiegato: **andata:** 10 di mattina-a mezzogiorno I **ritorno:** 9 di mattina-a mezzogiorno I 150 euro

 Cliente: **Padova-Milano** I domani I andata e ritorno
Impiegato: **andata:** 6 di mattina-8:30 di mattina I **ritorno:** 6 di sera-8:30 di sera I 90 euro

 Cliente: **Genova** I oggi pomeriggio I sola andata
Impiegato: 2 del pomeriggio-3 del pomeriggio I 20 euro

 Cliente: **Torino-Milano** I domani mattina-domani sera I andata e ritorno
Impiegato: **andata:** 9 di mattina-10 di mattina I **ritorno:** 8 di sera-9 di sera I 60 euro

 Cliente: **Pisa-Londra** I domani sera I sola andata
Impiegato: 8:30 di sera-9:30 di sera I 80 euro

 Cliente: **Modena-Bologna** I domani mattina-domani sera I andata e ritorno
Impiegato: **andata:** 7:30 di mattina-8:30 di mattina I **ritorno:** 6:30 di sera-7:30 di sera I 40 euro

Preparazione al NEW GCSE in Italian

Preparazione al NEW GCSE in Italian

m. Le nazionalità *Nationalities*

- C'erano turisti da tutto il mondo: **giapponesi**, **americani**, **tedeschi** e anche qualche **inglese**. Durante la vacanza ho conosciuto una ragazza **italiana**, un ragazzo **spagnolo**, delle ragazze **francesi** e delle studentesse **australiane**.

Completa lo schema. *Complete the chart.*

SINGOLARE *Singular*	
MASCHILE *Masculine*	**FEMMINILE** *Feminine*
italiano	....
....	spagnola
tedesco (*German*)	tedesca (*German*)
australiano	australiana

Ma (*but*)

MASCHILE *Masculine*	FEMMINILE *Feminine*
....	inglese
francese	francese
giapponese	giapponese

PLURALE *Plural*	
MASCHILE *Masculine*	**FEMMINILE** *Feminine*
italiani	italiane
spagnoli	spagnole
tedeschi (*German*)	tedesche (*German*)
australiani	....

Ma (*but*)

MASCHILE *Masculine*	FEMMINILE *Feminine*
inglesi	inglesi
francesi	francesi
....	giapponesi

Holidays and Geography

Holidays, Excursions and Accommodation, Houses and Public Places, Geography and the Environment

8 Tu e un tuo compagno fate dei dialoghi secondo il modello.
You and your friend make up some dialogues as in the example.

Esempio: Paul (Inghilterra) ▮ Diane e Janet (Stati Uniti/America)
- *Di dov'è Paul?*
- *Paul è inglese. E di dove sono Diane e Janet?*
- *Sono americane.*

1. Franco (Italia) ▮ Manuel (Spagna)
2. Gerard (Francia) ▮ Sarah (Stati Uniti/America)
3. Karla e Angela (Germania) ▮ Hiromi ed Ema (Giappone)
4. Monica e Valeria (Italia) ▮ Fiona (Inghilterra)
5. Emélie (Francia) ▮ Estrella (Spagna)
6. Jurgen e Hand (Germania) ▮ Peter e Phil (Australia)

Attività di scrittura (*Edexcel – H*) Writing task

Vacanze

Sei appena tornato/a da una vacanza in cui ti sei divertito/a molto. Scrivi una mail a un amico/un'amica in cui descrivi la vacanza.

Devi includere i seguenti punti:

- quali posti hai visitato e cosa hai fatto
- se hai conosciuto qualcuno
- perché ti è piaciuta la vacanza
- un consiglio di visitare gli stessi posti
- dove ti piacerebbe andare in vacanza la prossima volta

Scrivi 80-90 parole circa **in italiano**.

Suggerimenti *Tips*

- **Per dire perché ti è piaciuta la vacanza** (*how to say why you liked the holiday*)
  La vacanza mi è piaciuta molto perché mi sono divertito/perché sono andato in molti posti/ho conosciuto molte persone etc.

- **Per consigliare di visitare gli stessi posti** (*how to recommend someone visits the same places*)
  Anche tu dovresti andare a/in/visitare + posto (place), **ne vale davvero la pena** (*it's really worthwhile*).
  Ti consiglio (di andare) + posto (place), **è un posto magnifico**.
  Se puoi, anche tu va' + posto (place), **vedrai che ti divertirai**.
  Anche tu dovresti andare a Venezia, ne vale davvero la pena.
  Ti consiglio Venezia, è un posto magnifico.
  Se puoi, anche tu va' a Venezia, vedrai che ti divertirai.

Preparazione al NEW GCSE in Italian

Preparazione al NEW
GCSE in Italian

* **Per dire dove ti piacerebbe andare in vacanza la prossima volta**
  (how to say where you would like to go on holiday next time)
  La prossima volta vorrei/mi piacerebbe/avrei voglia di andare in vacanza + posto...
  La prossima volta che andrò in vacanza vorrei/mi piacerebbe/avrei voglia di visitare + posto...
  La prossima volta mi piacerebbe andare in vacanza in India/avrei voglia di andare in vacanza a Londra.
  La prossima volta che andrò in vacanza vorrei visitare l'Italia.

Attività di parlato (*Edexcel – Task 1: Role-play – H*) *Speaking task*

Topic: *Travel and tourist transactions*

You would like to visit an Italian city. You go to a travel agency and ask the employee for information about means of transport, times, ticket prices, etc.

You must address the employee as *Lei*.

- Where you see – ? – you must ask a question.
- Where you see – ! – you must respond to something you have not prepared.

Task
Desideri visitare una città italiana e vai in un'agenzia di viaggi per chiedere informazioni. Parli con l'impiegato/a dell'agenzia.

1. ? Città – informazioni sui mezzi di trasporto
2. Città – quando pensi di visitarla e per quanti giorni
3. Sistemazione – tipo
4. !
5. ? Prezzi – costo totale ed eventuali sconti per studenti

The dialogue will last approximately between two and two-and-a-half minutes.

Suggerimenti *Tips*

* **Per chiedere informazioni sui mezzi di trasporto**
  (how to ask for information about means of transport)
  Buongiorno/Buonasera, vorrei alcune informazioni sui voli (flights) per Roma.
  treni per Firenze.
  pullman per Bologna.

EDILINGUA

Holidays and Geography

Chapter 3

Holidays, Excursions and Accommodation, Houses and Public Places, Geography and the Environment

- **Per dire quando pensi di visitare la città e per quanti giorni**
  (how to say when you think you will visit the city and for how long)
  Ho intenzione di andare a Milano il 20 luglio e (di) **rimanerci/restarci** una settimana.
  Penso di rimanere/restare a Napoli una settimana, dal 9 al 16 agosto.

- **Per parlare del tipo di sistemazione** (how to talk about the type of accomodation)
  Ho intenzione di alloggiare in un albergo/una pensione/un bed and breakfast/un ostello della gioventù.

- **Per chiedere il prezzo e se c'è un eventuale sconto per studenti**
  (how to ask for the total price and ask whether there are any discounts for students)
  Quanto viene l'intero pacchetto, volo più alloggio/sistemazione?
  Quanto costa in totale il viaggio in treno più l'alloggio/la sistemazione?
  Qual è il prezzo totale del viaggio più l'alloggio/la sistemazione?
  Sono previsti degli sconti per gli studenti?

Attività di lettura (*Edexcel – H – Section B*) Reading task

Vacanze estive

Leggi questa pagina web.

> Secondo l'Istat, in occasione delle vacanze estive il 61,4% degli italiani utilizza la macchina per viaggiare, il 18,6% sceglie l'aereo e il 9,8% il treno.
>
> Le mete preferite sono per l'81% in Italia, con l'Emilia-Romagna e la Puglia in testa. Se invece, decidono di passare le vacanze all'estero, i due paesi più visitati dagli italiani sono la Spagna e la Francia.
>
> Gli italiani hanno la caratteristica di spendere di più per mangiare che per dormire; il 35% della spesa, che mostra una propensione a crescere, riguarda infatti il cibo per un budget medio di 1.500 euro. Rispetto all'anno scorso quest'estate gli italiani che andranno in vacanza sono il 10% in più, circa 3,5 milioni di persone.
>
> Quelli che invece non partono per le vacanze, hanno fatto questa scelta principalmente per motivi economici: il 44% afferma di non potersi permettere questa spesa. Per il resto invece ci sono motivi di studio o di lavoro, ragioni famigliari e di salute.

Rispondi a queste domande **in italiano**. Non è necessario scrivere frasi complete.

a. Qual è il mezzo di trasporto che gli italiani utilizzano di più per andare in vacanza in estate?
....(1)

b. Gli italiani preferiscono andare in vacanza in Italia o all'estero?
....(1)

c. Qual è la spesa maggiore per gli italiani durante le vacanze estive?
....(1)

d. Il numero degli italiani che andrà in vacanza quest'estate è maggiore o minore rispetto all'anno scorso?
....(1)

Preparazione al NEW GCSE in Italian

Preparazione al NEW
GCSE in Italian

e. Quali sono i motivi per cui alcuni italiani non partono per le vacanze quest'estate?
....(1)

(Total = 5 marks)

Attività d'ascolto (*Edexcel – H – Section A*) *Listening task*

Le vacanze estive di Patrizia

Ascolta la tua amica Patrizia che racconta quello cha ha fatto durante le ultime vacanze estive. Riempi gli spazi di ogni frase con una parola contenuta nel riquadro. Ci sono più parole che spazi.

> discoteca • Toscana • nuotato • simpatiche • tornata • mese
> corso • pub • campagna • inglese • monumenti • luglio

Esempio: Patrizia la scorsa estate è stata una settimana in ....Toscana............ .

a. È andata al mare con le sue amiche a .... (1)

b. Quando era al mare Patrizia andava molto in .... (1)

c. È stata in Inghilterra poco più di un .... (1)

d. A Londra ha visitato i .... (1)

e. Il 10 settembre è .... in Italia. (1)

(Total = 5 marks)

Grammatica *Grammar*

Siamo partiti da Londra in aereo e siamo arrivati a Roma dopo solo un'ora e mezza di volo. Siamo andati in albergo in taxi, abbiamo lasciato i bagagli in camera e siamo subito usciti per visitare i musei, le chiese, le piazze e tutti gli altri monumenti importanti. Per girare per la città abbiamo preso l'autobus, il tram, il metrò ma abbiamo anche fatto lunghe passeggiate a piedi. A Roma siamo rimasti tre giorni, poi siamo andati a Firenze con il treno.

PREPOSIZIONI SEMPLICI
Simple prepositions

In alcuni casi scegliamo la preposizione semplice secondo una regola ben precisa, ma in molti casi dobbiamo imparare <u>a memoria</u> una determinata espressione. *In some cases we choose simple prepositions according to a specific rule but in many others we have to learn a particular expression by heart.*

Regole

- essere/andare/venire/abitare/vivere **in** + **paese** (country) *Italia/Inghilterra/Germania etc.*
- essere/andare/venire/abitare/vivere **a** + **città** (city) *Roma/Londra/Berlino/Genova etc.*

Io vado a Roma, in Italia.

Holidays and Geography

Holidays, Excursions and Accommodation, Houses and Public Places, Geography and the Environment

- essere/andare/venire **in** + mezzo di trasporto (means of transport) *treno/macchina/aereo/bicicletta etc.*
  ma (*but*) **a** *piedi*
  Noi andiamo a scuola in autobus.

- essere **di** + città di provenienza (city of origin/birth) *Venezia/Londra/Berlino etc.* (*I am from...*)
  Io sono italiano di Venezia.

- andare **a** + Infinito del verbo (Infinitive of the verb)
  Io vado a lavorare/cucinare/studiare etc.

- essere/andare **da** + nome di persona (= a casa di quella persona)
  Questa sera vado da Cathy (*Cathy's house*).

- partire **per** + città/regione/paese (city/region/country)*
  Domani partiamo per Mosca.

  *Con i nomi dei paesi e delle regioni si deve usare l'articolo determinativo (*with the name of countries and regions, the definite article must be used*): La prossima settimana **parto per la** Spagna.

A memoria

- **a** + *casa, teatro, scuola, letto, lezione, colazione, pranzo, cena*
- **in** + *biblioteca, palestra, piscina, discoteca, montagna, campagna, vacanza, centro, periferia*
- **Ma al** + *lavoro, mercato, ristorante, lago, mare, cinema, supermecato***

**In realtà al è una preposizione articolata formata dalla preposizione semplice a + l'articolo determinativo il, vedi le "Preposizioni articolate" a pagina 170 (*Actually al is a preposizione articolata formed by the preposizione semplice a + the definite article il, see the "Preposizioni articolate" on page 170*).

1 **Inserisci le preposizioni.** *Insert the prepositions.*

1. Domani vado .... Roma .... treno.
2. Dopo la lezione vado .... cenare con la mia famiglia.
3. Noi siamo italiani, ... Venezia.
4. Io vado .... scuola .... piedi.
5. Io abito .... Londra, ... Inghilterra.
6. "Io preferisco andare .... vacanza .... mare. E tu?"
   "Io invece preferisco andare .... montagna."
7. Michela viene .... Palermo.
8. Questo pomeriggio vado .... studiare .... Paola.
9. Mio padre va .... lavoro .... metro.
10. Vorrei partire .... Inghilterra.

Preparazione al NEW GCSE in Italian

Preparazione al NEW
GCSE in Italian

HOUSES AND PUBLIC PLACES

1 **Leggi il seguente dialogo.** *Read the following dialogue.*

Francesca: Ciao Sergio, sai che ora abito in un appartamento grande e in centro?
Sergio: Davvero? E dove?
Francesca: Vicino alla banca, proprio davanti all'ufficio postale, fra la chiesa e il teatro.
Sergio: Io invece abito lontano, in periferia, e per andare a scuola ci metto sempre almeno un'ora in autobus.
Francesca: Anche per me prima ci voleva molto tempo per arrivare a scuola, mentre adesso esco di casa, attraverso la piazza, vado avanti fino all'incrocio, giro a destra e sono arrivata.
Sergio: E com'è il tuo nuovo appartamento?
Francesca: È molto comodo, spazioso e anche luminoso. Si trova al quarto piano di un palazzo con l'ascensore. Ha un ingresso, un corridoio, una sala da pranzo, un soggiorno, una cucina, due bagni, tre camere da letto e un piccolo terrazzo. Purtroppo non c'è il giardino, però il quartiere mi piace molto. E la tua casa, quante stanze ha?
Sergio: Nella mia casa c'è una cucina, c'è un salotto, ci sono due bagni, tre camere da letto e una cantina. Fuori c'è il garage. L'appartamento è vostro o pagate l'affitto?
Francesca: Paghiamo il mutuo.
Sergio: E l'avete già arredato?
Francesca: Certo. Abbiamo già messo tutti i mobili e anche gli elettrodomestici. Nella mia camera da letto, per esempio il letto è accanto all'armadio e davanti alla scrivania. Sulla scrivania c'è il computer. A sinistra dell'armadio c'è la finestra. La libreria è a destra della scrivania.
Sergio: A casa mia la libreria è in salotto di fronte al divano, a fianco della televisione.

2 **Scegli l'opzione corretta.** *Choose the correct option.*

1. Francesca abita in un appartamento...
   A. in centro vicino alla banca.
   B. in periferia.
   C. in centro fra la banca e l'ufficio postale.

2. Sergio ci mette...
   A. poco tempo per andare a scuola perché prende l'autobus.
   B. molto tempo per andare a scuola perché abita lontano.
   C. poco tempo per andare a scuola perché abita vicino.

EDILINGUA

Holidays and Geography

Holidays, Excursions and Accommodation, **Houses and Public Places**, Geography and the Environment

3. Nell'appartamento di Francesca ci sono...
   - A. tre camere da letto e un bagno.
   - B. tre camere da letto e una cucina.
   - C. tre camere da letto e due salotti.

4. A casa di Sergio ci sono...
   - A. tre camere da letto, una cucina e un salotto.
   - B. tre camere da letto, una cucina e un bagno.
   - C. due camere da letto, una cucina e un bagno.

5. Nella camera di Francesca il letto è...
   - A. davanti all'armadio, accanto alla scrivania.
   - B. a sinistra dell'armadio, a destra della scrivania.
   - C. accanto all'armadio, davanti alla scrivania.

6. A casa di Sergio la libreria è...
   - A. in salotto a fianco del divano.
   - B. nella sua camera da letto.
   - C. in salotto a fianco della televisione.

a. Vocabolario *Vocabulary*

abitare = *to live (in a place)*
abitazione = *house, home*
a due passi da = *near*
affittare = *to rent*
affitto = *rent*
appartamento = *flat*
arredamento = *furniture, furnishings*
arredare = *to furnish*
arredato = *furnished*
ascensore = *lift, elevator*
camera = *(bed)room*
camera degli ospiti = *guest room*
casa = *house, home*
centro = *(city) centre*
comodo = *comfortable*
condominio = *apartment block, block of flats*
confortevole = *comfortable*

elettricità = *electricity*
edificio = *building*
elettrodomestico = *home appliance*
fontana = *fountain*
garage = *garage*
giardino = *garden*
indirizzo = *address*
luminoso/a = *bright*
mobile = *piece of furniture*
monumento = *monument*
muro = *wall*
mutuo = *mortgage*
pagare l'affitto = *to pay the rent*
pagare il mutuo = *to pay the mortgage*
palazzo = *building*
passante = *passer-by*
parcheggiare = *to park*

parete = *wall*
pavimento = *floor*
periferia = *suburbs*
piano = *floor, level*
piano terra = *ground floor*
presso = *near*
proprietario = *landlord*
quartiere = *neighbourhood, area, district*
radiatore = *radiator*
riscaldamento = *heating*
scale (*fem.pl.*) = *stairs*
spazioso = *spacious, big*
stanza = *room*
termosifone = *radiator*
terrazzo = *terrace*
vicino a = *near, close to*
villa = *mansion*
vivere = *to live*
zona = *area*

Preparazione al NEW GCSE in Italian

Preparazione al NEW
GCSE in Italian

b. Le stanze di una casa. Scrivi le parole sotto le immagini.
The rooms of a house. Write the following words under the pictures.

cucina ◆ balcone ◆ cameretta/camera per ragazzi ◆ salotto/soggiorno ◆ bagno

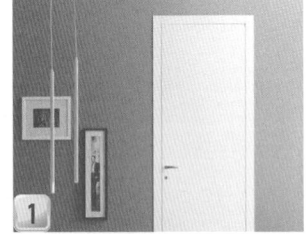 

1. entrata/ingresso
2.
3.

4. corridoio
5.
6. sala da pranzo

7. camera da letto
8.
9. studio

10. ripostiglio
11. cantina
12.

EDILINGUA

Holidays and Geography

Chapter 3

Holidays, Excursions and Accommodation, **Houses and Public Places**, Geography and the Environment

3 Completa le seguenti frasi con le parole dei punti a e b.
Complete the following sentences with the words given in points a and b.

1. Io .... al quarto piano in un edificio del centro.
2. A casa mia ci sono tre .... da letto, una cucina, un .... e due bagni.
3. Il .... non funziona e dunque a casa mia fa molto freddo.
4. Io non sono proprietario dell'appartamento in cui abito. Pago l'........................ ogni mese.
5. Io guardo la televisione in .... mentre ceno.
6. Paolo abita lontano, in .... Per questo motivo lui deve prendere l'autobus per andare a scuola.
7. Noi abitiamo in un .... molto alto e per arrivare al nostro appartamento dobbiamo prendere l'ascensore.
8. Ho comprato una nuova casa molto .... e luminosa. Il mio nuovo indirizzo è Via Garibaldi, 7.
9. La mattina di solito mi sveglio alle sette, mi alzo, vado in .... per lavarmi e poi faccio colazione in cucina.
10. Chelsea è un .... molto elegante che si trova nel centro della città.
11. "Dove parcheggi la macchina?" "La parcheggio sempre in ...."
12. Noi .... la nostra casa il mese scorso. Adesso ci sono tutti i mobili in ogni stanza.

c. Mobili ed elettrodomestici. Inserisci il numero come negli esempi.
Furniture and appliances. Insert the numbers in the spaces as in the examples.

1. un ~~forno~~	7. un tavolo	12. una lampada	17. un armadio	23. un televisore
2. una lavastoviglie	8. un frigorifero	13. un gabinetto/ water	18. uno specchio	24. un tappeto
3. un comodino	9. un forno a microonde	14. una scrivania	19. un divano	25. una ~~porta~~
4. una doccia	10. un quadro	15. una credenza	20. una poltrona	26. un tavolino
5. una lavatrice	11. un letto	16. una vasca da bagno	21. una cassettiera	27. una finestra
6. una sedia			22. una libreria	28. un lavandino

 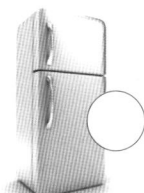  

Preparazione al NEW GCSE in Italian

Preparazione al NEW
GCSE in Italian

3

10

5
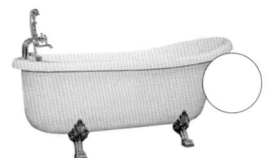

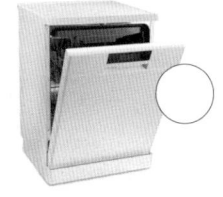

21

20

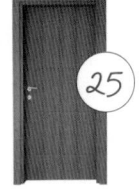
25

18

13

EDILINGUA

Holidays and Geography

Holidays, Excursions and Accommodation, **Houses and Public Places**, Geography and the Environment

d. *C'è/Ci sono*

- A casa mia **c'è** una cucina, **c'è** un salotto, **ci sono** due bagni, tre camere da letto e una cantina.

C'è/Ci sono esprimono la presenza o l'esistenza di un oggetto o di una persona.
C'è/Ci sono express the presence or the existence of something or someone and mean "there is" and "there are".

- **C'è** + singolare (singular)
  In salotto c'è il divano.

- **Ci sono** + plurale (plural)
  In cucina ci sono le sedie.

4 **Descrivi queste stanze usando c'è e ci sono.** *Describe these rooms using c'è and ci sono.*

In questo salotto c'è un divano, ci sono due poltrone...

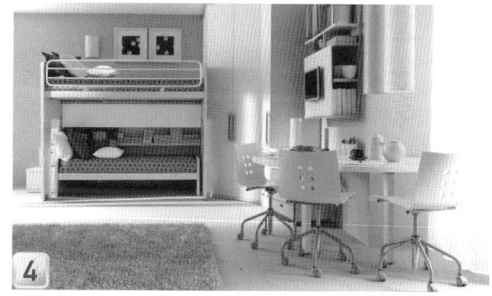

Preparazione al NEW GCSE in Italian

Preparazione al NEW
GCSE in Italian

👤 **e. Ubicazione/Localizzazione nello spazio. Guarda questa cameretta e leggi le frasi.**
Location/Position. Look at this room and read the sentences.

- La scrivania è davanti al/di fronte al (*in front of*) letto, sotto (*under*) la libreria.
- L'armadio è dietro (*behind*) la scrivania, accanto alla/a fianco della (*next to, beside*) finestra.
- La libreria è sopra (*above*) la scrivania.
- Il computer è sulla (*on*) scrivania.
- Il letto è tra/fra (*between*) la cassettiera e la finestra.
- La sedia è a sinistra della (*to the left of*) cassettiera e davanti alla scrivania.
- La lampada è a destra del (*to the right of*) computer.
- Il letto è vicino alla (*near*) finestra.

5 Guarda l'immagine e rispondi alle seguenti domande.
Look at the picture and answer the following questions.

1. Dov'è il letto?
   ....
   ....

2. Dov'è il tappeto?
   ....
   ....

3. Dove sono i libri?
   ....

4. Dov'è la scrivania?
   ....

5. Dov'è la sedia?
   ....

6. Dov'è l'armadio?
   ....

7. Dov'è la cassettiera?
   ....

8. Dov'è il computer?
   ....

EDILINGUA

Holidays and Geography

Holidays, Excursions and Accommodation, **Houses and Public Places**, Geography and the Environment

Chapter 3

f. **Chiedere e dare indicazioni stradali/Luoghi pubblici** *To ask and give directions/Public places*

👥 **Leggi il seguente dialogo e guarda sulla mappa il percorso che deve fare Claudia per arrivare dal punto A all'ufficio del turismo.**
Read the following dialogue and look at the map to see the route that Claudia has to walk from point A to get to the Tourist Office.

Claudia: Scusa, per andare all'ufficio del turismo?
Passante: Sempre dritto per questa strada, attraversa la piazza, ancora avanti, al primo incrocio gira a sinistra e lì, davanti al supermercato, c'è l'ufficio del turismo.

Preparazione al NEW GCSE in Italian

Preparazione al NEW
GCSE in Italian

Chiedere indicazioni stradali *To ask for directions*

- Scusa/i, c'è un ristorante/una biblioteca/un bar etc. qui vicino/da queste parti?
- Scusa/i, **per andare** al teatro/alla biblioteca comunale/allo stadio etc.?

Dare indicazioni stradali *To give directions*

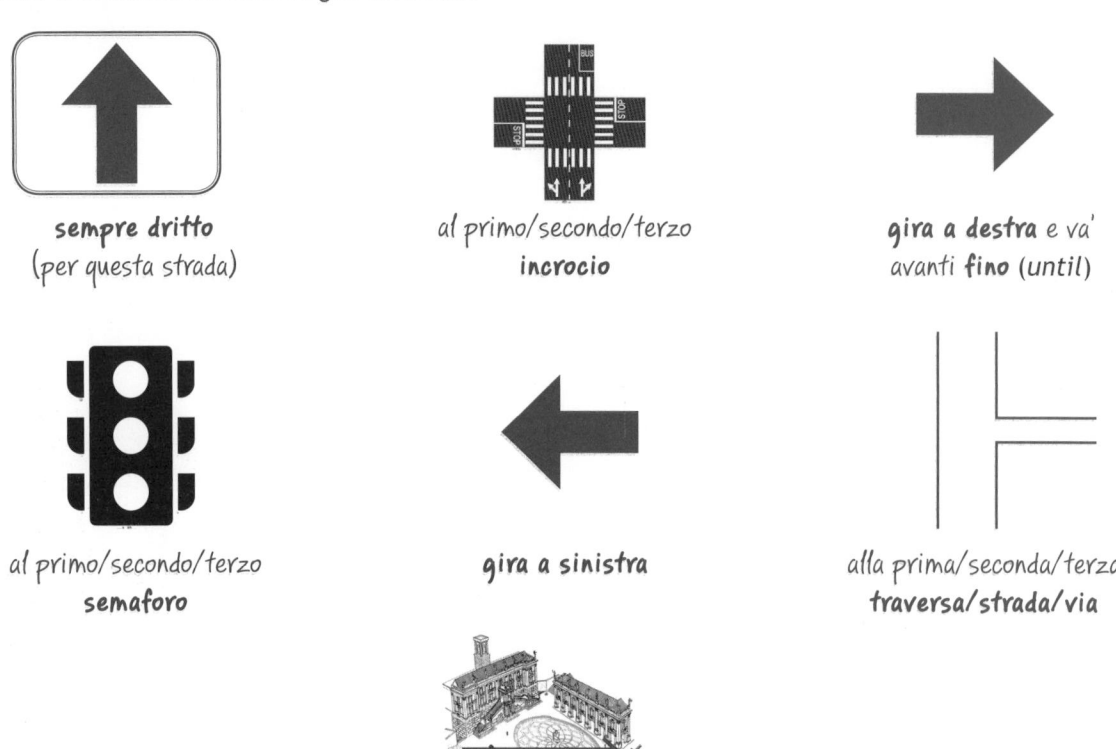

sempre dritto
(per questa strada)

al primo/secondo/terzo
incrocio

gira a destra e va' avanti **fino** (until)

al primo/secondo/terzo
semaforo

gira a sinistra

alla prima/seconda/terza
traversa/strada/via

attraversa la piazza

6 Sei al punto A della cartina di pagina 165. Tu e un tuo compagno fate dei dialoghi come quello fra Claudia e il passante. Devi andare nei seguenti luoghi.
You are at point A on the map on page 165. You and your friend make up some dialogues such as that between Claudia and the passer-by. You have to go to the following places.

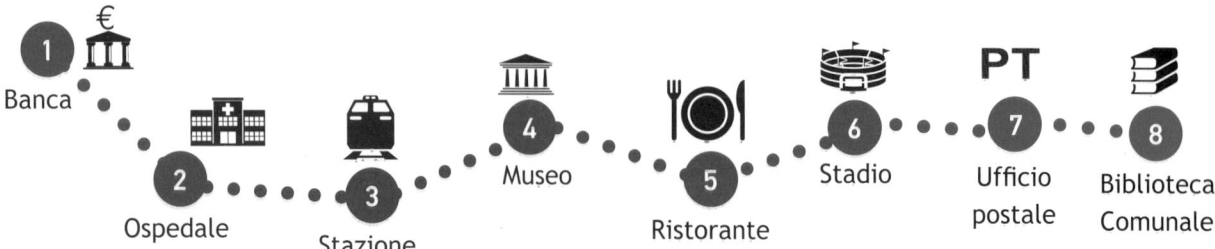

1. Banca
2. Ospedale
3. Stazione
4. Museo
5. Ristorante
6. Stadio
7. Ufficio postale
8. Biblioteca Comunale

166

EDILINGUA

Holidays and Geography

Chapter 3

Holidays, Excursions and Accommodation, **Houses and Public Places**, Geography and the Environment

g. Il verbo *metterci* The verb "metterci"

- Io invece abito lontano, in periferia, e per andare a scuola **ci metto** sempre almeno un'ora in autobus.

Il verbo metterci (non è un verbo riflessivo) indica il tempo necessario a qualcuno per fare qualcosa.
Metterci is not a reflexive verb. It expresses the time that it takes you to do something.

Io ci metto
Tu ci metti
Lui/Lei ci mette
Noi ci mettiamo
Voi ci mettete
Loro ci mettono
} + tempo + a/per + Infinito

Io **ci metto** (*it takes me*) 20 minuti a prepararmi.

7 Tu e un tuo compagno fate dei dialoghi secondo il modello.
You and your friend make up some dialogues as in the example.

Esempio: vestirsi I 25 minuti
- Quanto tempo ci metti a vestirti? • Ci metto 25 minuti.

1. fare i compiti I un'ora
2. andare a scuola I mezz'ora
3. fare colazione I 10 minuti
4. leggere un capitolo I mezza giornata
5. pranzare I 40 minuti
6. leggere un libro I una settimana

Attività di parlato (*AQA – Role-play – H*) Speaking task

You are having a phone conversation with an Italian friend who you are hosting next month as part of an exchange program.

You must address your friend as *tu*.

Where you see – ! – you must respond to something you have not prepared.
Where you see – ? – you must ask a question.

Parli della tua casa e della tua città con un amico/un'amica italiano/a.

- La tua casa – descrizione
- La tua città – descrizione (luoghi di interesse e divertimenti)
- La tua scuola – come arrivarci da casa tua e in quanto tempo
- Esperienza di interscambio di studi – cosa lui/lei può imparare
- !
- ? Esperienza di interscambio di studi – quando lui/lei potrà ospitarti in Italia

The dialogue will last approximately 2 minutes.

Preparazione al NEW GCSE in Italian

Preparazione al NEW GCSE in Italian

💡 Suggerimenti *Tips* 🗨️

- **Per dire come arrivare alla tua scuola da casa tua...**
  (*to say how to get to the local school from your house...*)
  Per andare a scuola devi andare fino all'incrocio e poi girare a destra, poi sempre dritto, attraversi una piazza...
  Per andare a scuola devi prendere l'autobus numero ... e poi scendere a...

- **...e in quanto tempo**
  (*...and how long it takes*)
  (**Per andare/arrivare a scuola**) **Ci vuole** + durata temporale singolare (*singular duration*):
  Per andare a scuola ci vuole un'ora a piedi.
  (**Per andare/arrivare a scuola**) **Ci vogliono** + durata temporale plurale (*plural duration*):
  Per arrivare a scuola ci vogliono venti minuti in macchina.

- **Per parlare dei luoghi di interesse e dei divertimenti**
  (*how to talk about important places and leisure*)
  Nella mia città si può/puoi andare al pub, oppure in discoteca e anche passeggiare al parco. Ci sono anche alcuni musei e chiese molto interessanti da visitare, come per esempio + **nome del museo/della chiesa** etc.

- **Per dire cosa pensi che lui/lei potrà imparare da questa esperienza di interscambio**
  (*how to say what you think he/she might learn from this kind of experience*)
  Secondo me/Per me, da/con questa esperienza tu puoi/potrai conoscere una nuova cultura, puoi/potrai anche migliorare il tuo inglese, puoi/potrai imparare a essere più responsabile/ impari a confrontare la tua opinione con quella degli altri etc.
  Un'esperienza di questo tipo ti fa crescere/maturare perché impari a essere autosufficiente.
  Con un'esperienza di questo tipo puoi vedere le differenze fra la tua cultura e la mia/tra la scuola italiana e quella inglese/tra la cucina italiana e quella inglese etc.

ℹ️ Attività di scrittura (*AQA – H*) *Writing task*

Scrivi una mail a un tuo amico/una tua amica italiano/a in cui descrivi la tua casa e la tua città.

Menziona:

- dove si trova la tua casa
- le stanze della tua casa e cosa fai in ognuna di loro
- se paghi l'affitto, il mutuo o se la casa è tua
- i luoghi pubblici più importanti e dove si trovano
- se ti piacerebbe vivere da un'altra parte (un'altra città, regione, all'estero)

Scrivi circa 90 parole **in italiano**. Rispondi a **tutti** gli aspetti della domanda.

EDILINGUA

Holidays and Geography

Chapter 3

Holidays, Excursions and Accommodation, **Houses and Public Places**, Geography and the Environment

Suggerimenti *Tips*

- **Per dire dove si trova la tua casa** (how to describe the location of your house)
  La mia casa **si trova/è** davanti a un parco.

- **Per menzionare le stanze della tua casa e dire cosa fai in ognuna di loro** (how to talk about the rooms of your house and say what you normally do in each one of them)
  Dunque, a casa mia **c'è** una cucina, **dove** di solito faccio colazione, pranzo, ceno, cucino etc., **poi c'è** un salotto, **dove** ricevo gli ospiti oppure guardo la TV, **quindi c'è** la mia camera da letto, **dove** studio, ascolto musica, navigo su Internet etc.

- **Per dire se paghi l'affitto, il mutuo o se la casa è tua**
  (how to say whether you pay rent, a mortgage or that the house is yours)
  Noi paghiamo l'affitto. / Noi paghiamo il mutuo. / La casa è nostra.

- **Per menzionare i luoghi pubblici più importanti e dove si trovano**
  (how to mention the most important public places and their location)
  I luoghi (pubblici) principali della mia città sono la Piazza Centrale, **che si trova** vicino a..., poi la Biblioteca Centrale, **che è** davanti a..., poi la Chiesa di St. John, **che si trova** dietro... etc.
  I posti più importanti della mia città sono lo stadio, **che si trova** fra... e..., poi c'è il teatro, **che è** presso..., poi c'è il cinema, **che si trova** dietro... etc.

- **Per dire se in futuro ti piacerebbe vivere da un'altra parte - un'altra città, regione, all'estero** (how to say whether you would like to live somewhere else - another city, region, abroad - in the future)
  In futuro vorrei rimanere nella mia città.
  Più avanti mi piacerebbe andare a vivere all'estero.
  Fra qualche anno ho intenzione di trasferirmi in una città più grande/piccola.

Attività di lettura (*AQA – H – Section A*) *Reading task*

My friend's house

Your Italian friend sends you this description of her house.

Caro Stephen,
come stai? Spero bene.
La mia casa si trova in un quartiere molto tranquillo. Davanti c'è una scuola e a destra c'è una chiesa. Al piano terra c'è la cucina, un salotto grande, una camera per gli ospiti e un bagno. Al secondo piano ci sono tre camere da letto, un altro bagno e uno studio. In camera mia il letto è accanto all'armadio e davanti alla scrivania. Sul muro c'è un poster di Lady Gaga. In questa stanza di solito ascolto musica, navigo su internet, parlo con le mie amiche e suono la chitarra. In salotto il divano è di fronte al televisore, fra le due poltrone. Lì io e la mia famiglia ceniamo e chiacchieriamo. Fuori c'è un garage e un giardino molto grande dove ogni tanto organizziamo qualche festa all'aperto. Non c'è la piscina ma posso andare a nuotare alla spiaggia vicina. Se un giorno vuoi venire a trovarmi, sei il benvenuto.
Un caro saluto,
Monica

Preparazione al NEW
GCSE in Italian

According to this letter, choose the **five** correct statements.

A	There is a church in front of her house.
B	The guest room is on the ground floor.
C	Her bedroom is upstairs.
D	In her bedroom the desk is next to the bed.
E	She watches TV in her bedroom.
F	In the living room the sofa is between two armchairs.
G	In the living room she and her family have dinner and talk.
H	Outside there is a garage where they sometimes organise parties.
I	In the garden she can swim in the swimming pool.
J	She invites her friend to come to visit her.

Write the correct letters in the boxes. ☐ ☐ ☐ ☐ ☐ *[5 marks]*

13 Attività d'ascolto (AQA – H – Section B) *Listening task*

Programma di interscambio di studi

Ascolta Alberto che parla delle cose che ha fatto durante il programma di interscambio di studi a Londra. Rispondi alle seguenti domande **in italiano**.

1 Cosa ha fatto Alberto a Londra?

....

[1 mark]

2 Quali stanze aveva la casa dove ha abitato?

....

[1 mark]

Grammatica *Grammar*

PREPOSIZIONI ARTICOLATE
(PREPOSIZIONI SEMPLICI + ARTICOLI DETERMINATIVI)
(Simple prepositions + Definite articles)

Leggi le frasi e completa lo schema. *Read the sentences and complete the chart.*

Francesca: Vicino alla banca, proprio davanti all'ufficio postale, fra la chiesa e il teatro.

Francesca: Certo. Abbiamo già messo tutti i mobili e anche gli elettrodomestici. Nella mia camera da letto, per esempio il letto è accanto all'armadio e davanti alla scrivania. Sulla scrivania c'è il computer. A sinistra dell'armadio c'è la finestra. La libreria è a destra della scrivania.

Sergio: A casa mia la libreria è in salotto di fronte al divano, a fianco della televisione.

Holidays and Geography

Chapter 3

Holidays, Excursions and Accommodation, **Houses and Public Places**, Geography and the Environment

	IL	LO	L'	LA	I	GLI	LE
A	AL	ALLO			AI	AGLI	ALLE
DI	DEL	DELLO			DEI	DEGLI	DELLE
DA	DAL	DALLO	DALL'	DALLA	DAI	DAGLI	DALLE
IN	NEL	NELLO	NELL'		NEI	NEGLI	NELLE
SU	SUL	SULLO	SULL'		SUI	SUGLI	SULLE

1 Inserisci le preposizioni articolate. *Insert the preposizioni articolate.*

1. Il distributore di benzina è vicino (a + lo) .... stadio.
2. Il supermercato è a destra (di + il) .... parco.
3. Le chiavi sono (su + la) .... scrivania.
4. Il ristorante è accanto (a + il) .... museo.
5. Il divano è davanti (a + la) .... televisione.
6. La borsa è (su + il) .... tavolo.
7. La carne è (in + il) .... frigorifero.
8. I vestiti sono (in + l') .... armadio.
9. Il quadro è (su + la) .... parete, a destra (di + lo) .... specchio.
10. Il comodino è a fianco (di + il) .... letto.

2 Inserisci le preposizioni articolate. *Insert the preposizioni articolate.*

1. La lampada è (su + il) .... comodino.
2. La libreria è a destra (di + l') .... armadio.
3. Il poster è (su + il) .... muro.
4. La fermata (di + l') .... autobus è di fronte (a + il) .... teatro.
5. La macchina è (in + il) .... parcheggio.
6. Devi camminare fino (a + l') .... incrocio.
7. Il bagno è (a + la) .... fine (di + il) .... corridoio.
8. I piatti sono (in + la) .... credenza.
9. La pianta è (su + la) .... terrazza.
10. L'ufficio postale è a fianco (di + la) .... scuola.

Preparazione al NEW GCSE in Italian

GEOGRAPHY AND THE ENVIRONMENT

1 **Leggi la seguente mail.** *Read the following e-mail.*

Gentili signori del WWF,

mi chiamo Monica Gentile, abito a L'Aquila, in Abruzzo, una regione con una natura molto bella. Questa regione confina a nord con le Marche, a ovest con il Lazio, a sud con il Molise. In questa terra c'è molto verde, cioè ci sono molti boschi e tante colline. Le montagne dell'Appennino offrono dei paesaggi spettacolari, e anche i laghi e i fiumi sono numerosi e affascinanti. Inoltre c'è il Parco Nazionale, dove vivono alcuni mammiferi selvatici come l'orso, il lupo, la volpe, la lepre, il cervo ma, ahimè, poche

linci. Fra gli uccelli, ci sono il falco, il gufo e l'aquila reale. La foresta del parco ha parecchie specie di piante, alberi e fiori. Anche la costa dell'Abruzzo è interessante. Si estende per 130 km a est sul Mare Adriatico e lì c'è qualche bella spiaggia. Purtroppo nelle acque del mare e anche in quelle dei fiumi negli ultimi anni l'inquinamento è aumentato. Io mi preoccupo molto per la difesa dell'ambiente, vale a dire che faccio la raccolta differenziata, uso i mezzi pubblici e non spreco l'acqua. Grazie a Dio non siamo in pochi a rispettare la natura. Per esempio diversi miei amici mangiano cibi naturali a km zero, ossia frutta e verdura prodotta in questo territorio. Sfortunatamente ci sono anche certe persone che non hanno nessun rispetto per la natura perché non buttano i rifiuti nei cestini oppure sprecano acqua ed energia elettrica. Meno male che ci sono alcune organizzazioni ecologiste come il WWF che hanno a cuore l'ambiente e la natura.

Secondo voi, cosa deve fare il Comune per risolvere i problemi dell'inquinamento della mia regione?

In attesa di una Vostra cortese risposta, vi porgo i più cordiali saluti.

Monica Gentile

2 **Vero/Falso? Indica se le affermazioni sono vere o false.**
True/False? Indicate whether the following statements are true or false.

	Vero	Falso
1. Monica Gentile scrive la mail al WWF per parlare della sua regione.	○	○
2. L'Abruzzo confina a nord con il Molise.	○	○
3. In Abruzzo ci sono pochi boschi.	○	○
4. Nel Parco Nazionale d'Abruzzo vivono alcuni animali selvaggi.	○	○
5. La costa dell'Abruzzo è a ovest.	○	○
6. I fiumi e il mare sono inquinati.	○	○
7. Monica Gentile cerca di consumare poca acqua.	○	○
8. I suoi amici purtroppo non buttano i rifiuti nei cestini.	○	○

EDILINGUA

Holidays and Geography

Chapter 3

Holidays, Excursions and Accommodation, Houses and Public Places, **Geography and the Environment**

a. Vocabolario *Vocabulary*

albero = *tree*
ambiente = *environment*
arcipelago = *archipelago*
aria = *air*
buttare (via) = *to throw (away)*
campo = *field*
canale = *canal*
cestino = *dustbin, waste bin*
clima = *weather, climate*
comune = *local council*
confinare = *to border*
confine = *border*
contea = *county*
discarica = *landfill site, dump*
ecologia = *ecology*
ecologista = *ecologist*
erba = *grass*
esteso = *extended, vast*
fauna = *fauna*
fiore = *flower*

flora = *flora*
foglia = *leaf*
geografia = *geography*
golfo = *gulf*
grado = *degree*
inquinamento = *pollution*
inquinato = *polluted*
mammifero = *mammal*
natura = *nature*
neve = *snow*
nuvola = *cloud*
paesaggio = *view, landscape*
parco nazionale = *national park*
penisola = *peninsula*
piantare = *to plant*
prato = *lawn*
pianta = *plant*
pianura = *plain*
pioggia = *rain*
porto = *harbour*

raccolta differenziata = *sorted waste (for recycling)*
regione = *region*
riciclare = *to recycle*
rifiuto = *rubbish, waste*
risparmiare = *to save*
ruscello = *stream*
smog = *smog*
specie = *species*
spiaggia = *beach*
sprecare = *to waste*
temperatura = *temperature*
torrente = *creek, brook*
uccello = *bird*
vegetazione = *vegetation*
vento = *wind*
verde = *greenery, vegetation*
vita = *life*
zona pedonale = *pedestrian zone*

b. Luoghi naturali. Inserisci la lettera come nell'esempio.
Natural places. Insert the correct letter in the spaces as in the example.

a. montagna/monte   b. fiume   c. vulcano   d. lago
e. collina   f. costa   g. bosco   h. isola

1. a

2.

3.

4.

5.

6.

7.

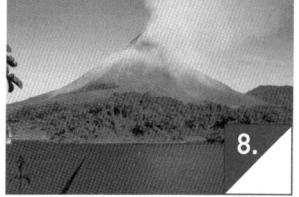
8.

Preparazione al NEW GCSE in Italian

Preparazione al NEW
GCSE in Italian

 c. Gli animali. Scrivi le parole sotto le immagini.
Animals. Write the following words under the pictures.

lupo ◆ falco ◆ lepre ◆ cervo ◆ orso ◆ volpe ◆ aquila ◆ lince

Animali da compagnia/domestici *Pets*

cane	gatto	cavallo	pesciolino	tartaruga

canarino	coniglio	mucca	criceto	pecora

Animali selvatici *Wild animals*

.................(1)	.................(2)	scimmia	leone	.................(3)

.................(4)	tigre	.................(5)	serpente	.................(6)

EDILINGUA

Holidays and Geography

Chapter 3

Holidays, Excursions and Accommodation, Houses and Public Places, **Geography and the Environment**

gufo　　　　coccodrillo　　　　zebra　　　　...................(7)　　　...................(8)

3 Completa le seguenti frasi con le parole dei punti a, b e c.
Complete the following sentences with the words given in points a, b and c.

1. In campagna c'è molto ....**verde**.... e dunque l'aria è più pulita.
2. L'Italia è una penisola mentre l'Inghilterra è un' ....**isola**....
3. Nel bosco vicino a casa mia ci sono molti ....~~orb~~ **alberi**....
4. Quando ero piccolo avevo due animali: un ....**cane**.... e un gatto.
5. Nel ....**Parco**.... Nazionale di Cairngorms c'è una bellissima fauna. — *nature range*
6. Il ....**fiume**.... *(runs)* Tamigi scorre a Londra, nel Sud dell'Inghilterra.
7. "Quali animali ....**selvatici**.... ti piacciono?" "Mi piacciono la tigre, il leone e il lupo."
8. Purtroppo l'acqua dei fiumi e dei ....**laghi**.... è un po' inquinata.
9. "Quali ....**uccelli**.... ci sono nel Parco Nazionale d'Abruzzo?" "Ci sono l'aquila, il falco e il gufo."
10. Paolo rispetta molto l'ambiente e la ....**natura**.... . Infatti, lui non spreca l'acqua, risparmia l'energia elettrica e fa la ....**raccolta**.... differenziata.
11. A Dover, sulla .... Sud dell'Inghilterra, ci sono dei paesaggi bellissimi.
12. Il Lincolnshire è una .... molto estesa.
13. Il traffico è una delle principali cause dell' .... a Milano.
14. In Toscana si possono ammirare dei .... molto belli.

Preparazione al NEW GCSE in Italian

Preparazione al NEW
GCSE in Italian

d. L'Italia e le regioni *Italy and its regions*

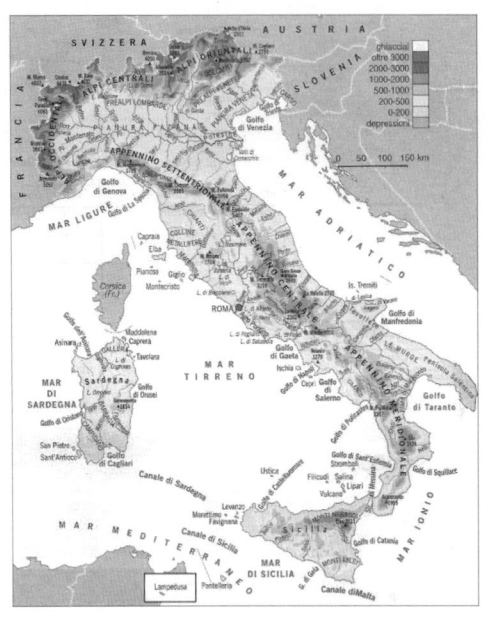

- L'Italia confina **a nord** con la Svizzera e l'Austria, **a est** con la Slovenia e **a ovest** con la Francia. I suoi mari sono il Mar Adriatico **a est**, il Mar Ionio e il Mar Mediterraneo **a sud** e il Mar Tirreno **a ovest**.

Con i nomi dei paesi e con i nomi delle regioni devi usare gli articoli determinativi.
With the names of countries and with those of regions definite articles must be used.

PAESI			
L'Italia	La Scozia	Il Galles	La Grecia
L'Inghilterra	La Germania	Gli Stati Uniti	La Danimarca
Il Regno Unito	La Spagna	La Svezia	Il Portogallo
La Gran Bretagna	Il Belgio	L'Irlanda	L'Australia
…	…	…	…

REGIONI ITALIANE			
La Val (Valle) d'Aosta	Il Veneto	Le Marche	La Puglia
Il Piemonte	Il Friuli-Venezia Giulia	L'Abruzzo	La Basilicata
La Liguria	L'Emilia-Romagna	Il Lazio	La Calabria
La Lombardia	La Toscana	Il Molise	La Sicilia
Il Trentino-Alto Adige	L'Umbria	La Campania	La Sardegna

Holidays and Geography

Chapter 3

Holidays, Excursions and Accommodation, Houses and Public Places, **Geography and the Environment**

e. I punti cardinali *Cardinal directions*

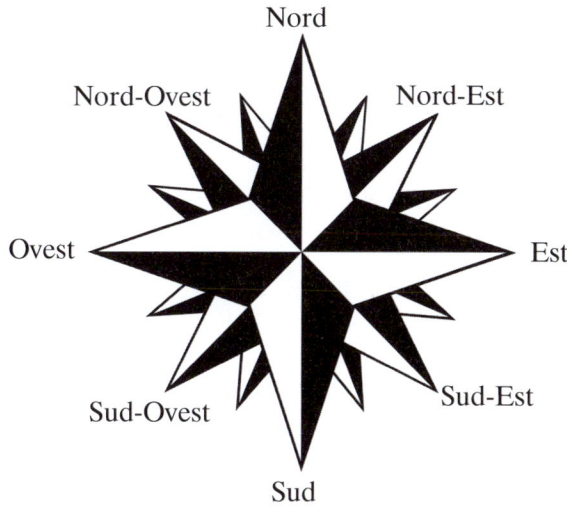

a est (di)

a ovest (di)

a nord (di)

a sud (di)

al centro (di)

sulla costa

4 **Guarda la cartina dell'Italia e scrivi delle frasi secondo il modello.**
Look at the map of Italy and write some sentences as in the example.

Esempio: Abruzzo
L'Abruzzo confina a nord con le Marche, a ovest con il Lazio e a sud con il Molise.

1. Lombardia

....

2. Puglia

....

3. Lazio

....

4. Molise

....

5. Emilia-Romagna

....

6. Piemonte

....

7. Veneto

....

8. Basilicata

....

Preparazione al NEW GCSE in Italian

Preparazione al NEW
GCSE in Italian

f. Problemi ambientali e possibili soluzioni *Environmental problems and possible solutions*

Poblemi ambientali

inquinamento dell'aria

traffico

buco dell'ozono

riscaldamento globale

rifiuti urbani

inquinamento delle acque

Soluzioni

piantare alberi

zone pedonali

risparmiare energia

prendere i mezzi pubblici

fare la raccolta differenziata

risparmiare l'acqua

EDILINGUA

Holidays and Geography

Holidays, Excursions and Accommodation, Houses and Public Places, **Geography and the Environment**

g. Spiegare, chiarire, precisare, puntualizzare *To explain, to clarify, to specify*

Le espressioni **cioè, ovvero, ossia, vale a dire (che)** si usano per precisare un'affermazione.
The expressions cioè, ovvero, ossia, vale a dire (che) are used to clarify a statement.

- In questa terra c'è molto verde, **cioè** ci sono molti boschi e tante colline.
- Io mi preoccupo molto per la difesa dell'ambiente, **vale a dire che** faccio la raccolta differenziata, uso i mezzi pubblici e non spreco l'acqua.
- Diversi miei amici mangiano cibi naturali a km zero, **ossia** frutta e verdura prodotta in questo territorio.
- Francesca viene da una regione dove ci sono molti boschi, **ovvero** dall'Abruzzo.

5 **Rispondi alle seguenti domande secondo il modello. Ricorda di coniugare i verbi.**
Answer the following questions as in the example. Remember to conjugate the verbs.

Esempio: Dove abiti?
Cagliari **|** Sardegna
Abito a Cagliari, cioè in Sardegna.

1. Che lavoro fai?
   essere operatore ecologico **|** pulire le strade e raccogliere i rifiuti

   ....

2. Quali animali ci sono in questo parco nazionale?
   esserci alcuni mammiferi selvatici **|** il cervo, la lince e il lupo

   ....

3. Dov'è il Parco Nazionale d'Abruzzo?
   essere in Abruzzo **|** nell'Italia centrale

   ....

4. Quale regione italiana preferisci?
   preferire la Toscana **|** una regione molto verde e con molta cultura

   ....

5. In quale parte d'Italia si trova il lago di Garda?
   trovarsi fra Verona e Brescia **|** al nord

   ....

6. Cosa fai per rispettare la natura?
   fare la raccolta differenziata **|** separare i rifiuti e buttarli in contenitori differenti

   ....

le Alpi

gli Appennini

Preparazione al NEW GCSE in Italian

Preparazione al NEW
GCSE in Italian

h. Il clima. Unisci le parole alle immagini come nell'esempio.
The weather. Match the words with the pictures as in the example.

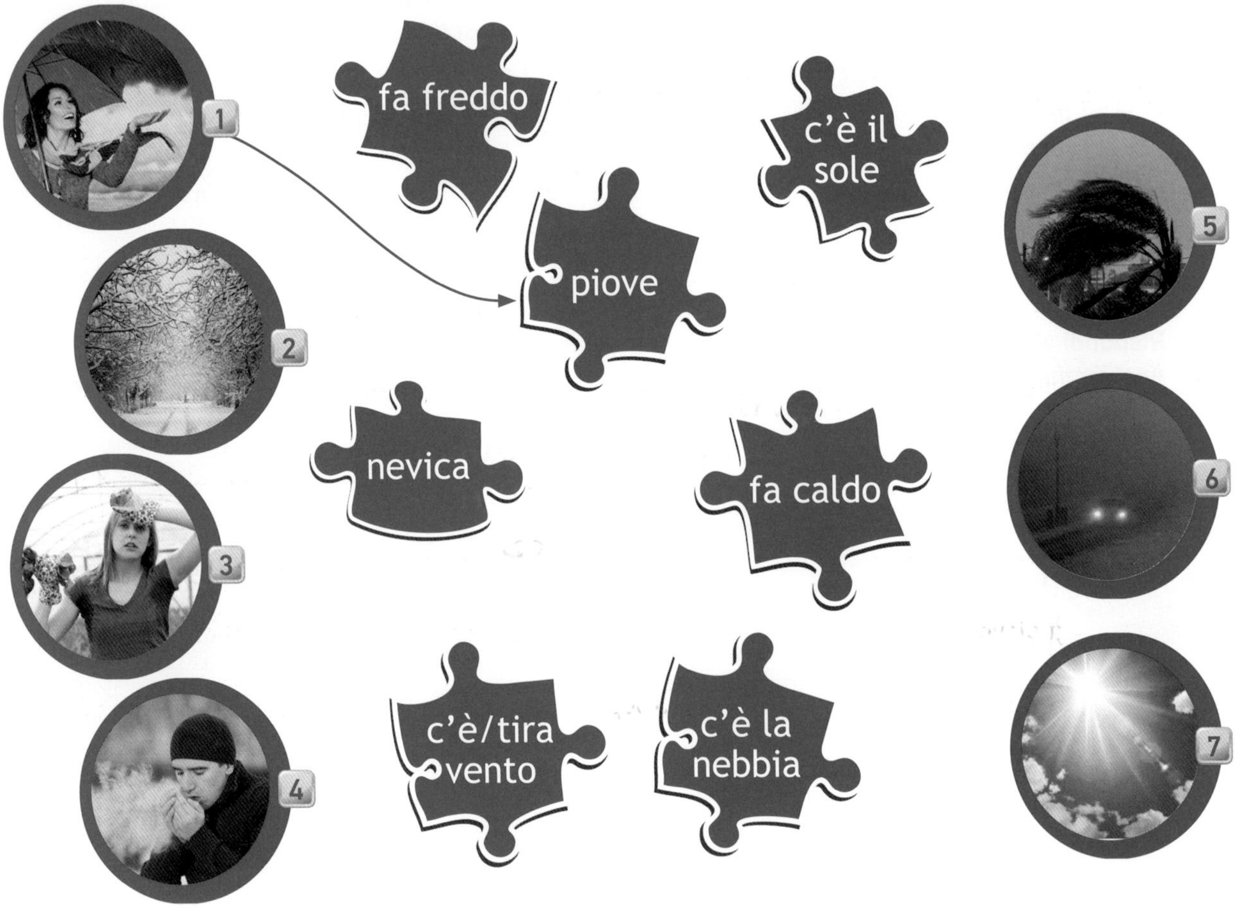

- fa freddo
- c'è il sole
- piove
- nevica
- fa caldo
- c'è/tira vento
- c'è la nebbia

i. Esprimere disappunto e sollievo *To express displeasure/annoyance and relief*

 Esprimere disappunto
To express displeasure/annoyance

purtroppo/sfortunatamente (*unfortunately*), ahimè (*alas*) + informazione negativa:

Inoltre c'è il Parco Nazionale, dove vivono alcuni mammiferi selvatici come l'orso, il lupo, la volpe, la lepre, il cervo ma, **ahimè**, poche linci.

Purtroppo nelle acque del mare e anche in quelle dei fiumi negli ultimi anni l'inquinamento è aumentato.

Sfortunatamente ci sono anche delle persone che non hanno nessun rispetto per la natura perché non buttano i rifiuti nei cestini oppure sprecano acqua ed energia elettrica.

 Esprimere sollievo
To express relief

grazie a Dio (*thank God*), per fortuna/fortunatamente (che) (*luckily*), meno male che (*thank goodness*) + informazione positiva:

Grazie a Dio non siamo in pochi a rispettare la natura.

Fortunatamente noi abitiamo in una regione con molto verde dove tutti rispettano l'ambiente.

Meno male che ci sono alcune organizzazioni ecologiche come il WWF che hanno a cuore l'ambiente e la natura.

EDILINGUA

Holidays and Geography

Chapter 3

Holidays, Excursions and Accommodation, Houses and Public Places, **Geography and the Environment**

6 Tu e un tuo compagno fate dei dialoghi secondo il modello.
You and your friend make up some dialogues as in the example.

Esempio:

☹ c'è molto inquinamento   ☺ ci sono associazioni ecologiste come il WWF e Greenpeace

- **Purtroppo** c'è molto inquinamento.
- Sì, ma **grazie a Dio** ci sono associazioni ecologiste come il WWF e Greenpeace.

1.	☹ alcune persone non buttano i rifiuti nei cestini	☺	molte persone fanno la raccolta differenziata
2.	☹ in questo parco non ci sono molti mammiferi	☺	ultimamente sono aumentati un po'
3.	☹ alcune persone sprecano troppa acqua ed energia	☺	molte altre risparmiano acqua e energia
4.	☹ in città c'è molto smog	☺	abitiamo in campagna
5.	☹ oggi piove	☺	non siamo partiti per il mare
6.	☹ sulla costa del Mar Adriatico ci sono troppi turisti	☺	noi andiamo in vacanza in montagna sulle Alpi

l. Esprimere una quantità indefinita *To express an indefinite quantity*

- In questa terra c'è **molto verde**, cioè ci sono **molti boschi** e **tante colline** [...] e anche i laghi e i fiumi sono numerosi.
- ...dove vivono **alcuni mammiferi** selvatici [...] ma, ahimè, **poche linci**.
- La foresta del parco ha **parecchie specie** di piante.
- ...e lì c'è **qualche** bella **spiaggia**.

✱ **molto/a = tanto/a = parecchio/a** + nome singolare (*much/a lot of* + singular noun)
In questa regione c'è **molto/tanto/parecchio** turismo.
Nel Parco Nazionale d'Abruzzo c'è **molta/tanta/parecchia** vegetazione.

✱ **molti/e = tanti/e = parecchi/parecchie** + nome plurale (*many/a lot of* + plural noun)
Nel Parco Nazionale d'Abruzzo ci sono **molti/tanti/parecchi** alberi.
In questa regione ci sono **molte/tante/parecchie** piante.

✱ **alcuni/alcune** + nome plurale (*some* + plural noun)
In Italia ci sono **alcuni** laghi veramente belli.
Vicino alla Sicilia ci sono **alcune** isole affascinanti.

Preparazione al NEW
GCSE in Italian

* **qualche** + nome singolare (*some* + singular noun)
  In Italia c'è **qualche** lago veramente bello.
  Vicino alla Sicilia c'è **qualche** isola affascinante.

* **poco/a** + nome singolare (*little* + singular noun)
  In inverno in questa regione c'è **poco** turismo.
  Purtroppo c'è **poca** fauna in questa regione.

* **pochi/e** + nome plurale (*few* + plural noun)
  Trent'anni fa sugli Appennini c'erano **pochi** lupi.
  Purtroppo nel Parco Nazionale d'Abruzzo ci sono **poche** linci.

* **non ... nessun(o)/a** + nome singolare (*no* + singular noun)
  Nella mia città **non** c'è **nessun** parco.
  Nella mia regione **non** c'è **nessuna** spiaggia.

Attenzione! *Attention!*

Ce n'è/Ce ne sono

* **ce n'è** + **poco/a - molto/a - tanto/a - parecchio/a** (singolare)
  * Quanto inquinamento c'è in Italia?
  * *Ce n'è poco.*
  * *Ce n'è molto/tanto/parecchio.*

* **ce ne sono** + **pochi/e - alcuni/e - molti/e - tanti/e - parecchi/parecchie** (plurale)
  * Quanti animali selvatici ci sono in questo parco nazionale?
  * *Ce ne sono molti/parecchi/tanti/alcuni/pochi.*
  * Quante piante ci sono in questo parco nazionale?
  * *Ce ne sono molte/parecchie/tante/alcune/poche.*

* **ce n'è uno/a**
  * Quanti fiumi ci sono in questa contea?
  * *Ce n'è uno.*
  * Quante foreste ci sono in questo paese?
  * *Ce n'è una.*

* **non ce n'è nessuno/a**
  * Quanti fiumi ci sono in questa regione?
  * *Non ce n'è nessuno.*
  * Quante spiagge ci sono in questa regione?
  * *Non ce n'è nessuna.*

Holidays and Geography

Holidays, Excursions and Accommodation, Houses and Public Places, **Geography and the Environment**

Chapter 3

7 Tu e un tuo compagno fate dei dialoghi secondo il modello.
You and your friend make up some dialogues as in the example.

Esempio:   regione
- Nella mia regione ci sono alcune volpi, e nella tua?
- Ce ne sono poche.

1.  Paese

2.  contea

3.  regione

4.   città

5.   quartiere

6.    contea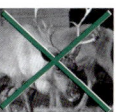

Attività di parlato (*AQA – Role-play – H*) Speaking task

Your study exchange friend is asking you about the environmental situation in your local area and what you do to protect the environment.

You must address your friend as *tu*.

Where you see – ! – you must respond to something you have not prepared.
Where you see – ? – you must ask a question.

> Parli dell'ambiente del tuo quartiere con il tuo amico/la tua amica di interscambio di studi.
> - Il tuo quartiere – dove si trova e da quanto tempo ci abiti
> - Il tuo quartiere – descrizione della flora e fauna
> - Il tuo quartiere – inquinamento e altre questioni ambientali
> - Condizioni ambientali – se sono migliorate o peggiorate
> - ? Ambiente – cosa fa lui/lei per proteggerlo
> - !

The dialogue will last approximately 2 minutes.

Preparazione al NEW
GCSE in Italian

 Suggerimenti *Tips*

* **Per dire dove si trova il tuo quartiere...** (*how to say where it is you live...*)
  Il mio quartiere è + nome del quartiere: Il mio quartiere è Chelsea.
  Il mio quartiere/La zona dove abito/vivo si trova/è + posizione (location):
  Il quartiere dove abito si trova a sud di Londra.
  La zona dove vivo è nella parte Nord di Manchester.

* **...e da quanto tempo ci abiti** (*...and how long you have been living there*)
  Abito/Vivo in questo quartiere/questa zona/quest'area da + durata (duration):
  Abito in questo quartiere da sempre/da quando sono nato/a.
  Vivo in questa zona da 10 anni.
  Abito in quest'area da poco (tempo).

* **Per descrivere la sua flora e la sua fauna** (*how to describe its flora and fauna*)
  Nella zona/Nel quartiere dove abito/vivo (non) c'è/ci sono + piante (plants):
  Nella zona/Nel quartiere dove vivo (non) ci sono molti alberi e piante.
  Nella zona/Nel quartiere dove vivo (non) ci sono molti boschi.
  Nella zona/Nel quartiere dove abito (non) c'è molto verde/molta vegetazione.

  Nella zona/Nel quartiere dove abito/vivo (non) c'è/ci sono/vivono + animali (animals):
  Nella zona dove abito vivono alcune volpi.
  Siccome abito nel centro della città non ci sono animali selvatici.

* **Per dire se c'è inquinamento**
  (*how to say whether there is pollution or any other environmental issues*)
  Purtroppo c'è molto inquinamento/l'acqua dei laghi/fiumi è inquinata.
  Ahimè, l'aria è inquinata.
  Grazie a Dio non c'è (molto) inquinamento.
  Meno male che l'aria non è inquinata/è pulita.

* **Per dire se le condizioni ambientali sono migliorate o peggiorate**
  (*how to say whether the environmental conditions have improved or worsened*)
  Ultimamente le condizioni ambientali **sono migliorate** (improved)/**peggiorate** (worsened).
  Attualmente/Al momento/In questo momento le condizioni ambientali sono **migliori** (better)/**peggiori** (worse) rispetto a prima.

* **Per dire cosa fai per proteggere l'ambiente**
  (*how to say what you do to protect the environment*)
  Per proteggere l'ambiente **faccio la raccolta differenziata**, evito di **sprecare energia elettrica**, cerco di **risparmiare l'acqua** etc.

Attività di scrittura (AQA – H) Writing task

Scrivi un articolo per una rivista italiana in cui parli di questioni ambientali e di come queste sono discusse nella tua scuola.

Holidays and Geography

Chapter 3

Holidays, Excursions and Accommodation, Houses and Public Places, **Geography and the Environment**

Menziona:

- dettagli della tua scuola (nome, dove si trova, numero di studenti etc.)
- se si discute di questioni ambientali a lezione e perché
- se nella tua scuola si fa qualcosa in difesa dell'ambiente
- quali sono i principali problemi ambientali
- cosa dovrebbe fare il Comune per risolvere i problemi ambientali del tuo quartiere
- se sei ottimista riguardo al futuro

Scrivi circa 90 parole **in italiano**. Rispondi a **tutti** gli aspetti della domanda.

Suggerimenti Tips

- **Per menzionare i dettagli della tua scuola** (how to give information about your school)
  La mia scuola si chiama + nome della scuola (name of the school), **si trova/è** + nome della città (name of your city), **ha circa** + numero di studenti (number of students):
  La mia scuola si chiama St. George School, si trova/è a Londra e ha circa 400 studenti.

- **Per dire se si discute delle questioni ambientali a lezione e perché**
  (how to say whether environmental issues are discussed in class and why)
  Nella nostra scuola io e i miei compagni parliamo/discutiamo molto/abbastanza di ambiente con i nostri insegnanti perché per noi è un tema fondamentale/molto importante per la nostra vita. Per esempio, una volta alla settimana parliamo di quello che possiamo fare giorno dopo giorno per proteggere la natura come, per esempio, la raccolta differenziata, risparmiare l'energia elettrica ed evitare di sporcare l'ambiente.

- **Per dire se nella tua scuola si fa qualcosa in difesa dell'ambiente**
  (how to say whether you do anything for the environment in your school)
  Nella nostra scuola facciamo diverse cose per l'ambiente, per esempio facciamo la raccolta differenziata, usiamo la carta riciclata ed evitiamo di consumare acqua ed energia inutilmente.

- **Per dire quali sono i principali problemi ambientali**
  (how to say what you think the main environmental problems are)
  Secondo me, i problemi ambientali maggiori/principali/più importanti sono l'inquinamento, il buco dell'ozono, il riscaldamento globale, la deforestazione etc.
  Credo/Penso/Ritengo che i maggiori problemi ambientali siano (vedi Congiuntivo di *essere* a pagina 239) l'inquinamento, il buco dell'ozono, il riscaldamento globale, la deforestazione etc.

- **Per dire cosa dovrebbe fare il Comune per risolvere i problemi ambientali del tuo quartiere** (how to say what the local town council should do to solve the environmental problems in your area)
  Per me il Comune deve/dovrebbe piantare nuove alberi, ampliare/ingrandire il verde, costruire un nuovo parco, fare delle aree pedonali, dire ai cittadini di usare i mezzi pubblici etc.

- **Per dire se sei ottimista riguardo al futuro**
  (how to say whether you are optimistic about the future)
  Per il/Riguardo al futuro sono molto/abbastanza/un po' ottimista perché le persone hanno finalmente capito che l'ambiente è molto importante e dunque cercano di proteggerlo.
  Per il/Riguardo al futuro sono molto/abbastanza/un po' pessimista perché le persone non fanno molto/niente per proteggere l'ambiente.

Preparazione al NEW GCSE in Italian

Preparazione al NEW GCSE in Italian

Attività di lettura (AQA – H – Section B) *Reading task*

Possibili soluzioni ai problemi ambientali

Leggi il seguente articolo che parla della decisione presa dal Comune per risolvere i problemi ambientali della città.

Il Comune ha preso alcune importanti decisioni per contrastare l'inquinamento e migliorare l'ambiente. Per prima cosa sarà costruito un nuovo parco dove i bambini potranno giocare all'aperto. Tuttavia questo progetto è molto costoso e i cittadini dovranno pagare molte tasse per finanziarlo. Saranno poi aumentate le aree pedonali in cui tutti potranno passeggiare tranquillamente ma per chi usa la macchina questo sarà un problema perché dovrà fare un percorso molto più lungo per andare in un posto. Il Comune ha anche annunciato che saranno piantati nuovi alberi ai lati delle strade per rendere migliore la qualità dell'aria. Purtroppo le strade della città sono piccole e secondo alcuni i rami degli alberi possono crescere troppo fino a entrare dentro le case. Infine, il Comune vuole anche introdurre la raccolta differenziata però molti cittadini avranno difficoltà a realizzarla senza un'adeguata informazione.

Secondo l'articolo, quali sono i vantaggi e gli svantaggi delle decisioni prese dal Comune per risolvere i problem ambientali?

Scrivi in italiano tre vantaggi e tre svantaggi.

Vantaggi	Svantaggi
(i) [1 mark]	(i) [1 mark]
(ii) [1 mark]	(ii) [1 mark]
(iii) [1 mark]	(iii) [1 mark]

EDILINGUA

Holidays and Geography

Holidays, Excursions and Accommodation, Houses and Public Places, **Geography and the Environment**

Attività d'ascolto (*AQA – H – Section B*) Listening Task

Problemi ambientali e soluzioni

Quali sono le soluzioni proposte per i seguenti problemi ambientali?

Rispondi **in italiano**.

	PROBLEMA AMBIENTALE	SOLUZIONE
1	Inquinamento	.... [1 mark]
2	Traffico	.... [1 mark]
3	Rifiuti urbani	.... [1 mark]
4	Riscaldamento globale	.... [1 mark]

Attività di scrittura (*AQA – H – Translation*) Writing task

Translate this passage **into Italian**.

My family and I do a lot of things to protect the environment because we are very worried about pollution. For example, we all save energy and electricity by turning off the lights when we leave a room and we also recycle rubbish. Furthermore, we use public transport instead of driving, and from time to time we plant a tree in our garden.

Grammatica *Grammar*

Leggi il testo e completa lo schema a pagina 188.
Read the text and complete the chart on page 188.

Diversi miei amici mangiano cibi naturali.

[...] ci sono anche certe persone che non hanno nessun rispetto per la natura [...]

Meno male che ci sono alcune organizzazioni ecologiste come il WWF.

Preparazione al NEW GCSE in Italian

Preparazione al NEW GCSE in Italian

AGGETTIVI INDEFINITI *Indefinite adjectives*			
SINGOLARE *Singular*		**PLURALE** *Plural*	
MASCHILE *Masculine*	**FEMMINILE** *Feminine*	**MASCHILE** *Masculine*	**FEMMINILE** *Feminine*
poco *little*	poca *little*	pochi *few*	poche *few*
non ... alcun(o) *no, not ... any*	non ... alcuna *no, not ... any*	alcuni *some*	.... *some*
certo *some*	certo *some*	certi *some*	.... *some*
-	-	vari *various*	varie *various*
-	-	.... *various, several*	diverse *various, several*
numeroso *numerous*	numerosa *numerous*	numerosi *many, a lot of*	numerose *many, a lot of*
molto *much, a lot of*	molta *much, a lot of*	molti *many, a lot of*	molte *many, a lot of*
tanto *much, a lot of*	tanta *much, a lot of*	tanti *many, a lot of*	tante *many, a lot of*
parecchio *much, a lot of*	parecchia *much, a lot of*	parecchi *many, a lot of*	parecchie *many, a lot of*
troppo *too much*	troppa *too much*	troppi *too many*	troppe *too many*
tutto *all*	tutta *all*	tutti *all, every*	tutte *all, every*
non ... nessun(o) *no, not ... any*	non ... nessuna *no, not ... any*	-	-
altro *other*	altra *other*	altri *other*	altre *other*

Holidays and Geography

Chapter 3

Holidays, Excursions and Accommodation, Houses and Public Places, **Geography and the Environment**

Gli aggettivi indefiniti si usano per esprimere la quantità indefinita di cose o persone.
Di solito precedono il nome e come tutti gli aggettivi concordano con il genere e numero.
Indefinite adjectives are used to express an indefinite amount (of something) or an indefinite number (of things/people). They are normally placed in front of the noun and, as with other adjectives, they agree with the gender and the number of the noun.

Devo fare **molti** compiti oggi.
Alcuni insegnanti lavorano in **varie** scuole.
Ci sono **diversi** problemi in questa città.
Ho conosciuto **molta** gente simpatica a Londra.
Ho già fatto **tutti** gli esercizi.

Alcuno/a e nessuno/a si usano nelle frasi negative con la negazione non che precede il verbo.
Alcuno/a and nessuno/a are used in the negative sentences with non placed in front of the verb.
Non parlo **alcuna/nessuna** lingua straniera.
Ieri **non** ho bevuto **alcun/nessun** caffè.
Come vedi le forme maschili alcuno e nessuno perdono la -o finale.
As you can see, the masculine forms alcuno and nessuno lose the final -o.

Altri aggettivi indefiniti hanno solo la forma singolare.
Other adjectives only have a singular form.
qualche (some)
ogni (every, each)
qualsiasi/qualunque (any)
Stasera vado al pub a bere **qualche** birra con i miei amici.
Vado a lavorare **ogni** giorno.
In Italia mangi bene in **qualsiasi/qualunque** ristorante.

1 Completa le seguenti frasi con gli aggettivi indefiniti.
Complete the following sentences using indefinite adjectives.

1. Ho .... fame e dunque adesso mangio un panino.
2. Siccome non parlo ancora bene la lingua, qui in Germania per adesso ho .... amici.
3. Quando ero a scuola ho letto .... libro di Shakespeare come per esempio *La tempesta*, *Romeo e Giulietta* e *Macbeth*.
4. Noi non abbiamo visitato .... città inglese.
5. .... giorni fa mi sono iscritto a un corso di Yoga.
6. .... persone non hanno rispetto per l'ambiente.
7. Guarda che non c'è solo Eminem, ci sono .... cantanti bravi.
8. Mario e Luca guardano .... televisione e poi non hanno mai tempo per studiare.

Preparazione al NEW GCSE in Italian

9. Voi sapete .... cose.
10. In estate in Italia fa .... caldo.
11. A Londra ci sono .... turisti.
12. Sara e Daniela non sono curiose e dunque fanno .... domande.

2 Traduci in italiano le seguenti frasi.
Translate the following sentences into Italian.

1. When I go to the pub I normally have a few beers.
   ....

2. Many Italians come to London to work every year.
   ....

3. A few days ago I went to the cinema.
   ....

4. They drink too much coffee.
   ....

5. I have read several books by Charles Dickens.
   ....

6. We have no car because we prefer to take the bus.
   ....

7. I go to school every day.
   ....

8. You smoke too many cigarettes.
   ....

9. We have a lot of friends.
   ....
   ....

10. I haven't drunk any coffee today.
    ....
    ....

Education and Work

School and University, Work and Employment, Family

Goals: In this chapter you will learn…

- how to talk about subjects to study at school and university
- how to talk about work, how to get a job and what people do at work
- how to talk about your family
- how to describe people (physical description and character)

SCHOOL AND UNIVERSITY

1 Leggi il seguente dialogo. *Read the following dialogue.*

Linda: Ciao Daniele, sai che ho preso 7 all'interrogazione di Storia?

Daniele: Davvero? Brava, Linda. Io invece ho preso solo 6 nel compito di Letteratura e non sono per niente contento.

Linda: Beh, 6 non è un voto basso, significa che sei sufficiente.

Daniele: Lo so, però vorrei andare meglio in questa materia. In Matematica per esempio vado molto bene, prendo quasi sempre 8. Forse sono il migliore della classe.

Linda: E in Chimica che voti hai?

Daniele: Anche in Chimica di solito prendo 8 e lo stesso in Fisica e Scienze.

Linda: Questo significa che sei bravo nelle materie scientifiche. Io invece vado meglio nelle materie umanistiche come Letteratura e Storia.

Daniele: Ciò vuol dire che all'università tu dovresti studiare Lettere mentre io farei meglio a fare Ingegneria.

Linda: Forse hai ragione. Comunque non ho ancora scelto in quale facoltà studiare: sono ancora in terza liceo e c'è ancora tempo. Mi piacerebbe fare Lettere come hai detto tu, però i miei genitori dicono che poi è piuttosto difficile trovare un buon lavoro.

Daniele: Mio padre dice invece che con Ingegneria, Medicina oppure Economia e Commercio è abbastanza facile trovare un buon posto. Io vorrei studiare Chimica ma… (*indicando Franco*) Guarda, arriva Franco!

Franco: Ciao Linda, ciao Daniele. Sapete che ho preso un'altra volta 5 nel tema di Italiano? La professoressa mi ha detto che se continuo così, mi boccheranno. Adesso sono un po' preoccupato perché ho l'insufficienza in varie materie e inoltre la mia condotta non è molto buona.

Linda: Al posto tuo, studierei di più, farei sempre i compiti, durante la lezione starei attento e mi comporterei bene.

Preparazione al NEW GCSE in Italian

Preparazione al NEW
GCSE in Italian

Daniele: Sono d'accordo con Linda. Dovresti stare più tempo sui libri e impegnarti molto invece di giocare con il computer o guardare la televisione. Sentite, ho un'idea, ci potremmo trovare oggi pomeriggio a casa mia per studiare tutti insieme. Che ne dite? Alle tre va bene?

Linda: Buona idea. Io posso alle tre.

Franco: Ok, vengo anch'io, però non studiamo troppo…

2 Rispondi alle seguenti domande (prima a voce e poi per iscritto).
Answer the following questions (first orally and then in writing).

1. Che voto ha preso Linda all'interrogazione di Storia?
   ....
2. Che voto ha preso Daniele al compito di Letteratura?
   ....
3. In quali materie Daniele è bravo?
   ....
4. In quali materie va bene Linda?
   ....
5. A Linda cosa piacerebbe studiare all'università?
   ....
6. Cosa vorrebbe studiare Daniele all'università?
   ....
7. Perché Franco è preoccupato?
   ....
8. Cosa consiglia Linda a Franco?
   ....
9. Cosa consiglia Daniele a Franco?
   ....
10. Cosa propone Daniele a Linda e Franco?
    ....
11. Linda accetta la proposta di Daniele?
    ....
12. Franco accetta la proposta di Daniele?
    ....

Education and Work

School and University, Work and Employment, Family

a. Vocabolario *Vocabulary*

alunno = *pupil*
(non) andare bene in + **materia** = *(not) to do well in + subject*
appello = *roll call, register*
appunti = *notes*
argomento = *topic*
biblioteca = *library*
bocciare = *to fail*
bocciato = *failed*
bravo/a = *good*
capitolo = *chapter*
classe = *class*
comportamento = *behaviour*
comportarsi = *to behave*
compiti = *homework*
compito = *task, test*
concetto = *concept*
condotta = *behaviour*
corso = *course*
diploma = *high school leaving certificate*
disegnare = *to draw*
errore = *mistake*
esame = *exam*
esercizio = *exercise*
(non) essere bravo in + **materia** = *to be (not) good at + subject*
facoltà = *faculty*
fare i compiti = *to do the homework*
fare una ricerca = *to (do a) search*
fare un errore = *to make a mistake*
fotocopia = *photocopy*
frequentare (la scuola, l'università, un corso ecc.) = *to attend (school, university, a course, etc.)*
grammatica = *grammar*
imparare = *to learn*
impegnarsi (rifl.) = *to make an effort, to put effort into*
insegnante = *teacher*
insegnare = *to teach*
insufficiente = *poor (performance in a subject)*
insufficienza = *low mark*
interrogazione = *oral test*
intervallo = *break*
iscriversi (a scuola, all'università, a un corso ecc.) = *to enrol, to register*
Latino = *Latin*

laurea = *BA/Bsc degree*
laureato/a = *graduate*
leggere = *to read*
lezione = *lesson, class*
maestro/a = *teacher (primary school)*
master = *master's degree*
materia = *subject*
orario = *timetable/schedule*
ortografia = *spelling*
passare (un test, un esame) = *to pass (a test, an exam)*
prendere (un voto) = *to get (a mark)*
prendere appunti = *to take notes*
preside = *headmaster*
professore = *teacher (secondary school and university) (masc.)*
professoressa = *teacher (secondary school and university) (fem.)*
promosso = *passed*
quadrimestre = *four-month term*
regola = *rule*
ricreazione = *break*
scrivere = *to write*
semestre = *six-month term*
severo/a = *strict*
spiegare = *to explain, to illustrate*
superare (un test, un esame) = *to pass (a test, an exam)*
(materia) scientifica = *scientific subject*
scuola = *school*
scuola privata = *private, independent school*
scuola pubblica/statale = *state-funded school*
stare attento/a = *to pay attention*
studente = *student (masc.)*
studentessa = *student (fem.)*
studiare = *to study*
tema = *essay*
tesi = *dissertation, thesis*
titolo di studio = *qualification*
trimestre = *three-month term*
tutor = *tutor*
(materia) umanistica = *liberal arts subject*
università = *university*
valutazione = *grading, evaluation, assessment*
voto = *mark, grade*
zaino = *schoolbag, rucksack*

Preparazione al NEW
GCSE in Italian

b. Le materie scolastiche. Scrivi le seguenti parole sotto le immagini come negli esempi.
Subjects at school. Write the following words under the images as in the examples.

Storia • Letteratura • Musica • Arte • Italiano • Educazione fisica • Matematica • Geografia

Inglese

Scienze

Chimica

Fisica

EDILINGUA

Education and Work

School and University, Work and Employment, Family

Chapter 4

c. Le facoltà universitarie. Inserisci la lettera come nell'esempio.
University courses. Insert the correct letter in the spaces as in the example.

- a. Medicina
- b. Architettura
- c. Ingegneria
- d. Economia e Commercio
- e. Lingue straniere
- f. Lettere
- g. Informatica
- h. Legge/Diritto/Giurisprudenza

1. a

2.

3.

4.

5.

6.

7.

8.

d. In un'aula. Scrivi le parole negli spazi vuoti.
In a classroom. Write the words in the blank spaces.

penna • lavagna • banco • quaderno • libro

1. registro
2. cattedra
3. ....
4. cestino
5. ....
6. ....
7. ....
8. ....
9. matita

Preparazione al NEW GCSE in Italian

Preparazione al NEW
GCSE in Italian

3 Completa le seguenti frasi con le parole dei punti a, b, c e d.
Complete the following sentences with the words given in points a, b, c and d.

1. "A quale ....*facultà*.... pensi di iscriverti all'università?" — *to enrol*
   "Penso di iscrivermi a ...*medicina*... perché vorrei diventare dottore."
2. "Qual è la tua ...*materia*... preferita?" "Matematica."
3. Ieri io ...*preso*........ 7 nell'interrogazione di Storia.
4. Gli studenti devono buttare le carte nel .... perché l'aula deve rimanere sempre pulita.
5. "Scrivi con la .... o con la matita?" "Con tutte e due."
6. All' ...*università*.... mi piacerebbe studiare Lingue straniere.
7. La mia .... di Italiano è molto brava e simpatica.
8. Per la prossima settimana devo .... tutto il libro di Shakespeare.
9. L'insegnante ha scritto l'esercizio alla ....
10. Paolo è uno studente eccellente perché sta attento, studia e fa sempre i compiti, insomma lui ...*lavora*..... molto.
11. "Io preferisco le materie .... come per esempio Letteratura, Storia e Arte." "Io invece preferisco le materie scientifiche come ...., Fisica e Chimica."
12. Franco dovrebbe migliorare la sua condotta perché .... sempre molto male.
13. Mi piace andare a scuola perché posso .... molte cose.
14. Laura prende sempre .... alti come 7 o 8.
15. Non solo devi stare .... durante la lezione, ma devi anche fare i compiti per casa e studiare molto.

e. La scuola in Italia *School in Italy*

Scuola dell'infanzia (da 3 a 6 anni) *Pre-school Education*
Primo ciclo *First cycle*
Scuola primaria (da 6 a 11 anni) *Primary School*
Scuola secondaria di primo grado (da 11 a 14 anni) *Lower Secondary School*
Secondo ciclo *Second cycle*
Scuola secondaria di secondo grado *Upper Secondary School* • Liceo (da 14 a 19 anni) *High School* • Istituto tecnico (da 14 a 19 anni) *Technical College* • Istituto professionale (da 14 a 19 anni) *Vocational School*
Università *University*

La scuola dell'obbligo dura dieci anni (dai 6 ai 16 anni di età): otto anni del I ciclo + i primi due anni del II ciclo.

Compulsory education lasts ten years: the eight years of the first cycle (for children aged between six and sixteen years) + the first two years of the second cycle.

EDILINGUA

Education and Work

School and University, Work and Employment, Family

- Che classe fai/frequenti?
- Frequento il/Sono al primo/secondo/terzo/quarto/quinto anno di primaria.
- Faccio la prima/seconda/terza etc.
- Che scuola fai/frequenti?
- Faccio/Frequento il liceo classico/l'istituto tecnico/l'istituto professionale.

4 Rispondi alle seguenti domande. *Answer the following questions.*

1. Qual è la tua materia preferita?
   La mia materia preferita è storia perché lo ho bisogno per studiare leggen sett nel università.

2. Di solito scrivi con la penna o con la matita?
   Preferisco scrivere con la matita perché si faccio un errore, posso cancellare facilmente.

3. Quale materia ti piace di meno?
   La materia che mi piace di meno è matematicas perché lo trovo troppo complicato e poco chiaro e ambaguo

4. Che classe fai?*
   Sono nella scuola secondaria di secondo grado e è una scuola privata e una scuola classica liceo.

5. Quante ore studi al giorno?
   Studio ogni giorno per due ore.

6. Cosa ti piacerebbe studiare all'università?

7. Che scuola frequenti?*

8. A che ora iniziano e a che ora finiscono le lezioni nella tua scuola?

Imagine that you are an Italian student attending an Italian school.

f. Fare una deduzione/Trarre una conclusione logica con *questo/ciò significa che.../questo/ciò vuol dire che...*
   To draw a logical conclusion with "questo/ciò significa che..."/"questo/ciò vuol dire che..."

Daniele: Anche in Chimica di solito prendo 8 e lo stesso in Fisica e Scienze.

Linda: **Questo significa che** sei bravo nelle materie scientifiche. Io invece vado meglio nelle materie umanistiche come Letteratura e Storia.

Daniele: **Ciò vuol dire che** all'università tu dovresti studiare Lettere mentre io farei meglio a fare Ingegneria.

Preparazione al NEW GCSE in Italian

mi confonde — it confuses me

Preparazione al NEW
GCSE in Italian

5 **Tu e un tuo compagno fate dei mini-dialoghi come nel modello.**
You and your friend make up some short dialogues as in the example.

Esempio: "Quanti anni hai?"
16 **|** terzo anno del liceo
- *Quanti anni hai?*
- *Ho 16 anni.*
- *Questo significa/Ciò vuol dire che frequenti il terzo anno del liceo.*

1. "Quanti siete in classe?"
   in 35 **|** classe numerosa
2. "In quali materie sei bravo?"
   Matematica, Fisica e Chimica **|** nelle materie scientifiche
3. "Che voto hai preso nel compito di Matematica?"
   5 **|** non hai studiato abbastanza
4. "Quali materie non ti piacciono?"
   Letteratura, Storia, Arte **|** le materie umanistiche
5. "Che voto hai preso nell'interrogazione di Storia?"
   7 **|** ti sei impegnato molto
6. "Quando fate l'intervallo?"
   dalle 11 alle 11 e 20 **|** dura venti minuti

g. Dare un consiglio con il Condizionale *To give advice using the Conditional tense*

Linda: **Al posto tuo, studierei** di più, **farei** sempre i compiti, durante la lezione **starei** attento e **mi comporterei** bene.
Daniele: Sono d'accordo con Linda. **Dovresti** stare più tempo sui libri e impegnarti di più.

- **Al posto tuo, io** + I persona del Condizionale *If I were you, I would…*
  "Non vado molto bene a scuola." "**Al posto tuo, io studierei** di più."

- **Dovresti** (II persona del Condizionale di *dovere*) + Infinito *You should…*
  "Non vado molto bene a scuola." "**Dovresti studiare** di più."

CONDIZIONALE - VERBI REGOLARI *Conditional - Regular verbs*		
PARL<u>ARE</u>	PREND<u>ERE</u>	PART<u>IRE</u>
Io parlerei	Io prenderei	Io partirei

CONDIZIONALE - VERBI IRREGOLARI *Conditional - Irregular verbs*				
ESSERE	AVERE	STARE	ANDARE	FARE
Io sarei	Io avrei	Io starei	Io andrei	Io farei
DOVERE	POTERE	VENIRE	RIMANERE	VEDERE
Io dovrei	Io potrei	Io verrei	Io rimarrei	Io vedrei

Education and Work

School and University, Work and Employment, Family

6 **Sei nelle seguenti situazioni. Tu e un tuo compagno fate dei mini-dialoghi come nel modello.**
You are in the following situations. You and your friend make up some short dialogues as in the example.

Esempio: devi studiare un capitolo di Storia per domani e non hai ancora cominciato I cominciare subito

- Devo studiare un capitolo di Storia per domani e non ho ancora cominciato. Cosa dovrei fare, secondo te?/Cosa faresti al posto mio?
- Dovresti cominciare subito./Al posto tuo, comincerei subito.

1. devi fare una ricerca su Shakespeare I andare sul sito http://www.shakespeare-online.com/
2. fai troppi errori di ortografia I leggere di più
3. devi migliorare la tua condotta I comportarsi meglio con i tuoi compagni
4. devi scegliere in quale facoltà studiare all'università I studiare Ingegneria
5. ti dimentichi sempre quello che ha detto l'insegnante a lezione I stare più attento/a
6. hai perso gli appunti di Italiano I fare le fotocopie degli appunti di Carlo

h. *Non ... affatto/per niente, poco, un po', piuttosto/abbastanza, tanto, molto, solamente/solo/soltanto, troppo.* **Avverbi di quantità** *Adverbs of quantity*

Daniele: Davvero? Brava, Linda. Io invece ho preso solo 6 nel compito di Letteratura e **non sono per niente** contento.

Linda: [...] però i miei genitori dicono che poi **è piuttosto difficile** trovare un buon lavoro.

Daniele: Mio padre dice invece che con Ingegneria, Medicina oppure Economia e Commercio **è abbastanza facile** trovare un buon posto.

Daniele: Sono d'accordo con Linda. Dovresti stare **più tempo** sui libri e **impegnarti molto**.

Franco: Ok, vengo anch'io, però non **studiamo troppo**...

non ... affatto/per niente Ieri ho avuto dei problemi e **non** ho studiato **affatto/per niente** per il compito di oggi.	not ... at all/in no way
poco Michele ha capito **poco** della lezione di Chimica.	little
un po' "Tiziano è migliorato in Matematica?" "**Un po'**."	a little
piuttosto/abbastanza Per me Italiano è **piuttosto/abbastanza** facile.	quite
molto/parecchio/tanto Durante il fine settimana ho letto **molto/tanto/parecchio**.	much, a lot, a great deal
non ... molto/non ... tanto Secondo me, Daniela **non** si impegna **molto** a scuola.	not ... a lot/ not ... (very) much

Preparazione al NEW GCSE in Italian

Preparazione al NEW
GCSE in Italian

solamente/solo/soltanto Oggi devo fare **solo/solamente/soltanto** i compiti di Inglese.	only
troppo I miei insegnanti sono **troppo** severi.	too (much)

7 Traduci in italiano le seguenti frasi.
Translate the following sentences into Italian.

1. Alessandro studies a lot, so he is a good student.
   ....

2. In my opinion, Maths is a quite difficult subject.
   ....

3. Yesterday we read a little of the novel during the lesson.
   ....

4. I could not understand much of that topic.
   ....

5. I have only one hour a week of Chemistry.
   ....

6. I do not like taking notes at all.
   ....

Attività di scrittura (*Edexcel – H*) *Writing task*

Scuola

Una rivista italiana pubblica articoli di professori e studenti.
Scriva un articolo in cui parla della sua scuola.

Deve includere i seguenti punti:

- il nome, il tipo di scuola e quale anno frequenta
- il numero di ore trascorse a scuola al giorno (o alla settimana)
- le materie che studia, quale/i preferisce e perché
- quante ore studia a casa e quanto tempo impiega a fare i compiti
- se le piacerebbe continuare a studiare all'università e perché

Giustifichi le sue idee e le sue opinioni. Scriva 130-150 parole circa **in italiano**.

Education and Work

School and University, Work and Employment, Family

Chapter 4

💡 Suggerimenti Tips ✉

- **Per dire il nome, il tipo di scuola e quale anno frequenti** (how to say the name of your school, what type of school it is and what year you are in)

  La mia scuola si chiama ..., è una scuola pubblica/privata/un liceo/un istituto tecnico/un istituto professionale etc.

  Sono al/Frequento il primo/secondo/terzo etc. anno del secondo ciclo di secondaria (secondary/high school).

- **Per dire il numero di ore trascorse a scuola al giorno (o alla settimana)** (how to say how many hours you spend a day, or a week, at school)

  Faccio 5/6/7 ore al giorno di lezione. Comincio la mattina alle 8 e poi faccio un intervallo di dieci minuti alle 11. Finisco all'una, pranzo e poi ho altre due ore.

  Vado a scuola dal lunedì al venerdì, dalle 8 all'una e poi dalle 2 alle 4 del pomeriggio. Faccio 35 ore settimanali/alla settimana.

- **Per dire le materie che studi e quale/i preferisci e perché** (how to say which subjects you study and which you like most and why)

  Le materie che studio a scuola sono + **materie** (subjects) Matematica, Inglese, Lingue straniere, Fisica etc.

  La mia materia preferita/La materia che preferisco è + **materia** (subject) Italiano/Matematica/Inglese etc perché/in quanto + **motivo** (reason)
  - mi ha sempre appassionato. (qualsiasi materia – any subject)
  - sono bravo a fare i calcoli. (Matematica)
  - mi piace conoscere il passato (past) del mio Paese. (Storia)
  - mi piace leggere. (Letteratura)
  - mi piace la cultura italiana (Italiano)
  - mi piace molto disegnare. (Arte)
  - la trovo molto interessante. (qualsiasi materia – any subject)
  - la trovo molto utile. (qualsiasi materia – any subject)
  - il professore spiega molto bene. (qualsiasi materia – any subject)

- **Per dire quante ore studi a casa e quanto tempo impieghi a fare i compiti** (how to say how many hours you study at home and how long it takes you to do your homework)

  Di solito/Normalmente/In genere a casa studio un paio d'ore/tre ore/quattro ore etc.

  Se devo prepararmi per un compito/un'interrogazione, studio almeno tre ore/di più/molto etc.

  Per fare i compiti ci metto circa un'ora/45 minuti/un'ora etc.

- **Per dire se ti piacerebbe continuare a studiare all'università e perché** (how to say whether you would like to continue studying at university and why)

  Dopo (aver finito) la scuola, vorrei cercarmi un lavoro/andare a lavorare per cominciare a guadagnare subito (to start earning straightaway)/perché non posso permettermi (I cannot afford) di andare all'università/non mi piace molto studiare etc.

  Quando avrò finito la scuola, vorrei studiare + **materia** (subject) Informatica/Legge/Lingue straniere perché, secondo me, oggigiorno è necessario avere una laurea/essere laureati per trovare un buon lavoro.

Preparazione al NEW GCSE in Italian

Preparazione al **NEW**
GCSE in Italian

Attività di parlato (*Edexcel – Task 2: Picture-based task – H*) *Speaking task*

Topic: *What school is like*

Guarda la foto e prepara le risposte ai seguenti punti:

- descrizione della foto
- i compiti per casa: la tua opinione
- quali materie hai studiato di recente
- quale/i libro/i vorresti leggere
- !

The dialogue will last approximately between three to three-and-a-half minutes.

Suggerimenti *Tips*

✱ **Per dire la tua opinione sui compiti per casa**
(*how to give your opinion on homework*)
<u>Penso</u>/<u>Credo</u>/<u>Ritengo</u> che i compiti per casa **siano** (vedi Congiuntivo di *essere* a pagina 239) **molto importanti/utili/fondamentali/necessari** perché/in quanto...
  • ...ti permettono di imparare meglio quello che il professore ha spiegato in classe.
  • ...ti stimolano a rimanere concentrato/a.
  • ...ti aiutano a diventare responsabile.

✱ **Per dire quali materie hai studiato di recente**
(*how to list the subjects you have studied recently*)
Ultimamente/Recentemente/Di recente/Negli ultimi giorni ho studiato + **materia** (*subject*)
Matematica, Italiano, Chimica, Inglese etc. perché ho un compito in classe/un'interrogazione.
                                 in vista di un compito in classe/un'interrogazione.
                                 per una ricerca di gruppo.

✱ **Per dire quale libro vorresti leggere** (*how to say which book you would like to read*)
Vorrei/Ho intenzione di leggere "Cuore" di Edmondo De Amicis perché/in quanto è un classico delle Letteratura italiana.
Vorrei/Ho intenzione di leggere "Oliver Twist" di Charles Dickens per comprendere il drammatico contesto dei bambini poveri dell'Inghilterra nel XIX secolo.
Vorrei/Ho intenzione di leggere "Io non ho paura" di Niccolò Ammaniti perché è una storia molto interessante e commovente.

✱ **Per dire a che ora cominciano e a che ora finiscono le lezioni**
(*how to say at what time lessons start and when they finish*)
Nella mia scuola le lezioni cominciano (la mattina) alle ... e finiscono (il pomeriggio) alle...
Nella mia scuola le lezioni sono dalle ... (di mattina) alle ... (di pomeriggio).

EDILINGUA

Education and Work

School and University, Work and Employment, Family

Chapter 4

✱ **Per descrivere l'orario delle lezioni con le materie, il numero di ore per ogni materia, l'intervallo e il pranzo** (how to describe your timetable, with the subjects, the number of hours per subject, break and lunch)

Dalle ... alle ... faccio/ho/c'è + materia (subject):
Dalle 9 alle 10 e 35 ho/faccio/ci sono due ore di Matematica.
L'intervallo dura 20 minuti, dalle 11 e mezzo alle 11 e 50.
Prima di fare lezione il pomeriggio c'è il pranzo, che dura un'ora.
Faccio/Ho/Ci sono 6 ore di Inglese alla settimana.

✱ **Per dire chi è il tuo/la tua insegnante/il tuo professore/la tua professoressa preferito/a e perché** (how to say who your favourite teacher is and why)

Preferisco l'insegnante/il professore/la professoressa (quello/a) di + materia (subject):
Preferisco quello di Matematica perché insegna bene la sua materia/spiega i concetti e le regole in modo chiaro/è molto preparato/è simpatico, gentile, non si arrabbia mai e non è troppo severo/ripete molte volte se qualcuno non ha capito etc.

✱ **Per dire se hai un tutor privato** (how to say whether you have a private tutor)

Non ho/mi segue nessun tutor perché non ne ho bisogno.
Ho/Mi segue un tutor di Italiano il venerdì pomeriggio.

 Attività di lettura (*Edexcel – H – Section B*) Reading task

Materie scolastiche

Leggi questa mail.

Ciao Richard,

come stai? Spero bene. Ti scrivo per raccontarti che oggi ho preso un bel 7 nel compito di Inglese. Nei giorni scorsi, avevo studiato moltissimo, soprattutto i verbi irregolari al passato, che per me sono molto difficili da imparare. Comunque nel test questa parte era molto facile, anche perché c'erano poche domande. La parte di ascolto invece era molto difficile, ma sono riuscito a rispondere correttamente a tutti i quesiti. Ho fatto alcuni errori nella parte di composizione scritta forse perché l'ho fatta troppo in fretta.

Il tema di Italiano che ho fatto ieri non è andato come speravo. Ho preso 6, però io mi aspettavo almeno un 7 in quanto mi ero preparato molto. Ad ogni modo ho preso la sufficienza e questo mi basta. Il mio professore di Italiano mi dice sempre che scrivo cose molte interessanti ma che dovrei migliorare l'ortografia perché faccio ancora qualche errore. La prossima settimana avrò l'interrogazione di Storia, la mia materia preferita e mi aspetto di prendere 8. In questi giorni devo fare anche una ricerca sull'inquinamento urbano per Scienze e nessuno del mio gruppo sa da dove cominciare. Forse dovremmo andare sul sito di Legambiente oppure guardare qualche video su YouTube per trovare alcune informazioni.

Come sai, fra qualche anno andrò all'università, forse farò Lettere o Storia ma non ho ancora deciso, sicuramente non sceglierò una facoltà scientifica. Ho intenzione di lavorare part-time perché non voglio dipendere troppo dai miei.

E tu come vai a scuola? Qual è la materia che ti piace di più?

Un abbraccio

Marco

Preparazione al NEW GCSE in Italian

Preparazione al NEW
GCSE in Italian

Metti una croce (X) nella casella corretta.

Esempio: Marco ha preso 7 nel compito di ...

	A. Italiano
X	B. Inglese
	C. Scienze
	D. Storia

(i) Nel compito d'Inglese era difficile ...

A. la parte sui verbi al passato
B. l'ascolto
C. la comprensione del testo
D. la composizione scritta

(ii) Il voto che ha preso Marco nel tema di Italiano ...

A. era quello che si aspettava
B. era molto alto
C. non era quello che si aspettava
D. era insufficiente

(iii) Secondo il professore di Italiano, Marco dovrebbe ...

A. scrivere cose più interessanti
B. scrivere in modo più semplice
C. stare attento all'ortografia
D. studiare di più

(iv) La prossima settimana Marco ...

A. dovrà studiare per l'interrogazione di Scienze
B. dovrà fare una ricerca di gruppo per Storia
C. avrà l'interrogazione di Storia
D. forse guarderà dei video di Storia su YouTube

(v) Marco pensa che ...

A. all'università sceglierà una facoltà umanistica come Storia o Lettere
B. non si iscriverà all'università perché ha intenzione di lavorare
C. all'università sceglierà una facoltà scientifica
D. non avrà la possibilità di lavorare durante i suoi studi universitari

(Total = 5 marks)

🔊 Attività d'ascolto (*Edexcel – H – Section B*) *Listening task*

Homework

Your friend Giovanna invites you to do the homework together at her place. Listen to the two voice messages she has sent you. Put a cross (X) in the **two** correct boxes for each question.

(i) She invites you to do the homework together so that you can: (2)

Example: study Maths for the written test	X
A. study History for the oral test	
B. do the English exercises	
C. revise Science	
D. study together for the Maths test	
E. start the Science group activity	

Education and Work

School and University, Work and Employment, Family

(ii) After doing the homework, she proposes: (2)

A.	going out together
B.	eating cake
C.	going to Marta's birthday party
D.	watching a film
E.	making a cake to take to Marta's birthday party

(Total = 4 marks)

Grammatica *Grammar*

USI DEL CONDIZIONALE *Uses of the Conditional*

A) Consiglio *Advice*

- **Dovresti** (II persona del Condizionale di *dovere*) + Infinito *You should...*
  "Ho un mal di testa terribile." "**Dovresti prendere** un'aspirina."
- **Al posto tuo, io** + I persona del Condizionale *If I were you, I would...*
  "Ho un mal di testa terribile." "**Al posto tuo, io prenderei** un'aspirina."

B) Desiderio *Wish*

- **Vorrei/Mi piacerebbe/Avrei voglia di/Sarebbe bello/Mi andrebbe di** + Infinito *I would like...*
  La prossima volta **vorrei andare** in vacanza in Toscana.
  La prossima volta **mi piacerebbe andare** in vacanza in Toscana.
  La prossima volta **avrei voglia di andare** in vacanza in Toscana.
  La prossima volta **sarebbe bello andare** in vacanza in Toscana.
  La prossima volta **mi andrebbe di fare** una vacanza in Toscana.

C) Per chiedere un favore in modo gentile *To ask for something or for a favour politely*

- Maurizio, **potresti** aprire la finestra, per favore?
- Scusi, signora, mi **direbbe** che ore sono?
- Paola, **andresti** a comprarmi le medicine in farmacia?

D) All'interno di una frase ipotetica *In a hypothetical sentence*

- Ho la febbre molto alta. **Sarei** un pazzo a uscire.
- Immaginando di vivere in Italia, io **imparerei** a cucinare bene.

CONDIZIONALE SEMPLICE - VERBI REGOLARI
Simple Conditional - Regular verbs

PARL**ARE**	SCRIV**ERE**	PART**IRE**
Io parl**erei**	Io scriv**erei**	Io part**irei**
Tu parl**eresti**	Tu scriv**eresti**	Tu part**iresti**
Lui/Lei parl**erebbe**	Lui/Lei scriv**erebbe**	Lui/Lei part**irebbe**
Noi parl**eremmo**	Noi scriv**eremmo**	Noi part**iremmo**
Voi parl**ereste**	Voi scriv**ereste**	Voi part**ireste**
Loro parl**erebbero**	Loro scriv**erebbero**	Loro part**irebbero**

Preparazione al NEW
GCSE in Italian

CONDIZIONALE SEMPLICE - VERBI IRREGOLARI					
Simple Conditional - Irregular verbs					
	ESSERE	**AVERE**	**ANDARE**	**VENIRE**	**DIRE**
Io	sarei	avrei	andrei	verrei	direi
Tu	saresti	avresti	andresti	verresti	diresti
Lui/Lei	sarebbe	avrebbe	andrebbe	verrebbe	direbbe
Noi	saremmo	avremmo	andremmo	verremmo	diremmo
Voi	sareste	avreste	andreste	verreste	direste
Loro	sarebbero	avrebbero	andrebbero	verrebbero	direbbero
	VEDERE	**SAPERE**	**POTERE**	**DOVERE**	**VOLERE**
Io	vedrei	saprei	potrei	dovrei	vorrei
Tu	vedresti	sapresti	potresti	dovresti	vorresti
Lui/Lei	vedrebbe	saprebbe	potrebbe	dovrebbe	vorrebbe
Noi	vedremmo	sapremmo	potremmo	dovremmo	vorremmo
Voi	vedreste	sapreste	potreste	dovreste	vorreste
Loro	vedrebbero	saprebbero	potrebbero	dovrebbero	vorrebbero

1 Completa con il Condizionale. *Complete the sentences using the Conditional tense.*

1. Sabato sera (io-volere) .... uscire con i miei amici.
2. Tania, (tu-potere) .... aiutarmi a finire la traduzione?
3. "Sono molto stanco e stressato." "Al posto tuo, io domani non (andare) .... al lavoro."
4. Marisa, (tu-andare) .... in panificio a comprare un po' di pane, per favore?
5. L'estate prossima mi (piacere) .... andare in vacanza in Inghilterra.
6. "Mi hanno appena rubato il portatile." "(Tu-dovere) .... chiamare la polizia adesso."
7. "Vorrei visitare una bella città inglese." "Al posto tuo, io (visitare) .... Bath."
8. Con un lavoro alla City io (guadagnare) .... molto di più.
9. Abitare a Mayfair (essere) .... troppo caro per me.
10. Giancarlo, (tu-accompagnarmi) .... alla stazione?

2 Traduci in italiano le seguenti frasi. *Translate the following sentences into Italian.*

1. You shouldn't work too much. ....
2. Mum, could you help me with the Italian exercises?
   ....
3. If I were you, I would go to Florence. ....
4. With a house like that, I would organize parties every week.
   ....
5. Franco should study more. ....
6. Francesca, would you get me some water, please? ....

Education and Work

School and University, **Work and Employment**, Family

WORK AND EMPLOYMENT

1 Leggi le seguenti lettere. *Read the following letters.*

Gentili signori,
mi chiamo Deborah Smith, sono una studentessa inglese di 18 anni. Attualmente sto frequentando l'ultimo anno del liceo linguistico e sto per fare l'esame GCSE di Italiano. Vi contatto perché sarei interessata a lavorare come receptionist nel Vostro hotel nei mesi di luglio e agosto. Oltre all'inglese, sono in grado di parlare correntemente l'italiano, il francese, lo spagnolo e il tedesco. Ho una certa esperienza nel campo del turismo dato che ho fatto la receptionist part-time per un anno all'Hotel Ritz di Londra. Penso di essere una persona seria, responsabile e laboriosa e capace di comunicare in modo efficace con i turisti di ogni parte del mondo.
In attesa di una Vostra cortese risposta, Vi allego il mio curriculum vitae e Vi invio i miei più distinti saluti.

Deborah Smith

Gentile signorina Smith,
abbiamo letto la sua domanda di lavoro e siamo lieti di informarLa che abbiamo deciso di accettare la Sua candidatura. Stiamo organizzando la nuova reception e quindi stiamo assumendo nuovo personale. L'estate sta per cominciare e stanno arrivando molti turisti. Abbiamo dunque bisogno di una receptionist e Lei sembra avere tutti i requisiti necessari. Lo stipendio è di 900 euro al mese con vitto e alloggio pagati dall'albergo.
Cordialmente,
La Direzione dell'Hotel Michelangelo

2 Vero/Falso? Indica se le affermazioni sono vere o false.
True/False? Indicate whether the following statements are true or false.

                                                                                          Vero Falso

1. Deborah ha già finito la scuola.

2. Deborah ha già fatto l'esame GCSE di Italiano.

3. Deborah vorrebbe lavorare nella reception di un hotel.

4. Deborah parla diverse lingue.

5. Deborah non ha nessuna esperienza di lavoro.

6. La direzione dell'hotel vuole assumere Deborah.

7. L'albergo sta ricevendo molti turisti.

8. La direzione dell'hotel pagherà l'alloggio a Deborah.

Preparazione al NEW GCSE in Italian

Preparazione al NEW GCSE in Italian

a. Vocabolario *Vocabulary*

a tempo pieno = *full time*
andare in pensione = *to retire*
annuncio (di lavoro) = *(job) advert*
assumere = *to hire*
azienda = *firm, company*
campo = *field, sector*
candidarsi (*rifl.*) = *to apply for a job*
candidatura = *application, job application*
capo = *boss*
casalinga = *housewife*
collega = *colleague*
colloquio (di lavoro) = *(job) interview*
commerciante = *business person, trader*
commercio = *business*
competenza = *skill*
compilare = *to fill in*
contratto = *contract*
curriculum vitae = *CV*
datore di lavoro = *employer*
dipendente = *employee, worker*
direttore = *director, executive, manager*
direzione = *management*
dirigente = *director, executive, manager*
disoccupato = *unemployed*
disoccupazione = *unemployment*
ditta = *firm, company*
domanda (di lavoro) = *letter of application/job application*
esperienza = *experience*
essere in grado di + Infinito = *to be able to*
fare domanda di lavoro = *to apply for a job*
ferie = *paid holiday*
firmare un contratto = *to sign a contract*
full time = *full time*
giorno libero = *day off*
guadagnare = *to earn*
imprenditore = *entrepreneur (masc.), businessman*
imprenditrice = *entrepreneur (fem.), businesswoman*
impresa = *firm, company*
infermiera = *female nurse*
infermiere = *male nurse*
lavorare = *to work*
lavoratore = *workman*
lavoratrice = *workwoman*
lavoro = *work, job*
licenziamento = *dismissal, sacking, redundancy*
licenziare = *to fire, to dismiss*
manager = *manager*
mestiere = *profession, vocation*
modulo di domanda = *application form*
offerta di lavoro = *job offer*
operaio/a = *worker*
paga = *wage, salary*
pagare = *to pay*
part time = *part time*
pensionato/a = *retired (adj), pensioner (noun)*
pensione = *retirement*
personale = *staff*
posto = *post, position*
professione = *work, job, profession*
ramo = *field, sector*
requisito = *requirement, prerequisite*
riunione = *meeting*
salario = *salary, wage*
sindacato = *trade union*
soldi = *money*
stipendio = *salary, wage*
vitto e alloggio = *room and board*

b. Lavori, professioni, mestieri. Scrivi le parole sotto le immagini corrispondenti come negli esempi.
Jobs, professions, vocations. Write the words under the corresponding images as in the examples.

veterinario ◆ cameriere ◆ attore ◆ insegnante ◆ segretaria ◆ medico
architetto ◆ cuoco ◆ meccanico ◆ commessa ◆ conducente/autista ◆ giornalista

1. receptionist

2.

3.

Education and Work

School and University, **Work and Employment**, Family

Chapter 4

avvocato

operaio

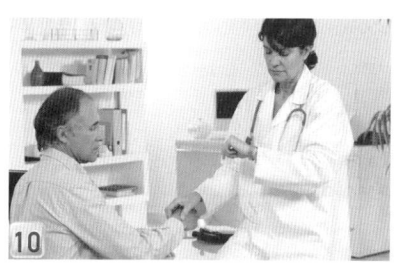

parrucchiera

impiegato informatico

vigile urbano

Preparazione al NEW GCSE in Italian

Architetto, medico e avvocato si usano sempre nella forma maschile.
Architetto, medico and avvocato are used only in the masculine form.

Lui è architett**o**/medic**o**/avvocat**o**. - Lei è architett**o**/medic**o**/avvocat**o**.

Ricorda! *Remember!*
- **Che cosa/lavoro fai?** *What do you do?*
- Io **sono** insegnante. *If you use the verb essere, you don't use the definite article.*
- Io **faccio** l'insegnante. *If you use the verb fare, you have to use the definite article.*
- Io **lavoro come** insegnante. *If you use the verb lavorare, you have to use come.*

c. I posti di lavoro. Inserisci la lettera come nell'esempio.
Workplaces. Insert the letters in the spaces as in the example.

a. negozio b. fabbrica c. ristorante d. ufficio
e. albergo f. scuola g. officina h. ospedale

1. a

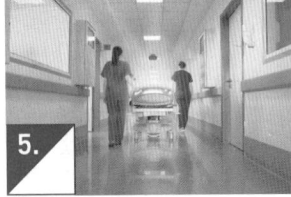   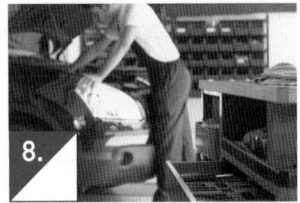

3 Completa le seguenti frasi con le parole dei punti a, b e c.
Complete the following sentences with the words given in points a, b and c.

1. Un meccanico lavora in .... mentre un .... lavora nella cucina di un ristorante.
2. "Che .... fai?" ".................... insegnante. Lavoro in una scuola pubblica".
3. In Italia la gente va in .... a 65 anni.
4. Ho letto su Internet un'interessante .... di lavoro. Penso che manderò la mia candidatura.
5. Sono in .... di parlare italiano, inglese, spagnolo e francese.

Education and Work

School and University, Work and Employment, Family

Chapter 4

6. Mio padre .... l'avvocato.
7. Nel mio .... c'è una scrivania, un telefono, un computer e una stampante.
8. Mio fratello lavora come dirigente in un'importante .... di moda.
9. In Italia un medico .... molti soldi.
10. Sono molto contenta perché vogliono assumermi in quella ditta. Domani firmerò il ....
11. In questo .... i camerieri sono molto bravi e gentili.
12. Uno dei .... per ottenere questo posto è essere in grado di parlare in inglese.
13. Sono contento perché da domani sono in .... per due settimane.
14. Nel mio .... vitae ho scritto che ho esperienza nel campo del turismo.
15. L'........................... di una fabbrica guadagna come la commessa di un negozio.

d. Le competenze/abilità Skills

Oltre all'inglese, sono in grado di parlare correntemente l'italiano, il francese, lo spagnolo e il tedesco. Ho una certa esperienza nel campo del turismo dato che ho fatto la receptionist part-time per un anno all'Hotel Ritz di Londra. Penso di essere una persona seria, responsabile e laboriosa e capace di comunicare in modo efficace con i turisti di ogni parte del mondo.

- **Posso/So/Sono capace di/Sono in grado di** + Infinito
  I can/I am able to + Infinitive

- **Competenze/abilità informatiche** IT skills
  Posso/So/Sono capace di/Sono in grado di usare Word, Excel, Power Point, Internet etc.

- **Competenze linguistiche** Language skills
  Posso/So/Sono capace di/Sono in grado di parlare inglese, italiano, spagnolo etc.

- **Competenze personali** Personal skills
- **Sono/Credo/Penso/Ritengo di essere** + competenza personale (personal skill)
  *Sono una persona **laboriosa** (hard-working), **affidabile** (reliable) e **onesta** (honest).*
  *Credo di essere una persona **calma** (calm/patient), **flessibile** (flexible) e **determinata** (determined).*
  *Penso di essere una persona **gentile** (polite/amiable/kind), **attenta** (careful) ed **efficiente** (efficient).*
  *Ritengo di essere una persona **motivata** (motivated), **scrupolosa** (devoted/dedicated) e **intraprendente** (enterprising).*

- **Ho (una certa) esperienza nel campo/ramo...** I have experience in the field...
  Ho una certa esperienza nel campo turistico.
  Ho una certa esperienza nel campo dell'informatica.
  Ho esperienza nel ramo della scuola.

Preparazione al NEW
GCSE in Italian

e. **Non solo ... ma anche.../Oltre a...** *Not only ... but also.../Besides.../As well as...*

- **Oltre a** + Infinito + ..., ... **anche**... *Besides/As well as ...-ing, also...*
  Oltre a essere una persona onesta, sono anche molto determinato.

- **Oltre all'**inglese, sono in grado di parlare correntemente l'italiano, il francese, lo spagnolo e il tedesco.

- Sono in grado **non solo** di parlare l'inglese **ma anche** l'italiano, il francese, lo spagnolo e il tedesco.

4 Scrivi delle frasi secondo il modello. *Write some sentences as in the example.*

Esempio: Word | Power Point
  Oltre a Word, posso usare Power Point.
  Sono in grado non solo di usare Word, ma anche Power Point.

1. italiano | spagnolo
   ....
2. nel campo turistico | nel campo finanziario
   ....
3. Word | Excel
   ....
4. calmo/a | laborioso/a
   ....
5. nel ramo della scuola | nel ramo dell'università
   ....
6. inglese | francese
   ....

5 *Cosa fa la gente al lavoro?* **Tu e un tuo compagno fate dei mini-dialoghi come nel modello.** *What do people do at work? You and your friend make up some short dialogues as in the example.*

Esempio: segretaria: scrivere mail | rispondere al telefono | spedire fax
  giornalista: intervistare personaggi famosi | scrivere articoli sul giornale | seguire gli avvenimenti

- Che lavoro fai?
- Faccio la segretaria: scrivo mail, rispondo al telefono e spedisco fax. E tu?
- Io sono giornalista: intervisto personaggi famosi, scrivo articoli sul giornale e seguo gli avvenimenti.

EDILINGUA

Education and Work

School and University, Work and Employment, Family

Chapter 4

1. **impiegato informatico**: usare molto il computer ▎ fare programmi ▎ fare riunioni
   cameriere/a: prendere le ordinazioni dei clienti ▎ servire ai tavoli ▎ portare i piatti ai clienti
2. **insegnante**: fare lezione ▎ correggere i compiti ▎ parlare con i genitori degli studenti
   meccanico: riparare le macchine ▎ sostituire i pezzi rotti ▎ controllare i motori
3. **medico**: visitare i pazienti ▎ curare i malati ▎ dare consigli per stare bene
   avvocato: ricevere i clienti in ufficio ▎ difendere le persone in tribunale ▎ parlare con i giudici
4. **receptionist**: rispondere al telefono ▎ scrivere mail ▎ dare informazioni ai clienti dell'albergo
   commesso/a: assistere i clienti ▎ mettere i vestiti in vetrina ▎ stare alla cassa
5. **cuoco/a**: tagliare la carne e la verdura ▎ cucinare ▎ preparare nuove ricette
   architetto: progettare nuove case ▎ visitare i cantieri ▎ rinnovare gli edifici
6. **parrucchiere/a**: tagliare/lavare/pettinare i capelli
   conducente: guidare lo scuolabus ▎ andare a prendere gli studenti ▎ accompagnare gli studenti a scuola

f. Descrivere un'azione che stai facendo mentre parli
To describe an action that you are doing while you are speaking

- **stare** + Gerundio:
  Attualmente **sto frequentando** l'ultimo anno del liceo linguistico.

GERUNDIO - VERBI REGOLARI *Gerund - Regular verbs*		
PARLARE	**SCRIVERE**	**PULIRE**
Io sto parlando	Io sto scrivendo	Io sto pulendo

GERUNDIO - VERBI IRREGOLARI *Gerund - Irregular verbs*		
FARE	**DIRE**	**BERE**
Io sto facendo	Io sto dicendo	Io sto bevendo

6 Tu e un tuo compagno fate dei mini-dialoghi come nel modello.
You and your friend make up some short dialogues as in the example.

Esempio: in ufficio ▎ scrivere una mail / in officina ▎ riparare una macchina
- *Pronto, dove sei?*
- *Sono in ufficio. Sto scrivendo una mail. E tu?*
- *Sono in officina. Sto riparando una macchina.*

1. a scuola ▎ correggere i compiti / al ristorante ▎ cucinare
2. al negozio ▎ mettere i vestiti in vetrina / ufficio ▎ spedire un fax
3. in ufficio ▎ fare una riunione / in libreria ▎ ordinare i libri sugli scaffali

Preparazione al NEW GCSE in Italian

Preparazione al NEW
GCSE in Italian

4. in fabbrica **I** lavorare / a casa **I** pulire il bagno
5. a scuola **I** preparare la lezione / nel mio studio **I** fare il progetto per un nuovo edificio
6. in cucina **I** tagliare le carote / in autobus **I** tornare a casa

g. Descrivere un'azione imminente *To describe an action which is just about to happen*

- **stare** + **per** + Infinito (*to be about to do something*):
  Sto per fare l'esame GCSE di Italiano.

7 **Immagina di essere nelle seguenti situazioni. Scrivi quello che stai per fare sotto l'immagine come nell'esempio.** *Imagine that you are in the following situations. Write what you are about to do under the picture as in the example.*

Sto per scrivere una mail.

Education and Work
School and University, **Work and Employment**, Family

8 **Rispondi alle seguenti domande.** *Answer the following questions.*

1. Oltre a studiare, lavori part-time?
   ....
2. Che lavoro fanno i tuoi genitori?
   ....
3. Che lavoro vorresti fare in futuro?
   ....
4. Ti piacerebbe lavorare per un periodo in Italia?
   ....
5. Quali lingue straniere sei in grado di parlare oltre all'inglese?
   ....
6. Quali programmi o applicazioni del computer sai usare?
   ....

Attività di parlato (*AQA – Role-play – H*) *Speaking task*

You are in Italy searching for a job in an Italian restaurant. You are having a job interview with the owner of the restaurant.

You should address the owner as *Lei*.

When you see this – ! – you will have to respond to something you have not prepared.
When you see this – ? – you will have to ask a question.

> Sei in Italia in cerca di lavoro. Fai un colloquio di lavoro con il proprietario di un ristorante.
> - Esperienze di lavoro – descrizione
> - Disponibilità: momenti della giornata e orari
> - !
> - Lingue conosciute: quali parli e il livello
> - ? Stipendio: guadagno all'ora/a giornata/al mese

The dialogue will last approximately 2 minutes.

Suggerimenti *Tips*

* **Per parlare delle esperienze di lavoro**
  (*how to talk about previous work experience*)
  Ho lavorato come + professione (*profession*) + periodo di tempo (*length of time*)
  Ho fatto il/la + professione (*profession*) + periodo di tempo (*length of time*)
  Ho lavorato come cameriere dal giugno al settembre dell'anno scorso.
  Ho fatto la receptionist in un albergo di Londra l'estate scorsa.

Preparazione al NEW GCSE in Italian

Preparazione al NEW
GCSE in Italian

✱ **Per parlare della tua disponibilità** (*how to talk about your availability*)
Posso lavorare tutto il giorno.
Do la massima disponibilità, mattina, pomeriggio e sera.
Preferirei lavorare solo la mattina/mezza giornata/la sera.

✱ **Per dire quali lingue parli e a che livello**
(*how to say which languages you speak and the level*)
So l'inglese perché sono madrelingua, ho un buon livello di italiano/francese/spagnolo/tedesco etc.
So parlare bene/abbastanza bene l'italiano, il francese, lo spagnolo etc.
(Vedi le "Competenze linguistiche" a pagina 211. *See the "Language skills" on page 211*)

✱ **Per chiedere quanto è lo stipendio** (*how to ask about the salary*)
Quanto è la retribuzione/la paga/lo stipendio all'ora/al giorno/al mese?
Quanto si guadagna all'ora/al giorno/al mese?

📝 **Attività di scrittura (AQA – H)** *Writing task*

Scrivi una domanda di lavoro da inviare a un'impresa italiana.

Menziona:

- i tuoi dati personali
- a quale posto sei interessato/a
- le tue competenze
- le tue esperienze di lavoro
- i tuoi interessi personali

Scrivi circa 90 parole **in italiano**. Rispondi a **tutti** gli aspetti della domanda.

💡 **Suggerimenti** *Tips* 📝 ✉

✱ **Per scrivere i tuoi dati personali**
(*how to write your personal details*)
Gentili signori,
mi chiamo + nome e cognome, **sono un ragazzo/una ragazza inglese di** + città di provenienza
(home town), ho … anni e attualmente + occupazione attuale (current job):
Gentili signori,
mi chiamo Richard Smith, sono un ragazzo inglese di Birmingham, ho 17 anni e attualmente
sono/sto studiando al terzo anno di scuola superiore.

✱ **Per dire a quale posto sei interessato/a**
(*how to say what kind of job you are interested in*)
Vi contatto perché sarei interessato/a a lavorare come + professione (job):
Vi contatto perché sarei interessato/a a lavorare come cameriere/cameriera/receptionist/barista/
lavapiatti/aiuto cuoco etc.

Education and Work

School and University, Work and Employment, Family

- **Per parlare delle tue competenze** (*how to talk about your skills*)
  (Vedi punto d "Le competenze/abilità" a pagina 211. *See point d "Skills" on page 211*)
  Posso/So/Sono capace di/Sono in grado di usare Word, Excel, Power Point, Internet etc.
  Posso/So/Sono capace di/Sono in grado di parlare inglese, italiano, spagnolo etc.
  Sono una persona **laboriosa**, **affidabile** *e* **onesta**.
  Credo di essere una persona **calma**, **flessibile** *e* **determinata**.

- **Per parlare delle tue esperienze di lavoro** (*how to talk about your work experience*)
  Ho (una certa) esperienza nel campo/ramo... (*I have experience in the field...*):
  Ho una certa esperienza nel campo turistico.

  Ho lavorato come/Ho fatto + professione (job) **nel campo/ramo di** (in the field of) + ramo/campo lavorativo (professional field) **per** + durata (length of time) + **luogo** (place: workplace, name of the company and city):
  Ho lavorato come receptionist per due anni all'Hotel Excelsior di Londra.
  Ho fatto il cameriere presso (**form.**) *l'albergo Ritz di Londra per un anno.*
  Ho lavorato nel campo dell'informatica presso (**form.**) *la ditta Italsoft di Reggio Emilia.*

- **Per parlare dei tuoi interessi personali** (*how to talk about your personal interests*)
  Sono appassionato di/Mi intendo di/Ho una grande passione per + interesse/i (interest/s):
  Sono appassionato di sport, il calcio in particolare.
  Mi intendo di francobolli/libri/Formula Uno etc.
  Ho una grande passione per la lettura/gli scacchi/l'arte etc.

Attività di lettura (*AQA – H – Section B*) Reading task

Domanda di lavoro

Leggi la seguente domanda di lavoro.

Gentile Dott. Rossi,

A   la presente per comunicarLe il mio interesse per il posto di impiegato informatico presso la *Italsoft System* di Parma.

B   Sono in possesso del diploma di Perito informatico e ho conseguito la laurea in Ingegneria informatica all'Università di Bologna. Ho da poco concluso un master professionale nella medesima università con una tesi sui modelli di sviluppo software di alcune aziende italiane, tra cui c'è anche la vostra.

C   Negli ultimi anni mi sono dedicato con successo a varie attività professionali del ramo informatico. Precisamente ho svolto l'attività di programmatore all'interno della ditta *Elettrotech* di Modena e quella di consulente informatico per conto della *IT Business* di Reggio Emilia.

D   Sono in grado di utilizzare l'intero pacchetto Office e conosco diversi programmi come Java, JavaScript, Php, Perl, Visual Basic, Ruby, C++ e Python. Ho un'ottima conoscenza dell'inglese, che ho avuto modo di perfezionare nell'ambito del programma Erasmus a Londra durante il quale ho seguito un corso intensivo di preparazione all'esame di certificazione IELTS. Inoltre parlo correntemente lo spagnolo e il francese.

E   Sono una persona responsabile e laboriosa, sempre attenta alle esigenze dell'impresa e capace di stabilire dei rapporti di lavoro basati sulla collaborazione e il massimo rispetto.

F   Allego il mio CV con foto e la scansione dei miei titoli di studio.

In attesa di una Sua cortese risposta, Le porgo i più cordiali saluti.

Luigi Verrati

Preparazione al NEW GCSE in Italian

Preparazione al NEW
GCSE in Italian

Abbina i titoli ai paragrafi giusti. Scrivi la lettera giusta nelle caselle.

1	Competenze personali	☐	[1 mark]
2	Titoli di studio	☐	[1 mark]
3	Esperienze di lavoro	☐	[1 mark]

Rispondi alle domande **in italiano**.

4 Oltre alla laurea, il candidato Luigi Verrati ha altri titoli di studio? (**un** dettaglio)
.... [1 mark]

5 Il candidato Luigi Verrati ha già lavorato nel campo informatico? (**un** dettaglio)
.... [1 mark]

6 Quali sono le sue competenze informatiche?
.... [1 mark]

7 Cosa scrive il candidato riguardo la sua conoscenza della lingua inglese?
.... [1 mark]

8 Quali altre lingue straniere conosce?
.... [1 mark]

9 Quali sono le sue competenze personali?
.... [1 mark]

10 Quali altri documenti invia il candidato?
.... [1 mark]

🎧 Attività d'ascolto (*AQA – H – Section B*) *Listening task*

Lavorare durante l'estate

Un ragazzo italiano racconta la sua esperienza di lavoro fatta durante l'estate.

Scrivi la lettera giusta nella casella.

A	lavorava dalle dieci di mattina alle 6 di sera.
B	doveva servire i clienti, prendere le ordinazioni e raccogliere i piatti sporchi.
C	faceva passeggiate o andava in un museo.
D	faceva passeggiate o andava al mare.

EDILINGUA

Education and Work

School and University, Work and Employment, Family

1	Il lavoro del ragazzo era difficile perché	☐	[1 mark]
2	Durante i giorni liberi	☐	[1 mark]

🔖 Grammatica *Grammar*

- Attualmente sto frequentando l'ultimo anno del liceo linguistico.
- Stiamo organizzando la nuova reception e quindi stiamo assumendo nuovo personale.
- Stanno arrivando molti turisti.

IL TEMPO PROGRESSIVO: *STARE* + GERUNDIO
To be + -ing (Gerund)

Il Tempo Progressivo si usa per esprimere un'azione che succede/avviene nel momento in cui si parla. Si forma con il Presente del verbo stare seguito dal Gerundio.
Al passato descrive un'azione continua avvenuta in un particolare momento: *Ieri alle 8 di sera stavo cenando*. Si forma con l'Imperfetto del verbo stare seguito dal Gerundio.
The Progressive Tense is used to express an action taking place at the moment of speaking. It is formed with the verb stare + the Gerund (-ing).
In the past it expresses a continuous action that was happening at a particular time. It is formed with the Imperfetto of stare + the Gerund (-ing).

STARE (Presente) + Gerundio am/is/are -ing	STARE (Imperfetto) + Gerundio was/were -ing
Io sto lavorando. Tu stai scrivendo. Lui/Lei sta partendo. Noi stiamo facendo colazione. Voi state dicendo cose sbagliate. Loro stanno bevendo vino.	Io stavo lavorando. Tu stavi scrivendo. Lui/Lei stava partendo. Noi stavamo facendo colazione. Voi stavate dicendo cose sbagliate. Loro stavano bevendo vino.

GERUNDIO - VERBI REGOLARI		
PARLARE	**SCRIVERE**	**PARTIRE**
parlando	scrivendo	partendo

GERUNDIO - VERBI IRREGOLARI		
FARE	**DIRE**	**BERE**
facendo	dicendo	bevendo

- Sto per fare l'esame GCSE di Italiano.
- L'estate sta per cominciare.

STARE + PER + INFINITO
To be about to do something

Stare (Presente o Imperfetto) + per + Infinito si usa per esprimere un'azione imminente (*it is used to express an imminent action*): *Sta per piovere. It is about to rain.*
Stavo per chiamarti. I was about to call you.

Preparazione al NEW
GCSE in Italian

1 **Completa con stare + Gerundio.** *Complete with stare + the Gerund.*

1. Adesso Franco (fare) .... la doccia.
2. A quest'ora ieri (io-studiare) .... Italiano.
3. Attualmente Nicola e Federico (lavorare) .... in un supermercato.
4. Marisa ora (andare) .... a scuola.
5. Ci siamo incontrati quando (noi-tornare) .... a casa.
6. "Pronto, Catia, cosa (tu-fare) ....?" "(Io-scrivere) .... una mail."
7. Quando il papà è entrato, i bambini (giocare) ....
8. Io e Patrizia (fare) .... i compiti e dunque non possiamo venire a casa tua.
9. In quel momento io (dormire) ...., ecco perché non ho sentito niente.
10. "Pronto, Franca, (guardare) .... la TV?" "No, (ascoltare) .... la radio."

2 **Traduci in italiano le seguenti frasi.** *Translate the following sentences into Italian.*

1. "What are you doing?" "I am having breakfast."

2. I am about to go out.

3. I was about to take a shower when Fillippo called me.

4. We are about to start university.

5. Franco was drinking a glass of wine at that moment.

6. Alessandro is about to finish the exam.

7. I was studying Italian Literature when Gino phoned me and told me that I had to do the job interview.

8. They were about to leave when I stopped them.

9. At this time yesterday we were sleeping.

10. I was about to write the application letter when Marco arrived.

Education and Work

School and University, Work and Employment, **Family**

FAMILY

1 **Leggi il seguente dialogo.** *Read the following dialogue.*

Marco: Loredana, sei stata molto gentile a invitarmi per il tuo compleanno: la tua casa è molto bella, tua madre cucina benissimo, tuo padre è molto intelligente e i tuoi fratelli sono molto simpatici.
Loredana: Grazie. Adesso non vedo l'ora di conoscere la tua famiglia. Come si chiamano i tuoi genitori?
Marco: Mio padre si chiama Ezio e mia madre si chiama Lisa. Come sai, ho anche una sorella e un fratello, tutti e due più piccoli di me. Aspetta, ho qui con me una foto della mia famiglia. Ecco.
Loredana: Allora, tuo padre è quello a destra alto con i capelli corti e neri?
Marco: Sì, è lui.
Roberto: E quella ragazzina magra con i capelli castani e lisci è tua sorella?
Marco: Sì, si chiama Rossella. E il bambino con i capelli biondi è Ruggero. Il signore a sinistra di mia sorella è mio nonno.
Loredana: E quella bella signora alta con i capelli neri è tua madre?
Marco: Sì.
Loredana: Caspita! È molto giovane! Ma dimmi una cosa, ci saranno tutti per la cena a casa tua sabato prossimo?
Marco: Certo, e verranno anche i miei parenti: mio zio Enrico con sua moglie Adriana e anche le mie cugine: Orietta che è incinta, e Sonia, che al momento è nubile. Comunque, non preoccuparti, ho già detto a tutti che sei bella, simpatica, con gli occhi azzurri e i capelli rossi.

2 **Indica le affermazioni presenti nel testo scegliendo sì o no.**
Indicate the statements that are in the text by choosing sì or no.

Sì   No

1. Loredana vuole conoscere i genitori di Marco.
2. Marco ha un fratello e una sorella.
3. Loredana chiede a Marco se ha una foto della sua famiglia.
4. Secondo Loredana, la sorella di Marco è bella.
5. Ruggero è il bambino con i capelli biondi.
6. Nella fotografia c'è il nonno di Marco.
7. Secondo Loredana, il padre di Marco è molto giovane.
8. Una delle due cugine di Marco aspetta un bambino.

a. **Vocabolario** *Vocabulary*

aspettare un bambino = *to be expecting a baby*
avere un bambino = *to give birth*
celibe = *single, unmarried man*
coniuge = *spouse*
consorte = *consort, spouse*
convivere = *to live together*
dare alla luce = *to give birth*
divorziare = *to divorce*
divorziato/a = *divorced*
essere incinta = *to be pregnant*
fidanzarsi (*rifl.*) = *to get engaged*
famiglia = *family*
femmina = *female*
fidanzato/a = *engaged*
gemello/a = *twin*
lasciarsi = *to split up, to break up*
maschio = *male*
matrimonio = *marriage*

Preparazione al NEW
GCSE in Italian

nubile = *single, unmarried woman*
parenti = *relatives*
partorire = *to give birth*
separarsi (*rifl.*) = *to split up, to break up*
single = *single*
sposarsi = *to get married*
sposato/a = *married*
vivere insieme = *to live together*

b. L'albero genealogico. Guarda l'albero genealogico e completa le frasi con le parole della lista.
Family tree. Look at this family tree and complete the sentences with the words from the list.

madre • nonni • moglie
zio • sorella • figlio
cugini • marito
genitori • nipote
nipote • zia • padre
figli • fratello

1. Carla è la .... di Maria e Federico.
2. Alberto è il .... di Maria e Federico.
3. Monica è la .... di Federico.
4. Paolo è il .... di Maria.
5. Maria e Paolo sono i .... di Vittorio.
6. Fabrizio e Donatella sono i .... di Monica e Federico.
7. Vittorio è il .... di Paolo e Maria.
8. Federico è il .... di Maria.
9. Donatella è la .... di Fabrizio.
10. Fabrizio e Donatella sono i .... di Vittorio.
11. Paolo è lo .... di Fabrizio e Donatella.
12. Monica è la .... di Vittorio.
13. Vittorio è il .... di Alberto e Carla.
14. Donatella è la .... di Maria e Paolo.
15. Alberto e Carla sono i .... di Vittorio, Fabrizio e Donatella.

Education and Work

School and University, Work and Employment, Family

Chapter 4

3 Completa le seguenti frasi con le parole dei punti a e b.
Complete the following sentences with the words given in points a and b.

1. Marco e Sara non sono sposati ma ………………………………… .
2. "Come si chiamano i tuoi …………………………………?" "Mio ………………………………… si chiama Stefano e mia madre si chiama Silvia."
3. Francesco ha un fratello e una ………………………………… .
4. Monica è molto contenta perché ………………………………… un bambino.
5. Alberto non è sposato e vuole restare ………………………………… per tutta la vita.
6. Mario e Daniela sono fidanzati da molto tempo e il mese prossimo ………………………………… .
7. I miei ………………………………… sono molto vecchi.
8. A Natale vengono sempre a casa mia gli zii e i miei ………………………………… .
9. Dopo un lungo matrimonio, Carlo e Anna hanno deciso di ………………………………… .
10. Io ho due sorelle e un ………………………………… .

c. *Com'è lui/lei?* **Descrivere le persone (descrizione fisica)** *To describe people (physical description)*

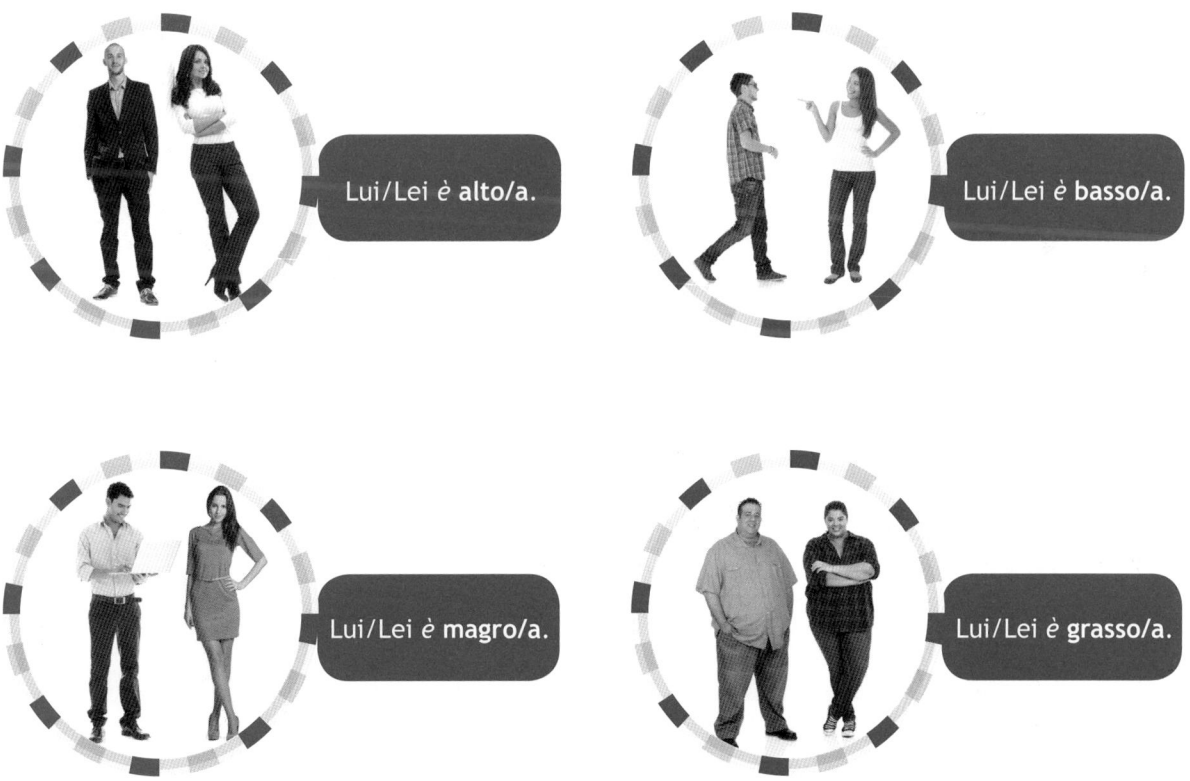

Lui/Lei è **alto/a**.
Lui/Lei è **basso/a**.
Lui/Lei è **magro/a**.
Lui/Lei è **grasso/a**.

Preparazione al NEW GCSE in Italian

Preparazione al NEW
GCSE in Italian

- Lui/Lei è **bello/a**.
- Lui/Lei è **brutto/a**. 
- Lui/Lei è **giovane**. 
- Lui/Lei è **vecchio/a**. 
- Lui/Lei è **anziano/a**.
- Lui/Lei *ha* **i capelli lunghi**. 
- Lui/Lei *ha* **i capelli corti**. 
- Lui/Lei *ha* **i capelli lisci**. 
- Lui/Lei *ha* **i capelli ricci**. 

EDILINGUA

Education and Work
School and University, Work and Employment, **Family**

Chapter 4

Lui/Lei *ha* **i capelli biondi**.
He/She has (got) blonde hair.

Lui/Lei *è* **biondo/a**.
He/She is blonde-haired.

Lui/Lei *ha* **i capelli neri**.
He/She has (got) black hair.

Lui/Lei *è* **bruno/a**.
He/She is black-haired.

Lui/Lei *ha* **i capelli castani**.
He/She has (got) brown hair.

Lui/Lei *è* **castano/a**.
He/She is brown-haired.

Lui/Lei *ha* **i capelli rossi**.
He/She has (got) red hair.

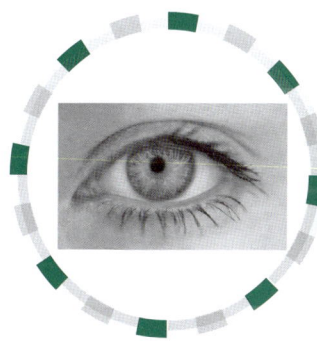

Lui/Lei *ha* **gli occhi neri/azzurri/verdi/ marroni (castani)**.
He/She has (got) black/blue/green/ brown eyes.

Lui è **calvo**.

Lui *ha* **i baffi**.

Lui *ha* **la barba**.

Preparazione al NEW GCSE in Italian

Preparazione al NEW
GCSE in Italian

4 **Fa' la descrizione fisica di queste persone.** *Give a physical description of these people.*

Roberto ....

Annalisa ....

Il signor Rossi ....

Flavio ....

Jessica ....

Yassin ....

Filippo ....

Cathy ....

Education and Work

School and University, Work and Employment, Family

Chapter 4

d. Identificare/Indicare le persone *To identify/indicate people*

Loredana: Allora, tuo padre **è quello a destra alto con i capelli corti e neri**?
Marco: Sì, è lui.
Loredana: E **quella ragazzina magra con i capelli castani e lisci è tua sorella**?
Marco: Sì, si chiama Rossella. E **il bambino con i capelli biondi è Ruggero**. Il signore a sinistra di mia sorella è mio nonno.
Loredana: E **quella bella signora alta con i capelli neri è tua madre**?

- è quello/a + aggettivo (adjective):
  ...è quello alto e magro.
  ...è quella bassa e grassa.

- è quello/a + con + descrizione parte del corpo (description of part of the body):
  ...è quello con gli occhi azzurri e i capelli lunghi e ricci.
  ...è quella con gli occhi verdi e i capelli biondi e lisci.

5 Guardando la fotografia, tu e un tuo compagno fate dei mini-dialoghi come nell'esempio.
Looking at the picture you and your friend make up some dialogues as in the example.

- Chi è Alessandra?
- È quella a sinistra, giovane, bella, con i capelli lunghi, ricci e biondi.

Preparazione al NEW GCSE in Italian

Preparazione al NEW
GCSE in Italian

e. Com'è di carattere lui/lei? Descrizione del carattere
Describing the character

Lui/Lei è **buono/a** (good/kind).
cattivo/a (bad/nasty/naughty).
simpatico/a (nice).
antipatico/a (unpleasant/annoying).
allegro/a (merry/cheerful/happy).
triste (sad).
severo/a (strict).
timido/a (shy/timid).
intelligente (intelligent/clever/smart).
educato/a (polite).
gentile (kind/polite).
maleducato/a (rude/ill-mannered).
generoso/a (generous).
pigro/a (lazy).
ambizioso/a (ambitious).

6 Completa le seguenti frasi con le parole del punto **e**.
Complete the following sentences with the words given in point e.

1. Mia sorella Maria ti aiuta sempre se hai un problema, è veramente ....
2. Quando esco con mio cugino Claudio mi diverto sempre perché lui è un ragazzo ....
3. Mia cugina Giorgia si comporta bene perché è una ragazza gentile ed ....
4. Mio fratello Roberto purtroppo si comporta sempre male perché è antipatico e ....
5. Tua sorella Alessia vuole diventare un'attrice famosa, è davvero ....
6. Daniele è .... perché lui e la sua fidanzata si sono lasciati.
7. I miei nonni sono molto .... Quando vado da loro mi regalano sempre 20 euro.
8. Mio zio Enzo è un po' ...., lavora poco, dorme molto, non fa sport e guarda molta TV.
9. Mia zia parla poco durante una conversazione perché è un po' ....
10. Mio padre ha due lauree e tre master, lui è molto ....

7 Tu e un tuo compagno fate dei mini-dialoghi come nell'esempio.
You and your friend make up some short dialogues as in the example.

Esempio: padre **I** età / madre **I** nome

- **Quanti anni ha** tuo padre?
- Mio padre ha ... anni. E tua madre **come si chiama**?
- Mia madre si chiama ... .

! Attenzione: Sono figlio/a unico/a. *I am an only child.*

Education and Work

School and University, Work and Employment, **Family**

Chapter 4

1. sorella I lavoro / fratello I nome
2. cugina I descrizione fisica / tuo cugino I carattere
3. nonno I età / nonna I nome
4. padre I carattere / madre I carattere
5. fratello I lavoro / sorella I età
6. zio I nome / zia I nome

8 Rispondi alle seguenti domande. *Answer the following questions.*

1. Quanti siete in famiglia? ....
2. Come si chiamano i tuoi genitori? ....
3. Che cosa fa tuo fratello? ....
4. Quanti anni ha tua sorella? ....
5. Hai cugini? ....
6. Com'è di carattere tuo padre? ....

Attività di parlato (*Edexcel – Task 1: Role-play – H*) *Speaking task*

Topic: *Using languages beyond the classroom*

A friend of yours is asking you about your recent stay with an Italian family on a language exchange. Your friend would also like to go on a language exchange.

You must address your friend as *tu*.

- Where you see – ? – you must ask a question.
- Where you see – ! – you must respond to something you have not prepared.

Task

Un tuo amico/Una tua amica ti chiede di raccontargli/le la tua recente vacanza di interscambio ospite in una famiglia italiana. Anche lui/lei vorrebbe fare la stessa esperienza.

1. Vacanza di interscambio – luogo e durata
2. Vacanza di interscambio – se ti è piaciuta e perché
3. La famiglia che ti ha ospitato – breve descrizione
4. Problemi – se ne hai avuti
5. !
6. ? Vacanza di interscambio – in quale città gli/le piacerebbe andare

The dialogue will last approximately between two and two-and-a-half minutes.

Preparazione al NEW GCSE in Italian

Preparazione al NEW
GCSE in Italian

 Suggerimenti *Tips*

* **Per dire la durata e il luogo della vacanza**
   (*how to say how long your holiday lasted and where it was*)
   Sono andato/a/Ho vissuto a Roma per tre mesi a casa di una famiglia italiana.
   Sono stato/a in una famiglia italiana per tutta l'estate a Venezia.

* **Per dire se ti è piaciuta e perché**
   (*how to say whether you liked it and why*)
   Sì, la vacanza mi è piaciuta un sacco perché mi sono divertito/a, ho mangiato bene e ho imparato molte cose sulla cultura italiana.
   Sì, devo dire che è stata un'esperienza positiva perché la famiglia era molto gentile e ospitale e mi ha aiutato molto.
   Sì, ho fatto molte cose, per esempio sono andato/a al ristorante, ho potuto migliorare il mio italiano e ho conosciuto tante persone.
   A dire il vero non mi sono divertito/a molto perché non ho fatto molte cose.
   Purtroppo la vacanza non è stata molto interessante perché non ho conosciuto quasi nessuno e durante il giorno andavo solo a studiare Italiano.
   No, questa vacanza non mi è piaciuta per niente perché la famiglia non era affatto ospitale, il tempo era sempre brutto e mi sono annoiato/a molto.

* **Per dire se hai avuto qualche problema durante la tua permanenza**
   (*how to say whether you had any problems during your stay*)
   No, durante la vacanza non ho avuto nessun (tipo di) problema.
   Sfortunatamente/Purtroppo durante la vacanza mi hanno rubato il portafoglio/ho litigato con (*I quarrelled with*).../non capivo bene la lingua e dunque non riuscivo a parlare con nessuno etc.

* **Per dare una breve descrizione della famiglia che ti ha ospitato**
   (*how to give a brief description of the family that hosted you*)
   La famiglia era composta da + numero + **persone**: il padre, che si chiama ..., ha circa ... anni, un uomo alto, con i capelli corti e neri, simpatico. Poi la madre, che si chiama ... etc. Poi c'era il **figlio maggiore/più grande** (*eldest*) che si chiama ... etc. Poi, **il fratello più piccolo** (*youngest*) che si chiama ... etc.

* **Per descrivere l'importanza di avere un'esperienza di questo tipo in un altro stato**
   (*how to describe the importance of having such an experience in a foreign country*)
   Secondo me, fare/vivere un'esperienza di questo tipo è molto importante perché...
   ...puoi imparare e capire molte cose sulla cultura italiana.
   ...ti fa maturare (*it makes you grow wiser/more mature*) e ti fa diventare più sicuro e indipendente.
   ...puoi imparare bene e in modo naturale una lingua straniera.
   ...puoi vivere diverse situazioni e fare nuovi amici.

* **Per dire se la tua famiglia ti è mancata**
   (*how to say whether you missed your family*)
   Certamente la mia famiglia mi è mancata moltissimo.
   Ovviamente ho sentito la mancanza dei miei genitori e dei miei fratelli.

EDILINGUA

Education and Work

School and University, Work and Employment, Family

Chapter 4

Attività di scrittura (*Edexcel – H*) Writing task

Io e la mia famiglia

Un blog italiano di sociologia La contatta per scrivere un articolo sulla famiglia.

Deve includere i seguenti punti:

- la descrizione del suo aspetto fisico e del suo carattere
- la descrizione dei componenti della sua famiglia
- il rapporto che ha con la tua famiglia
- come Lei e la sua famiglia trascorrete il tempo libero insieme
- perché la famiglia è importante per Lei
- quando vorrebbe cominciare a vivere da solo/a
- i suoi progetti futuri per quanto riguarda la famiglia

Giustifichi le sue idee e le sue opinioni. Scriva 130-150 parole circa **in italiano**.

Suggerimenti *Tips*

- **Per descrivere il tuo aspetto fisico e il tuo carattere**
  (*how to give a physical description of yourself and describe your character*)
  Sono + descrizione fisica (*physical description*):
  Sono giovane, alto/a, magra/a, ho i capelli lunghi e biondi etc.

  Penso/Credo di essere + carattere (*character*):
  Penso di essere gentile ed educato/a.

- **Per descrivere i componenti della tua famiglia**
  (*how to describe the members of your family*)
  Dunque, noi siamo in + numero dei componenti della famiglia + descrizione:
  Dunque, noi siamo in quattro. Mio padre si chiama Giorgio, ha 50 anni, è avvocato. Lui è alto, ha i capelli corti e neri, ha gli occhi castani etc. Lui è molto buono e simpatico. Poi c'è mia madre, lei si chiama Loredana, ha 46 anni a lavora in banca. Lei è bella, ha i capelli lunghi e castani e gli occhi verdi. Lei è molto buona e gentile. Poi c'è mio fratello Alessandro, lui ha 15 anni e va a scuola come me. Lui è un po' basso, ha i capelli biondi corti etc.

- **Per parlare del rapporto con la tua famiglia**
  (*how to describe your relationship with your family*)
  Vado d'accordo con tutti. *I get along with everybody.*
  Siamo una famiglia molto unita e ci aiutiamo a vicenda. *We are a very united/close family and we help each other.*
  Sono molto legato alla mia famiglia. *I am very close to my family.*
  Amo molto la mia famiglia./Voglio molto bene alla mia famiglia. *I love my family very much.*

- **Per dire come trascorrete il tempo libero insieme tu e la tua famiglia**
  (*how to say how you and your family spend free time together*)
  Nel tempo libero/Il fine settimana/Il sabato sera etc. io e la mia famiglia andiamo al ristorante/facciamo una gita in campagna/andiamo al cinema etc.

Preparazione al NEW GCSE in Italian

- **Per dire perché la famiglia è importante per te** (*how to say why family is important to you*)
  La mia famiglia è molto importante per me perché...
  ...è un sostegno sicuro nei momenti difficili (*it is a support in difficult times*).
  ...mi aiuta ad affrontare/a superare le difficoltà della vita (*it helps me face and overcome difficulties in life*).
  ...mi incoraggia ad andare avanti (*it encourages me to keep going*).
  ...posso sempre contare sui miei genitori, mio fratello/i miei fratelli/mia sorella/le mie sorelle (*I can always count on my parents, my brother/brothers and my sister/sisters*).

- **Per dire quando vorresti cominciare a vivere da solo/a**
  (*how to say when you would like to start living by yourself*)
  Penso che andrò/di andare a vivere **da solo/a/per conto mio** (*by myself*)...
  ...dopo i 18 anni.
  ...quando comincerò a studiare all'università.
  ...dopo l'università.
  ...quando comincerò a lavorare.

- **Per parlare dei progetti che hai riguardo una tua famiglia**
  (*how to describe your future family plans*)
  Veramente non so ancora quando avrò una famiglia.
  Veramente è ancora presto per parlare della mia famiglia futura. *Actually, it's too early to talk about my future family.*
  Vorrei avere due figli/una famiglia grande/numerosa.
  Vorrei/Penso di sposarmi dopo i trent'anni. *I would like to get married after the age of thirty.*

 Attività di lettura (*Edexcel – H – Section B*) *Reading task*

I giovani e la famiglia

Leggi i seguenti commenti in un forum di discussione online.

Paola: Vorrei sposarmi dopo l'università, quando avrò trovato un lavoro stabile perché, secondo me, la sicurezza economica è molto importante per avere dei figli. Ad ogni modo, adesso è un po' presto per parlare della mia famiglia futura, anche perché prima vorrei fare altre cose, come per esempio viaggiare in altri paesi e magari vivere per un anno in Inghilterra lavorando.

Cristiano: A casa mia c'è sempre stata molta confusione perché la mia famiglia è molto numerosa. Ho tre fratelli e due sorelle che studiano all'università e io sono il più piccolo. In futuro, quando sarò adulto, non mi piacerebbe avere una famiglia numerosa ma al massimo un figlio, anzi forse preferirei vivere da solo e fare quello che voglio. Potrei andare a divertirmi il fine settimana, dedicarmi con maggiore impegno al lavoro e anche viaggiare all'estero.

Education and Work

Chapter 4

School and University, Work and Employment, **Family**

Alessio: Ho 20 anni e ho già un bambino. Io e la mia fidanzata abbiamo deciso di fare una famiglia molto presto. Ci sposeremo il prossimo mese e all'inizio abiteremo a casa dei miei genitori perché per adesso non possiamo permetterci di pagare l'affitto di una casa e in più prima vorremmo finire l'università. Per noi non è un problema e nemmeno per mio padre e mia madre perché loro sono molto contenti di stare con noi e nostro figlio.

Fabiana: Sono studentessa universitaria e figlia unica. Il mio grande sogno è quello di avere una grande famiglia con molti bambini. So che sarei una buona madre che farebbe tutto il necessario per il bene dei suoi figli. Per esempio, gli darei una buona educazione, li porterei al parco, al cinema o in piscina per farli divertire e ovviamente li aiuterei nei momenti difficili.

Qual è la persona corretta? Scegli fra Paola, Cristiano, Alessio e Fabiana. Ogni nome può essere usato più di una volta.

Esempio: La persona che ha intenzione di sposarsi quando avrà un lavoro stabile è ....*Paola*........ .

a. La donna che vorrebbe viaggiare e vivere all'estero prima di sposarsi è ....   (1)

b. La persona che studia e che farebbe molte cose per i suoi figli è ....   (1)

c. L'uomo che una volta sposato dovrà continuare a vivere con i suoi genitori per motivi economici è ....   (1)

d. L'uomo nato in una famiglia numerosa che non pensa di aver figli in futuro è ....   (1)

e. La donna che prima di sposarsi vorrebbe fare altre cose è ....   (1)

(Total = 5 marks)

(17) Attività d'ascolto (*Edexcel – H – Section B*) *Listening task*

Family

Your Italian friend Matteo is talking about his family.

What does he say about each member? Listen to the recording and complete the sentences by putting a cross (✗) in the correct box for each question.

Example: Matteo's father is …

	A. 48 years old
✗	B. an architect
	C. thin
	D. retired

Preparazione al NEW GCSE in Italian

Preparazione al NEW
GCSE in Italian

(i) Matteo's mother ...

A.	is a housewife
B.	has long blonde hair
C.	is older than his father
D.	is beautiful and nice

(ii) Matteo's brother ...

A.	studies at university
B.	is older than him
C.	is tall and thin
D.	is short and thin

(iii) Matteo's sister ...

A.	has brown eyes
B.	is a schoolgirl
C.	has long brown hair
D.	has long blonde hair like her mother

(Total = 3 marks)

Grammatica *Grammar*

Leggi le frasi e completa lo schema.
Read the sentences and complete the chart.

Marco: Loredana, sei stata molto gentile a invitarmi per *il tuo* compleanno: *la tua* casa è molto bella, tua madre cucina benissimo, tuo padre è molto intelligente e *i tuoi fratelli* sono molto simpatici.

Loredana: Grazie. Adesso non vedo l'ora di conoscere *la tua* famiglia. Come si chiamano *i tuoi* genitori?

Marco: Certo, e verranno anche *i miei* parenti: mio zio Enrico con sua moglie Adriana e anche *le mie* cugine: Orietta che è incinta, e Sonia, che al momento è nubile.

AGGETTIVI POSSESSIVI *Possessive adjectives*				
	SINGOLARE *Singular*		**PLURALE** *Plural*	
	MASCHILE *Masculine*	**FEMMINILE** *Feminine*	**MASCHILE** *Masculine*	**FEMMINILE** *Feminine*
io	il mio amico	la mia giacca	i .... genitori	le .... scarpe
tu	il .... maestro	la .... casa	i .... amici	le tue matite
lui – lei/Lei	il suo libro	la sua maglietta	i suoi cugini	le sue idee
noi	il nostro ufficio	la nostra macchina	i nostri vicini	le nostre amiche
voi	il vostro cane	la vostra città	i vostri problemi	le vostre borse
loro	il loro gatto	la loro maestra	i loro vestiti	le loro sedie

234 EDILINGUA

Education and Work

School and University, Work and Employment, **Family**

Chapter 4

Gli aggettivi possessivi sono normalmente preceduti dall'articolo determinativo e concordano con il genere e il nome di riferimento.
Possessive adjectives are normally preceded by the definite article and they agree with the gender and the number of the noun they refer to.

il mio amico	i nostri amici	la tua amica
le tue amiche	il suo vicino	i suoi vicini

Attenzione! *Attention!*

✱ Non si deve usare l'articolo determinativo con i nomi della famiglia al singolare tranne con l'aggettivo di terza persona plurale loro (*the definite article must not be used with the nouns that refer to singular family members and relatives except with the third person plural adjective loro*): tua madre, nostro zio, mio fratello, suo zio, il loro padre, la loro madre.

✱ Ma (*but*) si deve usare l'articolo determinativo (*the definite article must be used*):
- con nomi della famiglia al plurale (*with the nouns that refer to plural family relatives*): le mie sorelle, i tuoi fratelli etc.
- e anche con (*and also with*) il mio fratello maggiore, il mio fratello più piccolo, il mio fratellino, il mio papà/babbo, la mia sorellina, la mia mamma etc.

1 Inserisci gli aggettivi possessivi. *Insert the possessive adjectives.*

1. Ti piace .... macchina nuova? L'ho comprata una settimana fa.
2. Ieri sera sono uscito con .... fidanzata.
3. "Come si chiama la sorella di Francesco?" ".................... sorella si chiama Daniela."
4. .... cugino, che lavora in una banca, viene a casa mia molto spesso.
5. Marco, c'è .... madre che aspetta fuori.
6. "Queste matite sono di Roberto?" "Sì, sono .... matite."
7. "Che lavoro fa tuo padre?" ".................... padre fa l'avvocato."
8. Carlo, è grande .... appartamento?
9. Il signor Rossi è venuto al lavoro con .... figlia.
10. Massimo, ... moglie ti aspetta all'uscita del teatro.

2 Inserisci gli aggettivi possessivi. *Insert the possessive adjectives.*

1. .... amiche vivono a Londra. Mi hanno invitato ad andarle a trovare.
2. .... madre si chiama Lucia e le voglio molto bene.
3. Io e .... marito ci siamo conosciuti in Italia.
4. .... sorelle si sono divertite alla festa.
5. .... cane è molto bello. Da quanto tempo ce l'hai?

Preparazione al NEW GCSE in Italian

Preparazione al NEW
GCSE in Italian

6. .... cugini sono di Milano. Ogni tanto gli telefono per sapere come stanno.
7. Abito vicino allo stadio, ... casa non è molto grande.
8. Venite anche tu e .... sorella alla festa?
9. .... fratello si chiama Ruggero. Vado molto d'accordo con lui.
10. .... genitori si sono addormentati tardi ieri sera perché hanno guardato tutto il film.

3 **Trasforma le seguenti frasi come nel modello.**
Transform the following sentences as in the example.

Esempio: Francesco ha una macchina rossa.
La sua macchina è rossa.

1. Noi abbiamo un gatto molto bello.
....

2. Io ho una casa piccola.
....

3. Voi avete una famiglia numerosa.
....

4. Io ho un computer nuovo.
....

5. Carmine e Sara hanno un appartamento molto elegante.
....

6. Io ho una fidanzata educata e gentile.
....

Attività di scrittura (*Edexcel – H – Translation*) *Writing task*

Traduci il seguente testo **in italiano**.

I live with my family in a flat in Solihull near Birmingham. My father is a doctor and works in a hospital. His name is Anthony, he's 48 years old, he's tall and he's got short grey hair. My mother is a teacher and works in a school from Monday to Friday. She teaches English. Her name is Lucy, she is beautiful and she's got long black hair. My sister studies Foreign Languages at the University of Birmingham. Her name is Fionna, she's short and she's got blue eyes and blonde curly hair.

EDILINGUA

Introduzione al Congiuntivo

1. **Leggi il seguente dialogo.** *Read the following dialogue.*

   Patricia sta parlando su Skype con la sua amica italiana Armanda del GCSE in Italian.

Patricia: Armanda, sono un po' preoccupata. Sai che adesso per il GCSE in Italian dobbiamo studiare anche il congiuntivo? Io <u>penso</u> che **sia** troppo difficile da imparare e <u>non credo</u> che **serva** molto.

Armanda: Io <u>ritengo</u> invece che **sia** indispensabile e <u>spero</u> che tutti gli studenti lo **studino** bene a scuola. Per impararlo <u>bisogna</u> che **leggano** molto e che **scrivano** usando i verbi al congiuntivo. Purtroppo <u>temo</u> che la maggior parte di loro non **abbia** voglia di farlo.

Patricia: Sì, ma ora mia madre <u>vuole</u> che per domani io **studi** tutta la coniugazione del congiuntivo, <u>pretende</u> che **faccia** tutti gli altri compiti e che **finisca** di leggere *Hamlet* di Shakespeare. Dunque <u>è probabile</u> che io oggi **rimanga** a casa tutto il giorno e, secondo me, <u>non è giusto</u> che la domenica non **possa** andare al cinema con le mie amiche.

Armanda: Ad ogni modo <u>mi sembra</u> che tu **sappia** già il congiuntivo. Almeno in questo dialogo l'hai usato sempre correttamente. Brava!

Preparazione al NEW GCSE in Italian

Preparazione al NEW
GCSE in Italian

2 Rispondi alle seguenti domande (prima a voce e poi per iscritto).
Answer the following questions (first orally and then in writing).

1. Perché Patricia è preoccupata? ....
   ....
2. Cosa pensa Armanda del congiuntivo? ....
   ....
3. Perché è probabile che Patricia rimanga a casa oggi? ....
   ....
4. Che cosa non può fare oggi Patricia? ....
   ....
5. Cosa ne pensa Armanda del modo in cui Patricia usa il congiuntivo? ....
   ....

IL MODO CONGIUNTIVO
The subjunctive mood

Il Modo Congiuntivo si usa nelle frasi subordinate che sono introdotte da verbi che esprimono (*the subjunctive mood is used in subordinate clauses that are introduced by verbs expressing*):

- **un'opinione, impressione o supposizione personale** (*personal opinions, impressions or suppositions*)
  Io penso che **sia** troppo difficile da imparare e non credo che **serva** molto.
  Io ritengo invece che **sia** indispensabile.

- **volontà, desiderio** (*wishes, desires*)
  Mia madre vuole che per domani io **studi** tutta la coniugazione del congiuntivo, pretende che **faccia** tutti gli altri compiti per casa e che **finisca** di leggere.
  Preferisco che gli studenti **si esprimano** in italiano.

- **necessità, obbligo - forma impersonale** (*probability, possibility - impersonal form*)
  È probabile che io oggi **rimanga** a casa.
  Può darsi che Carla e Paolo **vadano** al cinema stasera.

- **sentimento, giudizio** (*feelings, judgements*)
  Non è giusto che la domenica non **possa** andare al cinema con le mia amiche.
  Mi dà fastidio che tu **sia** scortese con gli altri.
  Mi fa piacere che anche Chris **voglia** studiare italiano.

- **timore/paura** (*fear, worry*)
  Purtroppo temo che la maggior parte di loro non **abbia** voglia di farlo.
  Ho paura che Luca non **sappia** come arrivare a casa mia.

- **speranza** (*hope*)
  Speriamo che l'esame non **sia** difficile.
  Auspico (*form.*) che il direttore **firmi** il contratto.

Introduzione al Congiuntivo

CONGIUNTIVO PRESENTE – VERBI REGOLARI
Present subjunctive - Regular verbs

PARL<u>ARE</u>	LEGG<u>ERE</u>	SERV<u>IRE</u>	FIN<u>IRE</u>
Io parli	Io legga	Io serva	Io finisca
Tu parli	Tu legga	Tu serva	Tu finisca
Lui/Lei parli	Lui/Lei legga	Lui/Lei serva	Lui/Lei finisca
Noi parliamo	Noi leggiamo	Noi serviamo	Noi finiamo
Voi parliate	Voi leggiate	Voi serviate	Voi finiate
Loro parlino	Loro leggano	Loro servano	Loro finiscano

CONGIUNTIVO PRESENTE – VERBI IRREGOLARI
Present subjunctive - Irregular verbs

ESSERE	AVERE	ANDARE	VENIRE	DIRE
Io sia	Io abbia	Io vada	Io venga	Io dica
Tu sia	Tu abbia	Tu vada	Tu venga	Tu dica
Lui/Lei sia	Lui/Lei abbia	Lui/Lei vada	Lui/Lei venga	Lui/Lei dica
Noi siamo	Noi abbiamo	Noi andiamo	Noi veniamo	Noi diciamo
Voi siate	Voi abbiate	Voi andiate	Voi veniate	Voi diciate
Loro siano	Loro abbiano	Loro vadano	Loro vengano	Loro dicano

STARE	SAPERE	POTERE	DOVERE	VOLERE
Io stia	Io sappia	Io possa	Io debba	Io voglia
Tu stia	Tu sappia	Tu possa	Tu debba	Tu voglia
Lui/Lei stia	Lui/Lei sappia	Lui/Lei possa	Lui/Lei debba	Lui/Lei voglia
Noi stiamo	Noi sappiamo	Noi possiamo	Noi dobbiamo	Noi vogliamo
Voi stiate	Voi sappiate	Voi possiate	Voi dobbiate	Voi vogliate
Loro stiano	Loro sappiano	Loro possano	Loro debbano	Loro vogliano

Come puoi vedere, le prime tre persone (*io, tu, lui/lei*) hanno la stessa coniugazione e quella della prima persona plurale (*noi*) corrisponde a quella del Presente Indicativo (*as you can see, the conjugation is the same for the three singular subjects* – io, tu, lui/lei – *and the first plural subject* – noi – *corresponds to the Presente Indicativo*).

1 **Completa le seguenti frasi con il Congiuntivo.**
Complete the following sentences using the Subjunctive.

1. Credo che Paolo (abitare) .... a Roma, vicino al Colosseo.
2. Non mi piace che gli studenti (arrivare) .... in ritardo a lezione.
3. Vogliamo che voi (essere) .... gentili con noi.
4. Non è giusto che tu (dire) .... queste cose.
5. Mi fa piacere che loro (studiare) .... italiano.
6. È probabile che Carlo (fare) .... sport oggi.

Preparazione al NEW GCSE in Italian

Preparazione al NEW
GCSE in Italian

7. Bisogna che noi (pulire) .... bene la casa.
8. Penso che tu (lavorare) .... troppo.
9. È necessario che lui (andare) .... dal dottore.
10. Spero che voi (tornare) .... presto.
11. Non sono sicura che Michele (fare) .... colazione a casa.
12. Preferisco che i miei amici (parlare) .... in inglese.
13. Ritengo che lui (essere) .... un ottimo avvocato.
14. Bisogna che tu (scrivere) .... un'e-mail al direttore.
15. Ho paura che oggi (piovere) ....
16. È possibile che lui (volere) .... andare a casa.
17. Credo che tu (dovere) .... prepararti in fretta.
18. Non pensiamo che loro (potere) .... finire la traduzione.
19. Può darsi che oggi la lezione (finire) .... tardi.
20. Desidero che voi (venire) .... a casa mia per festeggiare.

2 Traduci in italiano le seguenti frasi.
Translate the following sentences into Italian.

1. I hope you are well. ....
2. I am not sure that he works for this company.
   ....
3. Paolo thinks that I am 25 years old. ....
4. I am afraid that my computer does not work properly.
   ....
5. I think that Monica is a clever girl. ....
6. I'm glad that you want to learn Italian. ....
7. It is necessary that Marco and Davide come soon.
   ....
8. It is possible that the teacher is angry today.
   ....
9. I want you to go home immediately. ....
10. It is necessary that you do the homework.
    ....
11. We are afraid that they are late. ....
12. I do not like that you are so rude sometimes.
    ....

Preparazione al NEW GCSE in Italian

Marco De Biasio

Updated Edition for the GCSE (9-1) course

AQA

Italian H
Higher Tier

EDILINGUA

Preparazione al NEW
GCSE in Italian

AQA

General Certificate of Secondary Education

ITALIAN
Higher Tier
Paper 1 - Listening   H

AQA material is reproduced by permission of AQA.

These are not AQA assessment materials but have been independently produced. They contain the type of instructions you may face in the examination.

Time allowed
- 45 minutes (including 5 minutes' reading time before the test)

Instructions
- Use black ink or ball-point pen.

Information
- The marks for questions are shown in brackets.
- The maximum mark for this paper is 50.
- You must **not** use a dictionary.

Advice
This is what you should do for each item.
- After the question number is announced, there will be a pause to allow you to read the instructions and questions.
- Listen carefully to the recording and read the questions again.
- Listen to the recording again, and then answer the questions.
- You may write at any time during the test.
- In **Section A**, answer the questions in **English**. In **Section B**, answer the questions in **Italian**.
- You must answer all the questions in the spaces provided. Do not write on blank pages.
- **You must not ask questions or interrupt during the test.**
- You now have five minutes to read through the question paper. You may make notes during this time. You may open your answer book now.

EDILINGUA

Paper 1 - Listening H

SECTION A — Questions and answers in **English**

Discovering Italy

You listen to Franco talking to his friend Alessia about Italian cities.

Complete the table in **English**. Give **one** detail in each box.

01

Period of the year in Rome	What did he like the most?

[2 marks]

02

Period of the year in Sicily	What is he afraid to do?

[2 marks]

03 Why was Easter of last year better than this year for Alessia? Give **one** detail.

....

[1 mark]

Preparazione al NEW
GCSE in Italian

Italian jobs

🎧 Listen to two Italian friends, Daria and Antonio.

What is their opinion of their jobs?

Write   **P**   for a **positive** opinion.
           N   for a **negative** opinion.
          P+N for a **positive** and **negative** opinion.

04   Antonio

       salary ☐   working hours ☐

[2 marks]

05   Daria

       location ☐   duties ☐

[2 marks]

EDILINGUA

Paper 1 - Listening H

Italian cities

Your Italian friend Matteo describes some Italian cities.

For each city write the correct letter in the box.

06 In Venice ...

A	there aren't many tourists.
B	there are many artistic treasures.
C	there are a lot of cars.

Write the correct letter in the box. ☐

[1 mark]

07 In Florence ...

A	Matteo met some English students.
B	the nearby countryside isn't beautiful.
C	he would never live.

Write the correct letter in the box. ☐

[1 mark]

08 In Milan ...

A	one gets bored because there is nothing interesting to do.
B	people are relaxed and not very busy.
C	there is an interesting city centre.

Write the correct letter in the box. ☐

[1 mark]

Preparazione al NEW GCSE in Italian

An Italian family

Listen to Paolo talking about his family.

Answer the following questions in **English**, giving **one** detail in each case.

09 What does Paolo's little brother do that bothers him?

....

[1 mark]

10 Why does Paolo say that his sister is very intelligent?

....

[1 mark]

11 Why does Paolo love his parents?

....

[1 mark]

EDILINGUA

Paper 1 - Listening H

Pollution and the environment

You listen to a public debate on pollution and the environment in Italy.

For each question, write the correct letter in the box.

12 Today more and more Italian people ...

A	sort their waste for recycling.
B	use public transport.
C	use too much water and electricity.

Write the correct letter in the box. ☐

[1 mark]

13 In Italy ...

A	urban pollution is currently decreasing.
B	water pollution doesn't damage the environment.
C	water pollution is responsible for the death of fish.

Write the correct letter in the box. ☐

[1 mark]

14 Alternative energy sources ...

A	are no longer adopted in Italy.
B	have established themselves in Italy as a positive thing.
C	have established themselves in Italy as a negative thing.

Write the correct letter in the box. ☐

[1 mark]

Preparazione al NEW GCSE in Italian

Preparazione al NEW
GCSE in Italian

Healthy lifestyle

(23) Listen to Elena talking with her doctor.

Complete the sentences in **English**, giving **one** detail in each case.

15 Although Elena doesn't eat a lot of high-fat food, she should …

....

[1 mark]

16 Elena doesn't eat red meat because …

....

[1 mark]

17 According to the doctor, in order to be healthier, Elena should also …

....

[1 mark]

Paper 1 - Listening H

Successful students

(24) Listen to this radio interview about school.

What information is given about how to be a successful student?

Complete the table in **English**. Give **one** detail in each box.

18

At school	At home

[2 marks]

19 In addition to the basic advice, what else might a pupil do to be a good student? Give **one** detail.

....

[1 mark]

Preparazione al NEW GCSE in Italian

Preparazione al NEW
GCSE in Italian

Social problems in Italy

(25) Your Italian friends are talking about social problems in their country.

What is each person talking about?

Write the correct letter in each box.

A	racism
B	pollution
C	illiteracy
D	drugs
E	unemployment

Answer all parts of the question.

20 Sandro ☐ [1 mark]

21 Gianna ☐ [1 mark]

22 Mario ☐ [1 mark]

EDILINGUA

Paper 1 - Listening H

Italian cinema

Listen to this radio interview with an Italian director.

What questions does the interviewer ask him?

Answer in **English**.

Example: *What did you do before directing films?*

23 ....
[1 mark]

24 ....
[1 mark]

25 ....
[1 mark]

26 ....
[1 mark]

Preparazione al NEW
GCSE in Italian

A horse race

You hear this podcast about the Palio di Siena. What do you learn?

Complete each sentence by writing the correct letter in the box.

27 The Palio di Siena consists of ...

A	a horse race which takes place in Siena in summer.
B	a horse race which takes place in Siena in winter.
C	a horse race held in Siena in summer involving 17 horses.

Write the correct letter in the box. ☐ *[1 mark]*

28 A contrada wins ...

A	when the horse representing it finishes first after three laps of the square with or without its jockey.
B	when the horse representing it finishes first after three laps of the square with its jockey.
C	when the horse representing it finishes first after 100 metres with or without its jockey.

Write the correct letter in the box. ☐ *[1 mark]*

29 The Palio di Siena ...

A	doesn't attract many tourists.
B	is not overly important to the citizens of Siena.
C	is a cherished event for the people of Siena.

Write the correct letter in the box. ☐ *[1 mark]*

30 People can watch the race ...

A	both from the centre and the sides of the square.
B	only from the centre of the square.
C	only from the surrounding balconies.

Write the correct letter in the box. ☐ *[1 mark]*

Paper 1 - Listening H

A day at school

(28) Your Italian friends, Daniele and Marisa, talk about their day at school.

What do they say about it?

For each person choose the **two** statements that are **true**.

31 Daniele ...

A	was scolded by his Chemistry teacher.
B	thinks he deserved a higher mark in the History oral test.
C	got a bad mark in the History oral test.
D	got a good mark in the IT oral test.

Write the correct letters in the boxes. ☐☐   *[2 marks]*

32 Marisa ...

A	watched some videos during her Art class.
B	had PE during the last two hours.
C	had an English class during the third hour.
D	has a very nice Art teacher.

Write the correct letters in the boxes. ☐☐   *[2 marks]*

33 How does Daniele think Italian school should be?

Complete the sentence in **English**. Give **one** detail.

Daniele thinks ...

....

[1 mark]

Preparazione al NEW
GCSE in Italian

SECTION B　　　　　　　　　　　　　Questions and answers in **Italian**

La disoccupazione in Italia

(29) Su Rai 3 c'è un programma sulla disoccupazione in Italia.

Scrivi la lettera giusta nella casella.

A	è senza lavoro.
B	ha un lavoro stabile.
C	riesce a vivere da solo.
D	vive ancora con la sua famiglia.

34　Il 40% dei giovani italiani　☐　*[1 mark]*

35　Il 32% dei giovani italiani　☐　*[1 mark]*

Una facoltà universitaria

(30) Ascolta due amici che parlano dell'università.

36　Scrivi perché Sabrina ha deciso di studiare Ingegneria. (**Due** dettagli)

1. ....
   [1 mark]

2. ....
   [1 mark]

254　　　　　　　　　　　　　　　　　　　　　　　　　　EDILINGUA

Paper 1 - Listening H

Vita in campagna

(31) Il tuo amico Alberto ti parla della sua vita in campagna.

Di quali **due svantaggi** parla Alberto?

Scrivi le lettere giuste nelle caselle.

37

A	Ci sono pochi mezzi di trasporto per arrivare al lavoro in orario.
B	È faticoso andare e tornare dal lavoro.
C	Può essere noioso.
D	I divertimenti sono cari.

☐ ☐   [2 marks]

Di quali **due vantaggi** parla?

Scrivi le lettere giuste nelle caselle.

38

A	L'aria è più pulita.
B	Le macchine sono a buon mercato.
C	C'è molta sicurezza.
D	Comprare una casa è più economico.

☐ ☐   [2 marks]

Preparazione al NEW
GCSE in Italian

Una scelta giusta

32. Un tuo amico italiano ti lascia un messaggio nella tua segreteria telefonica.

Completa le frasi in **italiano**.

39 In cosa consiste la dieta del tuo amico?

....

[1 mark]

40 Cosa fa per tenere sotto controllo lo stress?

....

[1 mark]

Paper 2 - Speaking H

AQA

General Certificate of Secondary Education

ITALIAN

Higher Tier

Paper 2 - Speaking

H

Candidate's material – Role-play

To be conducted by the teacher-examiner

AQA material is reproduced by permission of AQA.

These are not AQA assessment materials but have been independently produced. They contain the type of instructions you may face in the examination.

Time allowed

- 10-12 minutes (+ 12 minutes' supervised preparation time)

Instructions

- During the preparation time you are required to prepare the Role-play card and Photo card stimulus cards given to you.
- You may make notes during the preparation time. **You must not write on this card.**
- Hand your notes and both stimulus cards to the teacher-examiner before the General Conversation. You must ask the teacher-examiner at least one question in the General Conversation.

Information

- The test will last a maximum of 12 minutes and will consist of a Role-play (approximately 2 minutes) and a Photo card (approximately 3 minutes), followed by a General Conversation (between 5 and 7 minutes) based on your nominated Theme and the Theme which has not been covered in the Photo card.
- You must **not** use a dictionary at any time during the test. This includes the preparation time.

Preparazione al NEW GCSE in Italian

Preparazione al NEW GCSE in Italian

ROLE-PLAY 1 (HIGHER TIER)
CANDIDATE'S ROLE

Instructions to candidates

Your teacher will play the part of your Italian friend and will speak first.

You should address your friend as tu.

When you see this – ! – you will have to respond to something you have not prepared.

When you see this – ? – you will have to ask a question.

Parli di vacanze con un amico italiano/un'amica italiana.

- Le tue ultime vacanze – quando e dove sei andato/a.
- Quello che hai fatto in vacanza [**due** dettagli].
- Vacanze al mare o in montagna – preferenza e perché.
- !
- ? In vacanza all'estero.

ROLE-PLAY 2 (HIGHER TIER)
CANDIDATE'S ROLE

Instructions to candidates

Your teacher will play the part of a doctor in a hospital and will speak first.

You should address the doctor as Lei.

When you see this – ! – you will have to respond to something you have not prepared.

When you see this – ? – you will have to ask a question.

Parli con un dottore/una dottoressa in un ambulatorio.

- Problema di salute.
- !
- Dolori in altre parti del corpo.
- Durata del problema di salute.
- ? Rimedi ed eventuali effetti collaterali.

Paper 2 - Speaking H

ROLE-PLAY 3 (HIGHER TIER)
CANDIDATE'S ROLE

Instructions to candidates

Your teacher will play the part of your Italian friend and will speak first.

You should address your friend as tu.

When you see this – ! – you will have to respond to something you have not prepared.

When you see this – ? – you will have to ask a question.

Parli di sport e tempo libero con un amico italiano/un'amica italiana.

- Tempo libero – molto, abbastanza, poco e perché.
- Il tuo tempo libero – cosa fai [**due** dettagli].
- Sport praticato/i – frequenza e dove.
- !
- Sport seguito/i in TV.
- ? In casa o all'aria aperta.

ROLE-PLAY 4 (HIGHER TIER)
CANDIDATE'S ROLE

Instructions to candidates

Your teacher will play the part of your Italian friend and will speak first.

You should address your friend as tu.

When you see this – ! – you will have to respond to something you have not prepared.

When you see this – ? – you will have to ask a question.

Parli di inquinamento ed ecologia con un amico italiano/un'amica italiana.

- Cose fatte in favore dell'ambiente.
- ? Preoccupato/a dei problemi ambientali.
- !
- Cause dell'inquinamento nel tuo Paese [**due** dettagli].
- Opinione su associazioni ambientaliste come Greenpeace e WWF.

Preparazione al NEW
GCSE in Italian

ROLE-PLAY 5 (HIGHER TIER)
CANDIDATE'S ROLE

Instructions to candidates

Your teacher will play the part of an Italian journalist and will speak first.

You should address the journalist as Lei.

When you see this – ! – you will have to respond to something you have not prepared.

When you see this – ? – you will have to ask a question.

> Parli con un/una giornalista italiano/italiana che ti fa alcune domande sulla tua decisione di trasferirti in Italia per studiare.
> - !
> - Motivi della scelta [**due** dettagli].
> - Problemi incontrati all'inizio [**due** dettagli].
> - Esperienza più bella.
> - ? Migliori università in Italia.

ROLE-PLAY 6 (HIGHER TIER)
CANDIDATE'S ROLE

Instructions to candidates

Your teacher will play the part of your Italian friend and will speak first.

You should address your friend as tu.

When you see this – ! – you will have to respond to something you have not prepared.

When you see this – ? – you will have to ask a question.

> Parli di un film visto di recente con un amico italiano/un'amica italiana.
> - Titolo e genere.
> - !
> - Trama e attori principali.
> - Messaggio.
> - ? Genere/i preferito/i.

Paper 2 - Speaking H

General Certificate of Secondary Education

ITALIAN

Higher Tier

Paper 2 - Speaking

H

Candidate's material – Photo card

To be conducted by the teacher-examiner

AQA material is reproduced by permission of AQA.

These are not AQA assessment materials but have been independently produced. They contain the type of instructions you may face in the examination.

Time allowed
- 10-12 minutes (+ 12 minutes' supervised preparation time)

Instructions
- During the preparation time you are required to prepare the Role-play card and Photo card stimulus cards given to you.
- You may make notes during the preparation time. **You must not write on this card.**
- Hand your notes and both stimulus cards to the teacher-examiner before the General Conversation. You must ask the teacher-examiner at least one question in the General Conversation.

Information
- The test will last a maximum of 12 minutes and will consist of a Role-play (approximately 2 minutes) and a Photo card (approximately 3 minutes), followed by a General Conversation (between 5 and 7 minutes) based on your nominated Theme and the Theme which has not been covered in the Photo card.
- You must **not** use a dictionary at any time during the test. This includes the preparation time.

Preparazione al NEW GCSE in Italian

Card A

Candidate's Photo card

- Look at the photo during the preparation period.
- Make any notes you wish to on an Additional Answer Sheet.
- Your teacher will then ask you questions about the photo and about topics related to **sport**.

Your teacher will ask you the following three questions and then **two more questions** which you have not prepared.

- Cosa vedi nella foto?
- Quando eri piccolo/a nel tempo libero ti piaceva fare sport oppure preferivi fare qualcos'altro?
- Quali sono i vantaggi dello sport?

Paper 2 - Speaking H

Card B

Candidate's Photo card

- Look at the photo during the preparation period.
- Make any notes you wish to on an Additional Answer Sheet.
- Your teacher will then ask you questions about the photo and about topics related to **pollution and the environment**.

Your teacher will ask you the following three questions and then **two more questions** which you have not prepared.

- Cosa vedi nella foto?
- Fai qualcosa per proteggere l'ambiente?
- Preferisci abitare in città o in campagna? Perché?

Preparazione al NEW
GCSE in Italian

Card C

Candidate's Photo card

- Look at the photo during the preparation period.
- Make any notes you wish to on an Additional Answer Sheet.
- Your teacher will then ask you questions about the photo and about topics related to **school and education**.

Your teacher will ask you the following three questions and then **two more questions** which you have not prepared.

- Cosa vedi nella foto?
- Quando eri piccolo/a eri bravo/a a scuola?
- Perché, secondo te, è importante studiare?

Paper 2 - Speaking H

Card D

Candidate's Photo card

- Look at the photo during the preparation period.
- Make any notes you wish to on an Additional Answer Sheet.
- Your teacher will then ask you questions about the photo and about topics related to **hobbies and free time**.

Your teacher will ask you the following three questions and then **two more questions** which you have not prepared.

- Cosa vedi nella foto?
- Cosa pensi dei giovani che passano troppo tempo giocando ai videogiochi?
- Cosa hai fatto recentemente durante il tuo tempo libero?

Preparazione al NEW
GCSE in Italian

Card E

Candidate's Photo card

- Look at the photo during the preparation period.
- Make any notes you wish to on an Additional Answer Sheet.
- Your teacher will then ask you questions about the photo and about topics related to **travel and tourism**.

Your teacher will ask you the following three questions and then **two more questions** which you have not prepared.

- Cosa vedi nella foto?
- Dove pensi che andrai in vacanza in futuro? Perché?
- Parlami di una gita scolastica che hai fatto.

EDILINGUA

Paper 3 - Reading H

AQA

General Certificate of Secondary Education

ITALIAN
Higher Tier
Paper 3 - Reading **H**

AQA material is reproduced by permission of AQA.

These are not AQA assessment materials but have been independently produced. They contain the type of instructions you may face in the examination.

Time allowed
- 1 hour

Instructions
- Use black ink or ball-point pen.
- In **Section A**, answer the questions in **English**. In **Section B**, answer the questions in **Italian**. In **Section C**, translate the passage into **English**.
- You must answer all the questions in the spaces provided. Do not write on blank pages.
- Do all rough work in this answer book. Cross through any work you do not want to be marked.

Information
- The marks for questions are shown in brackets.
- The maximum mark for this paper is 60.
- You must **not** use a dictionary.

Preparazione al
GCSE in Italian

SECTION A Questions and answers in **English**

01 How school should be

You read some responses received by a network survey posted on the school website.

La tua scuola ideale: secondo te, come dovrebbe essere?

Claudio: Io credo che la scuola italiana non sia molto selettiva. Secondo me, dovrebbe essere più impegnativa per noi studenti. Si dovrebbe studiare di più, ci dovrebbero essere più ore di lezione e i professori dovrebbero assegnarci più compiti per casa. In questo modo noi studenti potremmo affrontare al meglio il mondo del lavoro o l'università.

Christian: A mio avviso, la scuola italiana dovrebbe avere legami con il mondo del lavoro. Per esempio gli studenti dovrebbero poter fare degli stage professionali nelle imprese e nell'orario delle lezioni si dovrebbe dare maggior spazio a materie come l'informatica o le lingue straniere.

Donatella: Secondo me, la scuola dovrebbe trasmettere alcuni valori fondamentali come il rispetto e la tolleranza. In questo modo noi giovani possiamo diventare degli adulti capaci di costruire un mondo migliore. Per fare un esempio pratico, a lezione gli insegnanti dovrebbero promuovere dei dibattiti in cui si può discutere di problemi attuali e proporre soluzioni.

Carlotta: Nella mia scuola ideale gli insegnanti dovrebbero essere disponibili anche fuori dell'orario delle lezioni per dare aiuto e consigli utili agli studenti. Penso inoltre che sia necessario favorire la cooperazione fra gli studenti nel senso che i migliori dovrebbero aiutare i meno bravi. In questo modo tutti avrebbero la possibilità di migliorare il proprio rendimento nelle varie materie.

Which of the following aspects are the most important for each student?

Write the correct letter in each box.

A	contact with the world of work
B	gyms and sport activities
C	school trips
D	cooperation among students
E	studying hard
H	social values such as respect and tolerance

01 • 1 Claudio [1 mark]

01 • 2 Christian [1 mark]

01 • 3 Donatella [1 mark]

01 • 4 Carlotta [1 mark]

02 A child in a world of adults

You read this extract from a novel by Italo Calvino.

> È triste essere come lui, un bambino nel mondo dei grandi, sempre un bambino, trattato dai grandi come qualcosa di divertente e di noioso; e non poter usare quelle loro cose misteriose ed eccitanti, armi e donne, non poter mai far parte dei loro giochi. Ma Pin un giorno diventerà grande, e potrà essere cattivo con tutti, vendicarsi di tutti quelli che non sono stati buoni con lui: Pin vorrebbe essere grande già adesso, o meglio, non grande, ma ammirato o temuto pur restando com'è, essere bambino e insieme capo dei grandi, per qualche impresa meravigliosa.

(Source: from *Il sentiero dei nidi di ragno*, Italo Calvino)

Answer the questions in **English**.

02 • 1 What is it like to be a child in a world of adults according to the narrator?

....
[1 mark]

02 • 2 How do adults treat children according to the narrator?

....
[1 mark]

02 • 3 What will Pin be able to do as an adult?

....
[1 mark]

Preparazione al
GCSE in Italian

03 Mediterranean diet

You come across this article online.

La dieta mediterranea

La dieta mediterranea è un modello nutrizionale molto diffuso in Italia e in altri paesi del Mediterraneo come la Grecia e la Spagna. Questa dieta si basa su cibi naturali poco elaborati e molto nutrienti e consiste principalmente in un alto consumo di olio d'oliva, legumi, cereali, frutta, verdura e un moderato consumo di latticini come formaggio e yogurt, qualche bicchiere di vino e un basso consumo di uova, pesce e carne. Gli studi scientifici provano che questa dieta riduce il rischio di obesità e di malattie cardiovascolari perché abbassa i livelli di colesterolo e fa diminuire l'ipertensione. Sembra inoltre che sia molto efficace per prevenire il cancro o una morte prematura. Una costante attività fisica è un'altra caratteristica importante che permette al corpo di mantenersi giovane e sano.

Ci sono differenti versioni di questa dieta a seconda del paese mediterraneo di riferimento. Ogni versione riflette le diversità etniche, culturali, economiche e religiose di ogni singolo Paese o regione. Grazie alla grande diffusione della dieta Mediterranea, il popolo italiano è uno dei più sani del mondo avendo una buona qualità e un'alta aspettativa di vita.

According to the text, choose the **five** correct statements.

A	The Mediterranean diet is common only in Italy.
B	The Mediterranean diet is based on natural food.
C	In this diet the intake of olive oil is as high as that of cheese.
D	In this diet the intake of meat is low.
E	Scientific studies prove that the Mediterranean diet reduces hypertension.
F	According to scientific studies this diet can prevent cancer.
G	Physical activity should be avoided.
H	The Mediterranean diet is basically the same in every country.
I	The Mediterranean diet can vary according to country or region.
J	In Italy many people live badly because of the Mediterranean diet.

Write the correct letters in the boxes.

[5 marks]

04 Young people's opinions

You read these comments on an online forum.

Federica: Secondo me, sono necessari in quanto noi studenti possiamo essere rintracciati dai nostri genitori in qualsiasi momento in caso di emergenza. Non è necessario fare delle chiamate, basta un semplice messaggio silenzioso.

Silvia: Io sono completamente contraria. Durante le lezioni gli studenti si distraggono e perdono la concentrazione. Gli insegnanti si arrabbiano e il risultato è che si impara poco. Meno male che la mia scuola ha imposto la regola che devono rimanere spenti durante la lezione.

Fabrizio: Se da un lato possono essere utili per trovare informazioni in modo facile e rapido su Internet, dall'altro possono creare problemi durante la spiegazione dell'insegnante, soprattutto se lo studente riceve chiamate e messaggi in continuazione.

Sergio: Secondo me, sono inutili e dannosi in quanto una prova d'esame scritta o orale che sia non rappresenta né la reale preparazione di uno studente né il suo impegno durante l'intero arco dell'anno scolastico.

Lorella: Io credo che siano assolutamente vitali non solo per testare la conoscenza e le abilità di noi studenti ma anche per la nostra crescita intellettuale. Infatti le prove ufficiali inducono lo studente a essere più disciplinato e a dedicare maggior tempo allo studio.

Giorgio: Secondo me, sono importanti perché tutti tendiamo a studiare di più man mano che si avvicina la data di un esame. Dunque, anche se si prende un voto basso, almeno si è sicuri di aver imparato qualcosa di utile.

What topic is each group of people discussing?

04 • 1 Federica, Silvia and Fabrizio:

....

[1 mark]

04 • 2 Sergio, Lorella and Giorgio:

....

[1 mark]

Preparazione al
GCSE in Italian

04 • 3 Apart from Federica, who expresses a positive opinion about the topics being discussed?

Write the correct names in the spaces provided.

1. ....
2. ....

[2 marks]

04 • 4 What is Giorgio's opinion of getting low marks?

Give **one** reason from the text to support your answer.

....

[1 mark]

Paper 3 - Reading H

05 Job adverts

You read these adverts on a job website.

A Cercasi commessa con esperienza per negozio di abbigliamento del centro. Inviare curriculum con foto.

B Camerieri con esperienza per la stagione estiva in hotel e ristorante di Jesolo. Richiesta la conoscenza della lingua inglese. 1.000 euro al mese di stipendio con vitto e alloggio gratuiti.

C Azienda leader nel settore informatico ricerca programmatori da inserire nell'organico. Sono richieste le seguenti competenze: Office, HTML, Linguaggio PHP, Conoscenza di pattern MVC. Allegare CV dettagliato.

D Studio di architettura ricerca architetto da inserire nell'ambito della progettazione, residente in provincia di Brescia, età compresa tra i 28 anni e 35 anni, con almeno 2/3 anni di esperienza. Inviare esclusivamente via email curriculum e lettera di presentazione. Retribuzione 2.000 euro mensili.

E Scuola privata di Milano ricerca insegnante di inglese. Impegno part-time e disponibilità immediata. Si richiede livello di madrelingua ed esperienza con bambini.

F Siamo alla ricerca di giovani avvocati per una collaborazione per il nostro servizio di consulenza giuridica. I candidati devono avere ottime capacità comunicative.

G Ditta edile cerca operai specializzati e apprendisti. Per ulteriori informazioni mandare CV e sarete ricontattati.

H Importante azienda sta cercando guida turistica per effettuare gite in Toscana. Richiesta approfondita conoscenza del territorio, buona conoscenza della lingua inglese e certificato di guida turistica.

Write the correct letter in each box.
Which advert refers to ...

05 • 1	lawyers?		[1 mark]
05 • 2	trips in an Italian region?		[1 mark]
05 • 3	a clothes shop?		[1 mark]
05 • 4	a native English speaker?		[1 mark]
05 • 5	a specific age range?		[1 mark]

Preparazione al NEW GCSE in Italian

Preparazione al
GCSE in Italian

06 Working abroad

You read about Sandro's personal experience online.

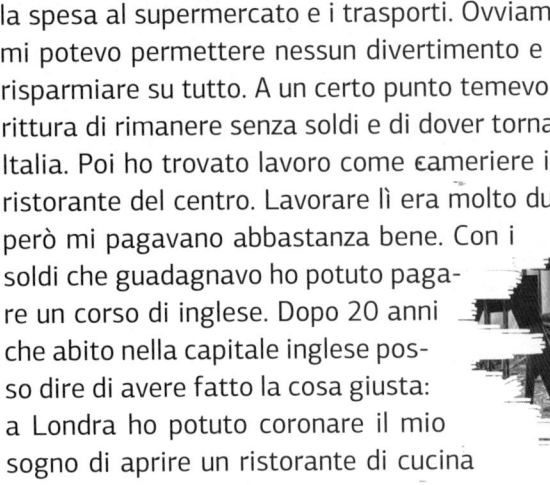

Ricordo che all'inizio non volevo perché non mi sentivo sicuro: andare a vivere in una città grande come Londra provenendo da un piccolo paese come Gubbio per me era un salto nel buio. Poi ho cominciato a vedere i potenziali vantaggi di questa esperienza e alla fine mi sono convinto che dovevo partire. Lavorare a Londra avrebbe significato imparare bene l'inglese, conoscere nuove persone e forse crescere professionalmente.

Il primo mese non è stato affatto facile perché non riuscivo a trovare lavoro e tutto era incredibilmente caro: l'affitto di una casa condivisa con altre 4 persone, fare la spesa al supermercato e i trasporti. Ovviamente non mi potevo permettere nessun divertimento e dovevo risparmiare su tutto. A un certo punto temevo addirittura di rimanere senza soldi e di dover tornare in Italia. Poi ho trovato lavoro come cameriere in un ristorante del centro. Lavorare lì era molto duro però mi pagavano abbastanza bene. Con i soldi che guadagnavo ho potuto pagare un corso di inglese. Dopo 20 anni che abito nella capitale inglese posso dire di avere fatto la cosa giusta: a Londra ho potuto coronare il mio sogno di aprire un ristorante di cucina italiana e di vivere dignitosamente.

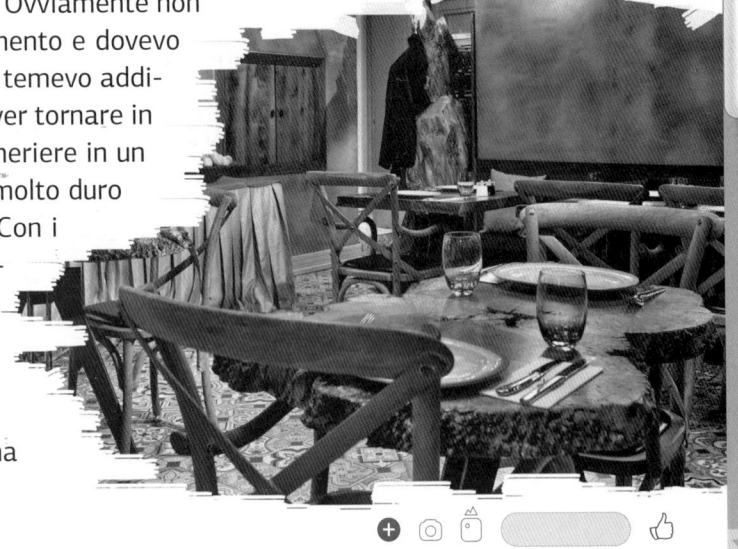

According to the text, choose the **four** correct statements.

A	At first, Sandro was a hundred per cent sure he would go to London.
B	Before leaving, Sandro saw a lot of disadvantages.
C	During the first month he had to save as much money as possible.
D	He started working as a waiter.
E	His first job was easy and well paid.
F	His first job was hard but well paid.
G	After 20 years he was able to open his own restaurant in Italy.
H	After 20 years living in London, he has fulfilled his dreams.

Write the correct letters in the boxes.

[4 marks]

EDILINGUA

07 Free time activities

You read these comments on an online forum.

Comment 1

Già da quasi cinque anni gioco nel ruolo di attaccante in una squadra di calcio locale. Andare al campo di calcio per l'allenamento per me è sempre un momento speciale in quanto sono sempre stato molto appassionato di questo sport, fin da piccolo.

Daniele

Comment 2

Pratico tennis tre volte alla settimana con un istruttore che mi insegna con molta pazienza come fare il servizio, il dritto e il rovescio nel migliore dei modi. Purtroppo i risultati sono scarsi perché faccio ancora troppi errori. Penso che se continuo così, mi iscriverò a un corso di nuoto.

Samanta

Comment 3

Io suono la chitarra tutti i giorni. Imparare le note non è stato facile ma gradualmente sono riuscita a imparare abbastanza bene tutti gli accordi. Ora suono in un gruppo rock.

Cristina

Two of the three comments concern the same topic. Which is the odd one out?

Comment: ....

Explain your answer.

....

[1 mark]

Preparazione al
GCSE in Italian

08 Gian Burrasca

You read this extract from *Il giornalino di Gian Burrasca* by Vamba.

Mercoledì 20 settembre

Ecco fatto. Ho voluto ricopiare qui in questo mio giornalino il foglietto del calendario d'oggi, che segna l'entrata delle truppe italiane in Roma e che è anche il giorno che son nato io, come ci ho scritto sotto, perché gli amici che vengono in casa si ricordino di farmi il regalo.

Ecco intanto la nota dei regali avuti finora:

1° Una bella pistola da tirare al bersaglio che mi ha dato il babbo;

2° Un vestito a quadrettini che mi ha dato mia sorella Ada, ma di questo non me ne importa nulla, perché non è un balocco;

3° Una stupenda canna da pescare con la lenza e tutto l'occorrente e che si smonta e diventa un bastone che mi ha dato mia sorella Virginia, e questo è il regalo che mi ci voleva, perché io vado matto per la pesca;

4° Un astuccio con tutto l'occorrente per scrivere, e con un magnifico lapis rosso e blu, regalatomi da mia sorella Luisa;

5° Questo giornalino che mi ha regalato la mamma e che è il migliore di tutti.

Ah sì! La mia buona mamma me ne ha fatto uno proprio bello, dandomi questo giornalino perché ci scriva i miei pensieri e quello che mi succede. Che bel libro, con la rilegatura di tela verde e tutte le pagine bianche che non so davvero come farò a riempire! Ed era tanto che mi struggevo di avere un giornalino mio, dove scriverci le mie memorie, come quello che hanno le mie sorelle Ada, Luisa e Virginia che tutte le sere prima d'andare a letto, coi capelli sulle spalle e mezze spogliate, stanno a scrivere delle ore intere.

Non so davvero dove trovino tante cose da scrivere, quelle ragazze!

(Source: from *Il giornalino di Gian Burrasca*, Vamba)

Paper 3 - Reading H

08 • 1 According to the text, choose the **three** correct statements.

A	Gian Burrasca lists the presents he has received so far.
B	His dad gave him a checked suit.
C	He doesn't like fishing.
D	His sister Ada gave him a pencil case.
E	His sister Luisa gave him a red and blue pencil.
F	He really likes the gift from his mum.

Write the correct letters in the boxes.

☐ ☐ ☐

[3 marks]

Answer these questions in **English**.

08 • 2 What will Gian Burrasca do with the gift from his mum?

....

[1 mark]

08 • 3 Who else in his family has the same object?

....

[1 mark]

08 • 4 What do his sisters do at night before going to sleep?

....

[1 mark]

Preparazione al NEW GCSE in Italian

Preparazione al
GCSE in Italian

SECTION B Questions and answers in **Italian**

09 Impegni quotidiani

Il tuo amico Piero è sempre molto occupato. Leggi la sua mail.

Caro/a ....,

come stai? Spero bene. Come sai, io ho sempre molti impegni. Ora, per esempio, sto facendo i compiti con Filippo e Valeria: 6 problemi di Chimica e tutti gli esercizi di lettura di Inglese. Dopodiché vado un'ora in palestra per l'allenamento di pallacanestro. Ieri, non ti dico che giornata, dopo aver studiato a casa di Alessandro per il compito di Matematica di oggi, ho dovuto aiutare mio padre a sistemare il giardino. Più tardi ho dovuto accompagnare la mia sorellina dal dentista. Anche domani sarà una giornata piena, alle tre del pomeriggio andrò a lezione di violino e subito dopo a quella di spagnolo. Per finire, verrà a casa mia il tutor per le lezioni private di inglese. Domenica prossima spero di riposarmi per bene: penso che mi alzerò molto tardi, verso le undici, guarderò un po' di TV, andrò da Andrea a giocare con il computer e forse, la sera, andrò al cinema.

Fammi sapere come te la passi.

Un abbraccio

Piero

Leggi la mail e scegli il tempo corretto.

Scrivi: **presente**
        passato
o   **futuro**   **nello spazio corrispondente.**

Example: TV .... *futuro* ....

09 • 1   lezione di violino ....
[1 mark]

09 • 2   compiti ....
[1 mark]

09 • 3   dentista ....
[1 mark]

09 • 4   lezione di spagnolo ....
[1 mark]

09 • 5   sistemare il giardino ....
[1 mark]

278   EDILINGUA

10 Cinema

Trovi questo sito web:

Quali sono i film di cui parlano gli spettatori?

Scrivi la lettera giusta nelle caselle.

A	Il protagonista è descritto nell'arco della sua intera vita.
B	Un capolavoro la cui protagonista è una mamma che vive alla periferia di Napoli.
C	Diretto da un regista italiano, racconta le gesta di un cavaliere medievale.
D	La trama racconta la storia di una donna che conduce una vita difficile e che vorrebbe aprire un'attività commerciale.
E	È ambientato in una città italiana del Sud.

10 • 1 King Arthur   [1 mark]

10 • 2 La tenerezza   [1 mark]

10 • 3 Fortunata   [1 mark]

Preparazione al
GCSE in Italian

11 Una storia

Leggi questa storia in una rivista.

Il maestro Pietralata

A Il maestro Pietralata era arrivato nel piccolo paese del Sud da Milano, la grande e ricca metropoli del Nord. Era il suo primo anno come insegnante ma aveva una grande voglia di cominciare a insegnare. Sentiva infatti che l'insegnamento era il campo per cui aveva una grande vocazione.

B Ancora molto giovane e inesperto, doveva seguire una classe di scuola primaria molto difficile perché composta da alunni che provenivano da un contesto marginale. I primi mesi sono stati per lui molto impegnativi e stressanti: molti alunni mancavano alle lezioni, c'erano sempre risse e litigi fra i compagni e nessuno di loro voleva ascoltare le sue lezioni. Il professor Pietralata si sentiva demotivato e senza voglia di continuare.

C Un giorno è arrivata nella scuola la maestra Bianchi, la quale aveva molta esperienza nel campo. Con il suo sostegno e i suoi preziosi consigli, il professore Pietralata, poco a poco è riuscito a migliorare il rendimento dei suoi alunni, i quali hanno cominciato a frequentare le lezioni con regolarità, a fare i compiti e a studiare con costanza.

D Alla fine dell'anno scolastico il maestro Pietralata era molto stanco ma anche soddisfatto del suo lavoro. Tutti i suoi allievi erano stati promossi. Anche i genitori erano molto contenti del buon risultato ottenuto dai loro figli.

E Purtroppo durante l'estate il maestro Pietralata ha ricevuto la notizia inaspettata del suo trasferimento: doveva tornare al Nord per insegnare in un'importante scuola di Milano. Non poteva continuare a seguire quella classe di bambini che, malgrado i loro problemi, erano riusciti a diventare bravi grazie al suo contributo. Di questo si dispiaceva molto.

Abbina i titoli ai paragrafi giusti.
Scrivi la lettera giusta nelle caselle.

11 • 1	Ritorno al Nord	☐	[1 mark]
11 • 2	Tempi difficili	☐	[1 mark]
11 • 3	Un aiuto importante	☐	[1 mark]

Paper 3 - Reading H

Rispondi alle domande in **italiano**.

11 • 4 Il maestro Pietralata ha cominciato a insegnare in un luogo diverso da quello di provenienza? (**un** dettaglio)

[1 mark]

11 • 5 Era contento di cominciare a lavorare come maestro? (**un** dettaglio)

[1 mark]

11 • 6 Perché i primi mesi di insegnamento sono stati difficili? (**un** dettaglio)

[1 mark]

11 • 7 In che modo i suoi alunni sono riusciti a migliorare?

[1 mark]

11 • 8 Come si sentiva il maestro Pietralata alla fine dell'anno scolastico?

[1 mark]

11 • 9 Perché il primo anno è stato positivo?

[1 mark]

11 • 10 Cosa è successo durante l'estate?

[1 mark]

Preparazione al
GCSE in Italian

SECTION C Translation into **English**

12 You have received this message from your Italian pen friend. Translate it into **English**.

> La scorsa estate sono andata in vacanza due settimane al mare con la mia famiglia. Durante il giorno facevo molte cose interessanti: prendevo il sole sulla spiaggia, nuotavo, giocavo a pallavolo oppure facevo lunghe passeggiate. La sera andavo al ristorante con la mia famiglia. Qualche volta sono andata anche in discoteca, dove ho conosciuto persone molto simpatiche e divertenti. Il prossimo anno penso che andrò in vacanza in montagna, forse sulle Alpi.

[9 marks]

EDILINGUA

Paper 4 - Writing H

AQA

General Certificate of Secondary Education

ITALIAN

Higher Tier

Paper 4 - Writing **H**

AQA material is reproduced by permission of AQA.

These are not AQA assessment materials but have been independently produced. They contain the type of instructions you may face in the examination.

Time allowed
- 1 hour 15 minutes

Instructions
- Use black ink or ball-point pen.
- You must answer **three** questions.
- You must answer **either** Question 1.1 **or** Question 1.2. Do not answer both of these questions.
- You must answer **either** Question 2.1 **or** Question 2.2. Do not answer both of these questions.
- You must answer Question 3.
- Answer all questions in **Italian**.
- You must answer the questions in the spaces provided. Do not write your answers on blank pages.
- Do all rough work in this answer book. Cross through any work you do not want to be marked.

Information
- The marks for questions are shown in brackets.
- The maximum mark for this paper is 60.
- You must **not** use a dictionary during this test.
- In order to score the highest marks for Question 1.1/Question 1.2, you must write something about each bullet point. You must use a variety of vocabulary and structures and include your opinions.
- In order to score the highest marks in Question 2.1/Question 2.2 you must write something about both bullet points. You must use a variety of vocabulary and structures and include your opinions and reasons.

Preparazione al NEW GCSE in Italian

Preparazione al NEW GCSE in Italian

Answer **either** Question 1.1 **or** Question 1.2.
You must **not** answer **both** of these questions.

EITHER Question 1.1

01 • 1 Cosa fai di solito il fine settimana?

Scrivi un testo per una rivista italiana online.

Menziona:

- i posti dove ti piace andare con i tuoi amici
- dove sei andato recentemente durante un fine settimana
- cosa fai se rimani a casa invece di uscire
- cosa pensi di fare il prossimo fine settimana.

Scrivi circa **90** parole in **italiano**. Rispondi a **tutti** gli aspetti della domanda.

[16 marks]

Paper 4 - Writing H

OR Question 1.2

01 • 2 Ti piace studiare?

Scrivi una mail a un tuo amico italiano/una tua amica italiana.

Menziona:

- le tue materie preferite
- quante ore studi al giorno
- quali materie hai studiato in questi giorni
- cosa vorresti fare dopo aver terminato la scuola.

Scrivi circa **90** parole in **italiano**. Rispondi a **tutti** gli aspetti della domanda.

[16 marks]

Preparazione al NEW
GCSE in Italian

Answer **either** Question 2.1 **or** Question 2.2.
You must **not** answer **both** of these questions.

EITHER Question 2.1

02 • 1 Scrivi un articolo sul tuo Paese per un sito italiano di turismo.

Menziona:

- alcuni consigli sui posti da visitare e le cose da fare
- la più bella gita che hai fatto nel tuo Paese.

Scrivi circa **150** parole in **italiano**. Rispondi ai **due** aspetti della domanda.

[32 marks]

Paper 4 - Writing H

OR Question 2.2

02 . 2 Scrivi un articolo per una rivista italiana di sport.

Menziona:

- l'importanza dello sport
- quali sport pratichi e hai praticato in passato.

Scrivi circa **150** parole in **italiano**. Rispondi ai **due** aspetti della domanda.

[32 marks]

Preparazione al NEW
GCSE in Italian

03   Translate this passage into **Italian**.

> During the summer my family and I usually go on holiday to the beach. Last year we went to a small Italian island. It was fantastic. I swam, played sports, went to restaurants and did many other things. It is Christmas next week and I would like to go to the mountains but unfortunately my brother isn't well and we will stay at home.

[12 marks]

EDILINGUA

Chiavi degli esercizi/Keys to the exercises

Chapter 1 – *Media and Arts*
CINEMA
Page 13
2 1. Roberto è andato al cinema la settimana scorsa con la sua amica Giulia; 2. Ha visto *Caterina va in città*; 3. Il film è ambientato a Roma; 4. Il film parla di una ragazza di tredici anni di nome Caterina che va a vivere a Roma e conosce nuovi amici. Il padre fa l'insegnante e sogna di diventare scrittore, mentre la madre è una casalinga infelice; 5. Il film gli è piaciuto perché descrive bene il mondo dei giovani italiani di oggi
Pages 14 and 15
b 2. d'azione; 3. commedia; 5. drammatico; 6. fantascienza; 7. di guerra; 9. storico; 10. dell'orrore; 11. western
3 1. attrice; 2. regista; 3. fila/coda; 4. colonna; 5. successo; 6. western; 7. attore; 8. biglietti; 9. locandina; 10. effetti; 11. azione; 12. recita
Page 16
4 1. Gli attori principali; 2. Il film parla di; 3. Il film mi è piaciuto; 4. I personaggi principali; 5. s'intitola; 6. dura (circa)
Page 18
Attività di lettura (*Edexcel – H – Section A*) Reading task
a. Nicola; b. Roberto; c. It is about a cook who thinks he cooks delicious dishes but in reality nobody likes them; d. He thinks they play their parts very well, portraying two opposite worlds which cannot meet because of their social differences; e. Since he's unemployed and can't pay the rent for his apartment nor pay back his bank loan
Page 19
Attività d'ascolto (*Edexcel – H – Section A*) Listening task
a. film; b. s'intitola; c. commedia; d. trama; e. noioso
Grammatica: Maschile: *l'* + vocale, *i* + consonante, *gli* + vocale; **Femminile:** *la* + consonante, *le* + vocale
Page 20
1 2. la; 3. le; 4. lo; 5. le; 6. gli; 7. gli; 8. gli; 9. la; 10. i; 11. il; 12. il; 13. la; 14. la; 15. la; 16. le; 17. l'; 18. la; 19. gli; 20. la
2 1. le; 2. il; 3. i; 4. il; 5. la; 6. l'; 7. i; 8. il; 9. la; 10. i; 11. i; 12. la; 13. le; 14. le; 15. le; 16. l'; 17. il; 18. le; 19. lo; 20. i
3 1. gli; 2. la; 3. i; 4. gli; 5. le; 6. il; 7. la; 8. la; 9. il; 10. l'; 11. la; 12. la; 13. le; 14. l'; 15. la; 16. il; 17. gli; 18. i; 19. la; 20. l'
TV PROGRAMMES
Page 21
2 1. c; 2. a; 3. b; 4. a
Pages 22 and 23
b 1. schermo; 2. cartoni animati; 3. telespettatori; 4. partita; 5. conduttore/presentatore; 6. telecomando
3 1. conduttore/presentatore; 2. episodio; 3. telecomando; 4. partita; 5. pubblicità; 6. animati; 7. previsioni; 8. telegiornale; 9. spegnere; 10. schermo; 11. onda; 12. diretta
Page 24
4 1. Amo guardare le partite di calcio con i miei amici; 2. Il mio programma televisivo preferito è *Hell's Kitchen*; 3. "Mi piacciono le telenovele/soap opera" "Anche a me."; 4. Il varietà è alle 9 su Rai2; 5. "Non mi piace guardare la TV." "Neanche a me."; 6. Mi interessano i documentari
Pages 27 and 28
Attività di lettura (*Edexcel – H – Section A*) Reading task
a. *Domenica in* is broadcast on Rai1 every Sunday from 2pm to 7pm; b. Interviews with famous people, live performances by singers, presentations of new films and many other interesting things; c. Massimo Giletti presented *Domenica in* last year, Mara Venier is presenting the programme this year; d. Because they prefer to go out, to go clubbing or to go for a walk with their friends; e. *Domenica Live*, and is broadcast on Canale 5

Attività di ascolto (*Edexcel – H – Section B*) Listening task
(i) C; (ii) D; (iii) B; (iv) B
Grammatica: Maschile: *un* + vocale; **Femminile:** *una* + consonante
1 2. un; 3. uno; 4. una; 5. un/un'; 6. una; 7. un; 8. un'; 9. uno; 10. una; 11. un; 12. un; 13. uno; 14. una; 15. un; 16. un'; 17. una; 18. uno; 19. un; 20. una; 21. una; 22. una; 23. un; 24. un; 25. un
2 1.una; 2. un; 3. Un, una; 4. una; 5. Un, uno; 6. un; 7. uno; 8. una; 9. un; 10. un'
NEWSPAPERS AND MAGAZINES
Page 29
2 Vero: 1, 4, 6, 7, 8; **Falso:** 2, 3, 5
Pages 30 and 31
b 2. c; 3. b; 4. d; 5. f; 6. a
3 1. estera; 2. leggo, giornale/quotidiano; 3. economia, cultura; 4. intervista; 5. rivista; 6. giornalista; 7. notizie; 8. titoli; 9. sezione; 10. sport
Page 32
5 1. durante; 2. Mentre; 3. dunque/allora/pertanto/perciò/quindi; 4. dunque/allora/pertanto/perciò/quindi; 5. Siccome/Dato che/Dal momento che/Poiché; 6. prima (di tutto)/per prima cosa/innanzitutto, poi/dopo/più tardi, infine/alla fine
Pages 34 and 35
Attività di lettura (*Edexcel – H – Section A*) Reading task
a. A 14-year-old girl who was killed on the 27th of March 2004 by the criminal organisation called Camorra; b. Annalisa's father and the women of her family. They cry and scream. There are also Annalisa's cousins, friends, and neighbours; c. A future working in a factory ten hours a day earning 500 euros per month
Attività d'ascolto (*Edexcel – H – Section B*) Listening task
(i) D; (ii) C; (iii) A
Page 36
Grammatica: *Io* compro, *Noi* compriamo; *Tu* leggi, *Voi* leggete; *Lui/Lei* apre, *Loro* aprono
1 1. vivete, Viviamo; 2. leggiamo; 3. preparate; 4. lavorano; 5. prende; 6. studia; 7. legge; 8. mangiamo; 9. leggete; 10. parlo; 11. guardi; 12. corriamo
Page 37
3 1. andiamo; 2. venite; 3. dicono, hanno; 4. abbiamo; 5. escono, vanno; 6. facciamo, fate; 7. esco, vado; 8. stanno; 9. rimaniamo, siamo; 10. diciamo
INTERNET
Page 38
2 Sì: 2, 3, 6, 7; **No:** 1, 4, 5, 8
Page 39
a 2. schermo; 3. chiavetta USB; 5. tastiera; 6. cuffie; 7. stampante; 8. casse
Page 40
3 1. chattare, vado; 2. motore; 3. mando/spedisco/invio/scrivo; 4. ho scaricato; 5. sito; 6. salvare; 7. andare/navigare, mail; 8. stampante, salvare/copiare; 9. installare; 10. tastiera
Page 45
Attività di lettura (*AQA – H – Section A*) Reading task
A, D, F, G, I
Attività d'ascolto (*AQA – H – Section A*) Listening task
1. All the time / Because of the gossips, people who like to show off and because it is of very little use; 2. It's an excellent way to learn foreign languages / Very few, one or two at most; 3. A blog for studying the English language with Grammar explanations, exercises, reading and listening activities, videos and past papers

Preparazione al NEW
GCSE in Italian

Page 46
Grammatica: *Io* devo, *Noi* dobbiamo; *Lui/Lei* vuole, *Loro* vogliono; *Tu* puoi, *Voi* potete
1 1. dobbiamo; 2. posso; 3. Vuoi, posso, devo; 4. vogliono; 5. possiamo; 6. vuole; 7. devo; 8. può
CULTURAL EVENTS
Page 47
2 1. Claudia è andata a Milano al concerto di Rihanna con Adriana; 2. Adriana è la compagna di scuola di Claudia; 3. Sono partite alle 10 della mattina da Venezia e sono arrivate a Milano a mezzogiorno e mezzo; 4. Hanno pranzato in un fast food; 5. Durante il concerto gli spettatori cantavano e ballavano; 6. Il concerto è durato circa due ore; 7. Erano molto stanche ma anche molto contente; 8. Sono tornate a Venezia il giorno dopo verso le 7 del mattino
Pages 48 and 49
a 2. compleanno; 4. mostra; 5. matrimonio; 6. opera teatrale
3 1. concerto; 2. laurea; 3. matrimonio; 4. compleanno, abbiamo mangiato, regali; 5. teatrale, tragedia, hanno recitato; 6. museo, mostra, pittore
Page 50
4 1. Domenica mattina prima ho fatto colazione, poi ho navigato su Internet e infine ho pranzato; 2. Sabato pomeriggio prima di tutto ho fatto i compiti, dopo ho telefonato a Carla, poi ho pranzato e alla fine sono uscito con Carla; 3. Venerdì sera innanzitutto ho fatto la doccia, poi sono andato in centro, dopo ho incontrato gli amici e alla fine sono andato a teatro; 4. Ieri mattina per prima cosa ho fatto colazione, dopo sono uscito di casa, poi ho preso l'autobus e infine sono arrivato a scuola; 5. Domenica pomeriggio prima di tutto ho pranzato, poi ho ascoltato un po' di musica, più tardi ho telefonato ad Andrea e infine sono andato al cinema con lui; 6. Al matrimonio di Sergio e Francesca prima abbiamo assistito alla cerimonia, poi abbiamo ascoltato il discorso degli sposi, dopo abbiamo fatto un brindisi e alla fine abbiamo pranzato all'aperto
Page 52
6 Sono uscito, sono arrivato, c'erano, Avevamo, abbiamo parlato, abbiamo mangiato, abbiamo ascoltato, era, c'era, ha dato, è riuscito, era, abbiamo mangiato, abbiamo cantato, Eravamo, era, dovevamo, sono tornato, ho mangiato, avevo
Page 55
Attività di lettura (*AQA - H - Section A*) Reading task
1. Birthday party; 2. Painting exhibition; 3. 1. Marisa, 2. Paolo; 4. She's very proud of him. At the inauguration she and her mother were both very moved. She hopes he might become a successful professional painter
Attività d'ascolto (*AQA - H - Section A*) Listening task
1. E; 2. C; 3. D
Page 56
Grammatica: *Lui/Lei* ha, *Loro* hanno; *Io* sono, *Noi* siamo
Page 57
1 1. abbiamo; 2. ho; 3. siamo; 4. ha; 5. siamo; 6. siete
2 1. ho studiato; 2. hai capito, ho capito; 3. abbiamo cenato; 4. sono uscite; 5. è andato; 6. è entrata; 7. hanno finito; 8. siamo tornati; 9. ha lavorato; 10. avete mangiato
3 1. ho fatto; 2. siamo rimasti/e, abbiamo visto; 3. è venuto; 4. hai scritto; 5. ho letto; 6. ha detto; 7. abbiamo fatto; 8. avete aperto
Page 59
5 1. giocavo; 2. ero; 3. dicevano; 4. ero; 5. pensavano; 6. erano; 7. avevano; 8. ero; 9. sapevano; 10. potevo; 11. credeva; 12. diceva; 13. era; 14. si sbagliava
6 1. è andato; 2. andava; 3. abbiamo mangiato; 4. mangiavamo; 5. uscivo; 6. sono uscito/a; 7. scriveva; 8. ha scritto
BOOKS
Pages 60 and 61
2 1. a; 2. c; 3. c; 4. c; 5. b; 6. b
b 2. d; 3. a; 4. c; 5. f; 6. b
Page 62
3 1. opera; 2. scrittrice; 3. stile; 4. fiaba; 5. poeti; 8. I protagonisti; 7. ha scritto; 8. leggere; 9. ambientazione; 10. generi
Pages 64 and 65
6 1. *Romeo e Giulietta* è un'opera teatrale di Shakespeare. È ambientato a Verona nel XVI secolo. I protagonisti sono Giulietta e Romeo, due giovani amanti di due famiglie rivali. La storia parla dell'amore tra Giulietta e Romeo e della loro fine tragica. Secondo me, è un libro interessante ma molto triste; 2. *Orgoglio e pregiudizio* è un romanzo di Jane Austen. È ambientato in Inghilterra alla fine del XVIII secolo. I protagonisti sono Elizabeth Benneth e la sua famiglia e Darcy, un ricco gentiluomo. La storia parla dell'amore tra Darcy ed Elizabeth Bennet. Secondo me, è un libro difficile ma anche divertente; 3. *La donna in nero* è un racconto di Susan Hill. È ambientato negli anni '20 del XX secolo in un piccolo paese inglese. I protagonisti sono Arthur Kipps, un giovane avvocato, e una misteriosa donna vestita di nero. La storia parla di Arthur Kipps che scopre segreti inquietanti dentro la casa dove abitava una donna anziana morta da poco. Secondo me, è un libro appassionante ma qualche volta fa paura; 4. *Il signore delle mosche* è un romanzo di William Golding. È ambientato in un'isola deserta nel XX secolo. I protagonisti sono un gruppo di bambini inglesi sopravvissuti a un incidente aereo. La storia parla di come questi bambini inglesi organizzano la loro vita nell'isola deserta. Secondo me, è un libro facile ma un po' violento.
Page 67
Attività di lettura (*Edexcel - H - Section B*) Reading task
a. Il nome della rosa; b. L'amica geniale; c. La solitudine dei numeri primi; d. Ragazzi di vita; e. Il nome della rosa
Attività di lettura (*Edexcel - H - Section C: Translation*) Reading task
Il sentiero dei nidi di ragno is a novel set in Liguria at the end of the Second World War. The plot is about Pin, the main character, a boy/child without parents or friends, who lives with his sister. Pin prefers to spend his time with adults, and one day he decides to fight to liberate Italy from the fascists and Germans
Page 68
Attività d'ascolto (*Edexcel - H - Section A*) Listening task
a. poesie; b. romanzi, trama; c. racconti brevi; d. favole; e. fiabe
Grammatica: 1. la scheda; 2. i nomi; 3. i nomi; 4. me; 5. te; 6. le fotocopie
Pages 70 and 71
1 1. la; 2. Ne; 3. la; 4. Vi; 5. ti; 6. li; 7. Ne; 8. Lo; 9. Ne; 10. Le
2 1. Ne *ho bevuti*; 2. l'*abbiamo portato*; 3. l'*ha ancora letto*; 4. Ci *hanno chiamato/i/e*; 5. ti *ho salutato/a*, ti *ho visto/a*; 6. L'*ho conosciuta*; 7. Ne *ho fotocopiate*; 8. L'*abbiamo incontrato*; 9. ne *ho bevuta*; 10. L'*hanno comprata*
3 1. Sì, l'ho vista./No, non l'ho vista; 2. Sì, la mangio./No, non la mangio; 3. Sì, lo conosciamo./No, non lo conosciamo; 4. Sì, l'ho vista./No, non l'ho vista; 5. Sì, l'ho visitata./No, non l'ho visitata; 6. Sì, l'ho letto./No, non l'ho letto

Chapter 2 - *Sports and Free time*
SPORTS
Page 73
2 1. Monica ha partecipato alle gare di atletica. È arrivata prima nei 100 e nei 200 metri; 2. Nicola ha fatto il torneo di calcio. La sua squadra è arrivata seconda; 3. Monica si allena almeno due ore al giorno; 4. Monica torna a casa alle 8, verso le otto e un quarto cena, guarda un po' la TV e poi controlla i compiti che ha fatto nel pomeriggio. Alla fine si sente molto stanca e si addormenta verso le dieci e mezza; 5. Anche Nicola si addormenta verso le dieci e mezza; 6. Monica preferisce il tennis, la pallavolo e il pattinaggio

Chiavi degli esercizi/Keys to the exercises

Pages 74 and 75
b 2. tennis; 4. pallacanestro; 5. rugby; 6. equitazione; 8. pattinaggio; 9. ciclismo; 10. atletica; 11. automobilismo
c 2. f; 3. e; 4. g; 5. c; 6. d; 7. b; 8. h

Page 76
3 1. palestra, piscina; 2. gara; 3. medaglia; 4.tifosi, partita; 5. pallacanestro; 6. olimpiadi; 7. automobilismo; 8. Andare, bicicletta; 9. ha perso; 10. sciare; 11. calciatore, squadra; 12. ha segnato/fatto

Page 78
6 1. "Sono arrivato primo/a nella gara di nuoto." …; 2. "Ho segnato due gol nella partita di calcio." …; 3. "Ho fatto un record nella gara dei 100 metri nella mia scuola." …; 4. "Ho vinto la partita di pallavolo." …; 5. "Ho corso per più di un'ora." …; 6. "Sono arrivato/a in finale al torneo di ping pong." …

Page 81
Attività di lettura (*Edexcel - H - Section A*) Reading task
a. Robert is an English boy from Manchester. He likes football; b. He goes to the stadium to watch the match with his friends; c. On Mondays and Wednesdays on the pitch near his house; d. Swimming; e. His best friend is Marco. He goes horse riding

Page 82
Attività d'ascolto (*Edexcel - H - Section B*) Listening task
A, C, E, G

Page 83
Grammatica: mi sveglio, mi metto, mi vesto, mi alzo, mi addormento, mi sento, mi lavo, mi diverto, mi annoio

Page 84
1 1. mi alleno; 2. ti svegli, mi sveglio; 3. ci alziamo; 4. si addormenta; 5. mi lavo; 6. ti diverti; 7. ci riposiamo; 8. si chiama; 9. mi preparo; 10. mi vesto

Page 85
3 1. si *è svegliat*o, si *è fatt*o; 2. mi *sono divertit*a; 3. si *è annoiat*a; 4. si *sono arrabbiat*i; 5. ti *sei lavat*o; 6. ci *siamo alzat*i, ci *siamo vestit*i; 7. vi *siete comportat*i/e; 8. si *è addormentat*a
4 1. Di solito mi sveglio alle sei, ma ieri mattina mi sono svegliato/a alle sette; 2. Susanna si è alzata presto ieri; 3. Ieri sera/notte ci siamo addormentati/e tardi; 4. Mi sono arrabbiato/a con Paul ieri sera/notte; 5. Ci siamo divertiti/e a teatro la scorsa settimana; 6. Mi sono annoiato/a durante la partita di calcio

FREE TIME

Page 86
2 Vero: 1, 3, 6; Falso: 2, 4, 5

Pages 87 and 88
b 2. andare a teatro; 3. andare al ristorante; 4. giocare con i videogiochi; 5. fare una passeggiata; 6. andare al bar; 7. andare in discoteca; 9. fare una festa; 10. fare acquisti/compere/spese; 12. andare al cinema; 13. leggere; 14. guardare la TV; 16. andare a pesca
3 1. faccio; 2. settimana, passeggiata; 3. compere/acquisti/spese; 4. festa; 5. videogiochi; 6. ascoltare; 7. suoni; 8. leggo, ballare; 9. navigare; 10. ristorante; 11. guarda; 12. sabato

Page 91
5 1. Quando; 2. Dove; 3. Perché; 4. Come; 5. Quale/Che; 6. Quante; 7. (Che) Cosa; 8. Chi/Qual; 9. (Che) Cosa; 10. Che/Quale
6 1. Cosa fai il fine settimana?; 2. Come stanno Paolo e Maria?; 3. Dove vai/(Che) Cosa fai il sabato sera?; 4. Qual è il tuo passatempo preferito?; 5. A Milano cosa fanno/dove vanno i giovani il fine settimana?; 6. Perché fai sport?

Page 94
Attività di lettura (*AQA - H - Section A*) Reading task
1. F; 2. D; 3. C; 4. A

Page 95
Attività di ascolto (*AQA - H - Section A*) Listening task
1. Nightclubs: N, Cinema: P; 2. Going for walks: P, Videogames: P+N

Page 96
1 1. andrò; 2. studierai, studierò; 3. verremo; 4. scriverà; 5. dormirò, sarò; 6. prenderà; 7. dovremo; 8. farete, faremo; 9. uscirò; 10. sarai

FOOD AND DRINK

Page 98
2 Sì: 1, 3, 7, 8; No: 2, 4, 5, 6

Pages 99 and 100
b 2. pollo; 3. prosciutto; 4. arrosto; 5. insalata mista; 6. carote; 7. pomodori; 8. tiramisù; 9. cornetto; 10. limone; 11. banana; 12. salmone; 13. spremuta d'arancia; 14. caffè

Page 103
4 1. colazione, faccio; 2. ristorante; 3. carne; 4. rosso, bevo; 5. dolce; 6. litro/bicchiere, succo; 7. caffè/cappuccino/tè, zucchero; 8. verdure, lattuga; 9. tè; 10. patatine/patate

Page 104
5 1. Domani sera io e Franca andiamo/andremo al ristorante; 2. Ieri a pranzo io ho mangiato gli spaghetti al pomodoro; 3. Monica il pomeriggio di solito mangia una mela o una pesca; 4. Da piccolo io mangiavo molta frutta e verdura; 5. Il prossimo fine settimana io cucinerò l'arrosto di vitello per i miei amici; 6. Francesca e Dario bevono/prendono sempre il vino bianco con il pesce
6 *Risposte possibili*: 1. Gli spaghetti al pomodoro sono buoni, caldi e saporiti; 2. L'arrosto di vitello è buono, salato, saporito e un po' pesante; 3. L'English Breakfast è buono, caldo, salato, grasso, saporito e pesante; 4. Le lasagne sono buone, calde, salate, saporite, grasse e pesanti; 5. L'insalata mista è fresca, buona, leggera e magra; 6. La cioccolata calda è dolce e buona

Page 107
Attività di lettura (*Edexcel - H - Section A*) Reading task
a. Donatella; b. Piero; c. Anna; d. Camilla; e. She does a lot of physical activity: she goes to the gym and jogs; f. He should do some sport
Attività d'ascolto (*Edexcel - H - Section B*) Listening task
(i) D; (ii) A; (iii) D; (iv) A

Page 108
Grammatica: mi, ti, ci

Page 109
1 1. le; 2. Gli; 3. vi; 4. ti; 5. vi; 6. mi; 7. mi; 8. le; 9. mi/ci; 10. mi/ci; 11. mi/ci; 12. vi, ci; 13. Gli; 14. Ti, mi; 15. Gli

LIFESTYLE

Pages 109 and 110
2 1. Per avere qualche consiglio per dimagrire un po'; 2. Dice che stare a dieta fa male alla salute; 3. Non si sente molto bene perché è sempre stanca e debole e qualche volta ha una fame terribile; 4. Di non mangiare spuntini fuori dai pasti e di fare un po' di attività fisica. Di consultare un medico o un dietologo (prima di cominciare a fare la dieta) e soprattutto di non prendere farmaci che non conosce e che possono avere effetti collaterali; 5. Altrimenti Valeria si sente stanca e stressata

Pages 111 and 112
3 2. Lei ha mal di stomaco/pancia; 3. Lei ha mal di denti; 4. Lui ha il raffreddore; 5. Lui ha la febbre; 6. Lei ha l'influenza
4 1. influenza, medicina/farmaco; 2. male; 3. dieta; 4. mi sono tagliato/a; 5. mal; 6. dolore; 7. denti; 8. dottore/medico/dietologo; 9. pancia/stomaco; 10. perdere; 11. ospedale; 12. febbre; 13. effetti; 14. oculista; 15. ingrassare
5 **Fa bene (alla salute):** avere molti interessi, stare con gli amici, rilassarsi, mangiare frutta e verdura, passeggiare, lo yoga, divertirsi; **Fa male (alla salute):** lo stress, le bevande

Preparazione al NEW
GCSE in Italian

alcoliche, lavorare troppo, mangiare molti cibi grassi, annoiarsi, stare troppo da soli, arrabbiarsi

Page 113

6 *Frasi possibili*: Mentre fare attività fisica fa bene alla salute, fumare fa male./Fare attività fisica fa bene alla salute, mentre/invece fumare fa male; Mentre avere molti interessi fa bene alla salute, annoiarsi fa male./Avere molti interessi fa bene alla salute, mentre/invece annoiarsi fa male; Mentre stare con gli amici fa bene alla salute, stare troppo da soli fa male./Stare con gli amici fa bene alla salute, mentre/invece stare troppo da soli fa male; Mentre rilassarsi fa bene alla salute, lavorare troppo fa male./Rilassarsi fa bene alla salute, mentre/invece lavorare troppo fa male; Mentre mangiare frutta e verdura fa bene alla salute, mangiare molti cibi grassi fa male./Mangiare frutta e verdura fa bene alla salute, mentre/invece mangiare molti cibi grassi fa male; Mentre lo yoga fa bene alla salute, arrabbiarsi fa male./Lo yoga fa bene alla salute, mentre/invece arrabbiarsi fa male

e mangia, *non* prendere, dormi

Page 116

9 2. b; 3. f; 4. a; 5. c; 6. d; 7. i; 8. g; 9. h; 10. l

Page 119

Attività di lettura (*AQA - H - Section A*) Reading task
1. She's got a tumour and she is going through chemotherapy. He thinks that she is too young and strong not to make it; 2. That Beatrice doesn't want to see anybody. She's very tired and worn out from being sick. She doesn't feel like talking; 3. He feels happy and tired

Page 120

Attività d'ascolto (*AQA - H - Section B*) Listening task
1. Va in palestra e fa lunghe passeggiate; 2. Molta frutta e molta verdura. Mangia anche dolci e beve bibite

Page 122

1 1. Va'/Vai dal dottore; 2. Parlate in italiano durante la lezione; 3. Non uscire questa sera; 4. Mangiamo a casa; 5. Pulisci la casa; 6. Non tornate tardi; 7. Non fumare; 8. Cominciamo una dieta; 9. Leggi questo libro; 10. Non mangiare troppa carne

2 1. fa'/fai; 2. prendete; 3. Andiamo; 4. scrivi; 5. Dormiamo; 6. essere; 7. lavorate; 8. compra; 9. stare; 10. Prendiamo

Page 123

3 1. invitala; 2. non telefonargli/non gli telefonare; 3. leggilo; 4. telefoniamogli; 5. rispondile; 6. prendiamole/prendetele

4 1. Non andare in quel ristorante. È caro e il cibo non è buono; 2. Chiamalo adesso, per favore; 3. Telefonami quando arrivi a casa, per favore; 4. Non essere così maleducato con i tuoi amici; 5. Leggi il messaggio e poi dimmi la tua opinione; 6. Compra del pane per la cena; 7. Pranza con me oggi. Mi sento triste; 8. Riposa(ti) e non guardare la TV; 9. Parla in italiano durante la lezione; 10. Porta delle bibite alla festa stasera

FASHION

Page 125

2 1. b; 2. a; 3. c; 4. b; 5. a; 6. a

Pages 126 and 127

b 1. cotone; 2. camicia; 3. pantaloni; 4. sciarpa; 5. jeans; 6. scarpe; 7. paio; 8. cappello; 9. stivali; 10. cuoio

Pages 128 and 129

3 1. abbigliamento; 2. numero; 3. guanti, cappotto; 4. taglia; 5. strette; 6. elegante/classico; 7. larghi/grandi/lunghi; 8. paio; 9. casual; 10. tuta; 11. stilista; 12. porta/indossa/compra/acquista

4 *Risposte possibili*: 1. *Roberto* indossa un paio di scarpe da ginnastica, un paio di jeans, una camicia bianca, una cravatta nera e un cappello nero; 2. *Francesca* indossa un vestito elegante chiaro e porta una borsetta della stessa tonalità; 3. *Fabrizio* indossa una giacca, un maglione nero e un paio di jeans; 4. *Federica* indossa un paio di sandali, un paio di pantaloni grigio scuro e una blusa grigio chiaro; 5. *Marco* indossa un paio di scarpe nere classiche, un paio di jeans e un giubbotto nero di pelle; 6. *Giovanna* indossa un giacchetto di jeans, un paio di guanti bianchi e un berretto di lana colorato

Page 131

5 1. duecentocinquanta; 2. ottantasei; 3. settantaquattro; 4. diciotto; 5. centotrentatré; 5. quarantadue

Page 136

Attività di lettura (*Edexcel - H - Section B*) Reading task
(i) B; (ii) D; (iii) B; (iv) A; (v) B

Page 137

Attività d'ascolto (*Edexcel - H - Section A*) Listening task
a. colore; b. scontrino; c. taglia; d. maglione

Page 138

1 1. I pantaloni di velluto sono più grandi/larghi dei pantaloni jeans./I pantaloni jeans sono più piccoli/stretti dei pantaloni di velluto; 2. La maglietta è più economica della camicia./La camicia è più cara/costosa della maglietta./La maglietta è meno cara/costosa della camicia; 3. Gli stivali sono più grandi delle scarpe con i tacchi./Le scarpe con i tacchi sono più piccole degli stivali; 4. La camicia di cotone costa come/quanto il maglione di lana; 5. La giacca a scacchi è più piccola/stretta della giacca a righe./La giacca a righe è più grande/larga della giacca a scacchi; 6. Il vestito azzurro è più economico del vestito verde./Il vestito verde è più caro/costoso del vestito azzurro./Il vestito azzurro è meno caro/costoso del vestito verde

Chapter 3 - *Holidays and Geography*
HOLIDAYS, EXCURSIONS AND ACCOMMODATION

Pages 139 and 140

2 1. Fiona è andata in vacanza in Italia il mese scorso con la sua famiglia; 2. È partita da Londra in aereo/con l'aereo; 3. A Roma ha visitato i musei, le chiese, le piazze e tutti gli altri monumenti importanti. Ha girato per la città in autobus, in tram e in metrò e ha fatto anche lunghe passeggiate a piedi; 4. È andata a Firenze in/con il treno; 5. Ha visitato anche Venezia e Milano; 6. È tornata a Londra il 20 agosto

Page 141

b 2. treno; 3. aereo; 4. metrò; 6. bicicletta; 7. autobus; 8. motocicletta; 10. taxi; 11. tram

Page 142

c 1. aprile; 2. agosto; 3. ottobre; 4. dicembre

Pages 143 and 144

d a. Ferragosto; b. Natale; c. Pasqua; e. Capodanno

3 1. aereo; 2. gita; 3. mare; 4. Natale; 5. inverno; 6. macchina; 7. prenotare, camera; 8. primavera; 9. nave/traghetto; 10. bagagli; 11. metrò; 12. autunno; 13. Passo/Trascorro; 14. ho visitato; 15. ostello

Page 147

f 1. e; 2. b; 3. d; 4. f; 5. c; 6. a

Page 148

h 2. l; 3. d; 4. b; 5. i; 6. e; 7. m; 8. h; 9. g; 10. f; 11. n; 12. c

Page 150

i 2. h; 3. g; 4. b; 5. e; 6. f; 7. i; 8. l; 9. c; 10. d

Page 152

m italiana, spagnolo, inglese, australiane, giapponesi

Pages 155 and 156

Attività di lettura (*Edexcel - H - Section B*) Reading task
a. La macchina; b. In Italia; c. Il mangiare; d. È maggiore; e. Motivi economici, di studio o di lavoro, ragioni famigliari e di salute

Attività d'ascolto (*Edexcel - H - Section A*) Listening task
a. luglio; b. discoteca; c. mese; d. monumenti; e. tornata

Page 157

1 1. a, in; 2. a; 3. di; 4. a, a; 5. a, in; 6. in, al, in; 7. da; 8. a, da; 9. al, in; 10. per l'

HOUSES AND PUBLIC PLACES

Pages 158 and 159

2 1. A; 2. B; 3. B; 4. A; 5. C; 6. C

Chiavi degli esercizi/Keys to the exercises

Page 160
b 2. cucina; 3. salotto/soggiorno; 5. bagno; 8. cameretta/camera per ragazzi; 12. balcone
Pages 161 and 162
3 1. abito; 2. camere, salotto/soggiorno; 3. riscaldamento; 4. affitto; 5. cucina/salotto/soggiorno; 6. periferia; 7. edificio/condominio/palazzo; 8. grande/spaziosa; 9. bagno; 10. quartiere; 11. garage; 12. abbiamo arredato
c 8, 9, 6, 14, 12, 11, 16, 17, 2, 19, 27, 24, 28, 26, 23, 4, 22, 15, 7
Page 164
5 *Risposte possibili*: 1. Il letto è a destra dell'armadio, di fronte alla finestra; 2. Il tappeto è davanti al letto; 3. I libri sono sulla libreria; 4. La scrivania è davanti alla sedia a fianco della libreria; 5. La sedia è a fianco della libreria fra la scrivania e la finestra; 6. L'armadio è a destra della libreria; 7. La cassettiera è sotto la libreria, a fianco della scrivania vicino alla finestra; 8. Il computer è sulla scrivania accanto alla libreria davanti alla sedia e alla finestra
Page 170
Attività di lettura (AQA – H – Section A) Reading task
B, C, F, G, J
Attività di ascolto (AQA – H – Section B) Listening task
1. Ha visitato i monumenti, le piazze e i musei più importanti; 2. Tre camere da letto, due bagni, un soggiorno, una sala da pranzo e uno studio
Page 171
Grammatica: all', alla, dell', della, nella, sulla
1 1. allo; 2. del; 3. sulla; 4. al; 5. alla; 6. sul; 7. nel; 8. nell'; 9. sulla, dello; 10. del
2 1. sul; 2. dell'; 3. sul; 4. dell', al; 5. nel; 6. all'; 7. alla, del; 8. nella; 9. sulla; 10. della
GEOGRAPHY AND THE ENVIRONMENT
Page 172
2 Vero: 1, 4, 6, 7; Falso: 2, 3, 5, 8
Page 173
b 2. h; 3. e; 4. d; 5. b; 6. f; 7. g; 8. c
Pages 174 and 175
c 1. lupo; 2. volpe; 3. lepre; 4. aquila; 5. orso; 6. cervo; 7. falco; 8. lince
3 1. verde; 2. isola; 3. alberi/animali; 4. cane; 5. Parco; 6. fiume; 7. selvatici; 8. mari; 9. uccelli; 10. natura, raccolta; 11. costa; 12. contea; 13. inquinamento; 14. paesaggi
Page 177
4 1. La Lombardia confina a nord con la Svizzera, a est con il Trentino-Alto Adige e il Veneto, a sud con l'Emilia-Romagna e a ovest con il Piemonte; 2. La Puglia confina a nord con il Molise e a ovest con la Campania e la Basilicata; 3. Il Lazio confina a nord con la Toscana, a est con l'Umbria, l'Abruzzo e il Molise e a sud con la Campania; 4. Il Molise confina a nord con l'Abruzzo, a sud con la Puglia e la Campania e a ovest con il Lazio; 5. L'Emilia-Romagna confina a nord con la Lombardia e il Veneto, a sud con le Marche e la Toscana e a ovest con la Liguria; 6. Il Piemonte confina a nord con la Svizzera, a est con la Lombardia, a sud con la Liguria e a ovest con la Valle d'Aosta e la Francia; 7. Il Veneto confina a nord con l'Austria, a est con il Friuli-Venezia Giulia, a sud con l'Emilia-Romagna e a ovest con il Trentino-Alto Adige e la Lombardia; 8. La Basilicata confina a nord con la Puglia, a sud con la Calabria e a ovest con la Campania
Page 179
5 1. Sono operatore ecologico, cioè pulisco le strade e raccolgo i rifiuti; 2. Ci sono alcuni mammiferi selvatici, cioè il cervo, la lince e il lupo; 3. È in Abruzzo, cioè nell'Italia centrale; 4. Preferisco la Toscana, vale a dire una regione molto verde e con molta cultura; 5. Si trova fra Verona e Brescia, ovvero al nord; 6. Faccio la raccolta differenziata, vale a dire che separo i rifiuti e li butto in contenitori differenti

Page 180
h 2. nevica; 3. fa caldo; 4. fa freddo; 5. c'è/tira vento; 6. c'è la nebbia; 7. c'è il sole
Page 186
Attività di lettura (AQA – H – Section B) Reading task
Vantaggi: I bambini potranno giocare all'aperto; Tutti potranno passeggiare tranquillamente nelle aree pedonali; Saranno piantati nuovi alberi ai lati delle strade per rendere migliore la qualità dell'aria
Svantaggi: I cittadini dovranno pagare molte tasse; Chi usa la macchina dovrà fare un percorso molto più lungo per andare in un posto; I rami degli alberi possono crescere troppo ed entrare dentro le case; Molti cittadini avranno difficoltà a realizzare la raccolta differenziata senza un'adeguata informazione
Page 187
Attività d'ascolto (AQA – H – Section B) Listening Task
1. Piantare più alberi; 2. Prendere sempre i mezzi pubblici; 3. Fare la raccolta differenziata; 4. Diminuire il consumo di energia elettrica
Attività di scrittura (AQA – H – Translation) Writing task
Io e la mia famiglia facciamo molte cose per proteggere l'ambiente perché siamo molto preoccupati per l'inquinamento. Per esempio, risparmiamo energia ed elettricità spegnendo le luci quando usciamo da una stanza e ricicliamo anche i rifiuti. Inoltre usiamo i mezzi pubblici invece di guidare/prendere la macchina e ogni tanto piantiamo un albero nel nostro giardino
Page 188
Grammatica: alcune, certe, diversi
Pages 189 and 190
1 1. molta/tanta/parecchia; 2. pochi; 3. qualche; 4. alcuna/nessuna; 5. Alcuni/Pochi; 6. Alcune/Certe; 7. altri/molti/tanti/parecchi/diversi; 8. troppa; 9. molte/tante/parecchie; 10. molto/tanto; 11. molti/tanti/parecchi; 12. poche
2 1. Di solito quando vado al pub bevo poche birre; 2. Molti/Tanti/Parecchi italiani vengono a Londra a lavorare ogni anno; 3. Alcuni giorni fa/Qualche giorno fa sono andato/a al cinema; 4. Loro bevono troppo caffè; 5. Ho letto diversi libri di Charles Dickens; 6. Non abbiamo nessuna macchina perché preferiamo prendere l'autobus; 7. Vado a scuola ogni giorno/tutti i giorni; 8. Tu fumi troppe sigarette; 9. Noi abbiamo molti/tanti/parecchi amici; 10. Non ho bevuto nessun caffè oggi

Chapter 4 – *Education and Work*
SCHOOL AND UNIVERSITY
Page 192
2 1. Linda ha preso 7 all'interrogazione di Storia; 2. Daniele ha preso 6 al compito di Letteratura; 3. Daniele è bravo nelle materie scientifiche: Matematica, Chimica, Fisica e Scienze; 4. Linda va bene nelle materie umanistiche: Letteratura e Storia; 5. A Linda piacerebbe studiare Lettere all'università; 6. Daniele vorrebbe studiare Chimica all'università; 7. Franco è preoccupato perché ha l'insufficienza in varie materie e la sua condotta non è buona e se continua così, lo boccerano; 8. Gli consiglia di studiare di più, fare sempre i compiti, stare attento durante la lezione e comportarsi bene; 9. Gli consiglia di stare più tempo sui libri e impegnarsi molto invece di giocare con il computer o guardare la televisione; 10. Gli propone di studiare tutti insieme a casa sua; 11. Sì; 12. Sì
Page 194
b 2. Matematica; 3. Geografia; 5. Storia; 6. Musica; 7. Educazione fisica; 9. Arte; 10. Letteratura; 11. Italiano
Page 195
c 2. e; 3. h; 4. b; 5. c; 6. d; 7. f; 8. g
d 3. lavagna; 5. banco; 6. quaderno; 7. penna; 8. libro
Page 196
3 1. facoltà, Medicina; 2. materia; 3. ho preso; 4. cestino; 5. penna; 6. università; 7. insegnante/professoressa; 8. legge-

Preparazione al NEW
GCSE in Italian

re; 9. lavagna; 10. si impegna; 11. umanistiche, Matematica/Scienze; 12. si comporta; 13. imparare; 14. voti; 15. attento/a

Page 200

7 1. Alessandro studia molto, dunque/quindi è un bravo studente; 2. Secondo me, Matematica è una materia abbastanza difficile; 3. Ieri abbiamo letto un po' del romanzo durante la lezione; 4. Non sono riuscito a capire molto di quel tema; 5. Ho solo un'ora di Chimica alla settimana; 6. Non mi piace affatto prendere appunti

Pages 204 and 205

Attività di lettura (Edexcel - H - Section B) Reading task
(i) A; (ii) C; (iii) C; (iv) C; (v) A

Attività d'ascolto (Edexcel - H - Section B) Listening task
(i) B, D; (ii) D, E

Page 206

1 1. vorrei; 2. potresti; 3. andrei; 4. andresti; 5. piacerebbe; 6. Dovresti; 7. visiterei; 8. guadagnerei; 9. sarebbe; 10. mi accompagneresti

2 1. Non dovresti lavorare troppo; 2. Mamma, potresti aiutarmi con gli esercizi di italiano?; 3. Al posto tuo, andrei a Firenze; 4. Con una casa come quella, organizzerei feste ogni settimana; 5. Franco dovrebbe studiare di più; 6. Francesca, andresti a prendermi un po' d'acqua, per favore?

WORK AND EMPLOYMENT

Page 207

2 Vero: 3, 4, 6, 7, 8; **Falso:** 1, 2, 5

Pages 208 and 209

b 2. conducente/autista; 3. commessa; 4. architetto; 6. cameriere; 7. veterinario; 8. giornalista; 10. medico; 12. meccanico; 13. insegnante; 14. cuoco; 16. segretaria; 18. attore

Pages 210 and 211

c 2. f; 3. e; 4. b; 5. h; 6. c; 7. d; 8. g

3 1. officina, cuoco; 2. lavoro, Sono; 3. pensione; 4. offerta; 5. grado; 6. fa; 7. ufficio; 8. impresa/ditta/azienda/casa; 9. guadagna; 10. contratto; 11. ristorante; 12. requisiti; 13. ferie; 14. curriculum; 15. operaio/a

Page 212

4 *Frasi possibili*: 1. Oltre all'italiano, posso parlare lo spagnolo./Sono in grado non solo di parlare l'italiano, ma anche lo spagnolo; 2. Non solo ho esperienza nel campo turistico, ma anche nel campo finanziario; 3. Oltre a Word, posso usare Excel./Sono in grado non solo di usare Word, ma anche Excel; 4. Non solo sono calmo/a ma anche laborioso/a; 5. Non solo ho esperienza nel ramo della scuola, ma anche nel ramo dell'università; 6. Oltre all'inglese, posso parlare il francese./Sono in grado non solo di parlare l'inglese, ma anche il francese

Page 214

7 *Frasi possibili*: 1. Sto per fare una telefonata; 2. Sto per fare una riunione; 3. Sto per mandare/spedire/inviare un fax; 4. Sto per servire i clienti; 5. Sto per fare un colloquio di lavoro; 6. Sto per cucinare

Page 218

Attività di lettura (AQA - H - Section B) Reading task
1. E; 2. B; 3. C; 4. Master professionale; 5. Sì, ha lavorato come programmatore per la ditta *Elettrotech* di Modena e ha fatto il consulente informatico alla *IT Business* di Reggio Emilia; 6. Sa usare tutto il pacchetto Office e conosce vari programmi come Java, JavaScript, Php, Perl, Visual Basic, Ruby, C++ e Python; 7. Ha un'ottima conoscenza dell'inglese, che ha potuto perfezionare durante il programma Erasmus a Londra dove ha fatto un corso di preparazione per l'esame di certificazione IELTS; 8. Spagnolo e francese; 9. Dice di essere una persona responsabile e laboriosa, sempre attenta alle esigenze dell'impresa e capace di avere delle relazioni professionali basate sulla collaborazione e il massimo rispetto; 10. Il CV e i suoi titoli di studio

Page 219

Attività di ascolto (AQA - H - Section B) Listening task
1. B; 2. C

Page 220

1 1. sta facendo; 2. stavo studiando; 3. stanno lavorando; 4. sta andando; 5. stavamo tornando; 6. stai facendo, Sto scrivendo; 7. stavano giocando; 8. stiamo facendo; 9. stavo dormendo; 10. stai guardando, sto ascoltando

2 1. "Cosa stai facendo?" "Sto facendo colazione."; 2. Sto per uscire; 3. Stavo per fare/farmi la doccia quando Filippo mi ha chiamato; 4. Stiamo per cominciare l'università; 5. Franco stava bevendo un bicchiere di vino in quel momento; 6. Alessandro sta per finire l'esame; 7. Stavo studiando Letteratura italiana quando Gino mi ha telefonato per dirmi che dovevo fare il colloquio di lavoro; 8. Stavano per andare via quando li ho fermati; 9. A quest'ora ieri stavamo dormendo; 10. Stavo per scrivere la domanda di lavoro quando è arrivato Marco

FAMILY

Page 221

2 Sì: 1, 2, 5, 6, 8; **No:** 3, 4, 7

Page 222

b 1. madre; 2. padre; 3. moglie; 4. marito; 5. genitori; 6. figli; 7. figlio; 8. fratello; 9. sorella; 10. cugini; 11. zio; 12. zia; 13. nipote; 14. nipote; 15. nonni

Page 223

3 1. convivono; 2. genitori, padre; 3. sorella; 4. aspetta; 5. single/celibe; 6. si sposano/si sposeranno; 7. nonni; 8. cugini; 9. divorziare/separarsi; 10. fratello

Page 226

4 *Risposte possibili*: 1. è giovane, carino, bello. Ha i capelli castani e la barba; 2. è giovane, bella, magra con i capelli lunghi, ricci e biondi; 3. è basso, vecchio/anziano, ha i capelli bianchi e la barba; 4. è giovane, bello, magro e ha i capelli neri e ricci; 5. è bella, con i capelli lisci e lunghi; 6. è giovane e calvo; 7. è un po' vecchio/anziano/non è tanto giovane. Ha i baffi e i capelli corti e bianchi; 8. è giovane e molto bella. Ha i capelli lunghi e mossi

Page 228

6 1. buona; 2. simpatico/allegro; 3. educata; 4. maleducato; 5. ambiziosa; 6. triste; 7. generosi; 8. pigro; 9. timida; 10. intelligente

Page 233

Attività di lettura (Edexcel - H - Section B) Reading task
a. Paola; b. Fabiana; c. Alessio; d. Cristiano; e. Paola

Page 234

Attività d'ascolto (Edexcel - H - Section B) Listening Task
(i) D; (ii) D, (iii) C

Grammatica: *il* mio *maestro, la* mia *casa, i* miei *genitori, i* tuoi *amici, le* mie *scarpe*

Pages 235 and 236

1 1. la mia; 2. la mia; 3. Sua; 4. Mio; 5. tua; 6. le sue; 7. Mio; 8. il tuo; 9. sua; 10. tua

2 1. Le mie; 2. Mia; 3. mio; 4. Le mie; 5. Il tuo; 6. I miei; 7. la mia; 8. tua; 9. Mio; 10. I miei

3 1. Il nostro gatto è molto bello; 2. La mia casa è piccola; 3. La vostra famiglia è numerosa; 4. Il mio computer è nuovo; 5. Il loro appartamento è molto elegante; 6. La mia fidanzata è educata e gentile

Attività di scrittura (Edexcel - H - Translation) Writing task
Abito con la mia famiglia in un appartamento a Solihull vicino a Birmingham. Mio padre è dottore e lavora in un ospedale. Si chiama Anthony, ha 48 anni, è alto e ha i capelli corti e grigi. Mia madre è insegnante e lavora in una scuola dal lunedì al venerdì. Lei insegna Inglese. Si chiama Lucy, è bella e ha i capelli lunghi e neri. Mia sorella studia Lingue Straniere all'Università di Birmingham. Si chiama Fionna, è bassa, ha gli occhi azzurri e i capelli biondi e ricci

Chiavi degli esercizi/Keys to the exercises

Introduzione al Congiuntivo
Page 238
2 1. Perché per il GCSE in Italian deve studiare anche il congiuntivo che è difficile da imparare; 2. Pensa che sia indispensabile; 3. Perché deve studiare tutta la coniugazione del congiuntivo, fare tutti gli altri compiti e finire di leggere *Hamlet*; 4. Non può andare al cinema con le amiche; 5. Pensa che lo sappia già perché l'ha usato sempre correttamente
Pages 239 and 240
1 1. abiti; 2. arrivino; 3. siate; 4. dica; 5. studino; 6. faccia; 7. puliamo; 8. lavori; 9. vada; 10. torniate; 11. faccia; 12. parlino; 13. sia; 14. scriva; 15. piova; 16. voglia; 17. debba; 18. possano; 19. finisca; 20. veniate

2 1. Spero che tu stia/voi stiate bene; 2. Non sono sicuro/a che lui lavori per questa ditta/compagnia/impresa/azienda; 3. Paolo pensa/crede che io abbia 25 anni; 4. Ho paura/Temo che il mio computer non funzioni bene; 5. Penso/Credo che Monica sia una ragazza intelligente; 6. Mi fa piacere che tu voglia/voi vogliate imparare l'italiano; 7. È necessario che Marco e Davide vengano presto/subito; 8. È possibile/probabile che l'insegnante sia arrabbiato/a oggi; 9. Voglio che tu vada/voi andiate subito/immediatamente a casa; 10. È necessario che tu faccia/voi facciate i compiti; 11. Temiamo che loro siano in ritardo; 12. Non mi piace che a volte tu sia così maleducato/a

Prove AQA
Paper 1 - Listening - Higher Tier
Page 243
1. Easter/Visiting the monuments; 2. This summer/To climb the Etna Volcano; 3. She did nothing interesting. She stayed at home studying. She didn't have access to the Internet
Page 244
4. salary: P, working hours: N; 5. location: P+N, duties: P+N
Page 245
6. B; 7. B; 8. C
Page 246
9. He listens to loud music and takes his CDs without asking; 10. She always gets high marks/grades at school even though she doesn't study much. She's only 16 and she can speak three foreign languages well; 11. Because they are very generous and kind to him. If he has any problems, they are always ready to listen and help
Page 247
12. A; 13. B; 14. B
Page 248
15. cut down on sweets; 16. she's vegetarian; 17. eat pasta, fruit and vegetables
Page 249
18. **At school:** pay attention, take notes and ask questions / **At home:** do the homework, study constantly and organise material for the following day; 19. Read a little more to increase vocabulary and knowledge / Ask schoolmates or the teacher for help / Come to school rested in order to be able to concentrate
Page 250
20. E; 21. A; 22. D
Page 251
23. When did you decide to become a director?; 24. At the beginning of your career, what were your biggest obstacles?; 25. What did you think when your second film got to the top of the charts?; 26. (Can you tell us) What your next film is about?
Page 252
27. A; 28. A; 29. C; 30. A
Page 253
31. A, B; 32. C, D; 33. it's necessary to reduce lesson time and increase break time so that students can socialise in the school cafeteria or in the gym / teachers should assign students less tasks (homework) so that they can have more time to play videogames or go out with friends
Page 254
34. A; 35. D
36. 1. Le piace molto la Matematica; 2. È una facoltà che permette di trovare facilmente un buon lavoro
Page 255
37. B, C; 38. A, D
Page 256
39. Cereali, frutta, verdura e altri cibi sani; 40. Beve pochi caffè (due tre tazzine al giorno) e cerca di lavorare di meno
Paper 2 - Reading - Higher Tier
Page 268
1 1. E; 2. A; 3. H; 4. D
Page 269
2 1. Sad; 2. As something funny and boring; 3. He will be able to be horrible to everybody, take revenge on those who weren't good to him
Page 270
3 B, D, E, F, I
Pages 271 and 272
4 1. Smartphones; 2. Tests/Exams; 3. 1. Lorella / 2. Giorgio; 4. Even if you get a low/bad mark/grade, at least you have learnt something useful
Page 273
5 1. F; 2. H; 3. A; 4. E; 5. D
Page 274
6 C, D, F, H
Page 275
7 Comment: 3 / It's not about sports
Page 277
8 1. A, E, F; 2. He will write about his thoughts and about what happens to him; 3. His sisters; 4. They write
Page 278
9 1. futuro; 2. presente; 3. passato; 4. futuro; 5. passato
Page 279
10 1. A; 2. E; 3. D
Pages 280 and 281
11 1. E; 2. B; 3. C; 4. Sì, in un piccolo paese del Sud, mentre lui viene da Milano, una città del Nord; 5. Sì, lui sentiva che aveva vocazione per l'insegnamento; 6. Molti alunni non andavano alle lezioni, i compagni di scuola litigavano sempre e nessuno di loro voleva ascoltare le sue lezioni. Il professor Pietralata si sentiva demotivato e senza voglia di continuare; 7. Con l'aiuto e i consigli della maestra Bianchi, il maestro Pietralata ha potuto migliorare il rendimento degli studenti; 8. Stanco ma soddisfatto del suo lavoro; 9. Tutti gli studenti sono diventati bravi e sono stati promossi; 10. Il maestro Pietralata ha ricevuto la notizia che doveva tornare al Nord
Page 282
12 Last summer I went on vacation/holiday for two weeks to the seaside/beach with my family. During the day, I did many interesting things: I sunbathed on the beach, swam, played volleyball or took long walks. At night I went to the restaurant with my family. Sometimes I also went to a nightclub, where I met very nice fun people. Next year I think I will go on vacation/holiday to the mountains, maybe to the Alps.
Paper 4 - Writing - Higher Tier
Page 288
3 In estate io e la mia famiglia di solito andiamo in vacanza al mare. L'anno scorso siamo andati in una piccola isola italiana. È stato fantastico. Ho nuotato, ho fatto sport, sono andato/a al ristorante e ho fatto molte altre cose. La prossima settimana è Natale e vorrei andare in montagna, ma purtroppo mio fratello non sta bene e staremo/resteremo/rimarremo a casa.

Preparazione al NEW GCSE in Italian

Prove EDEXCEL
Paper 1 - *Listening and understanding in Italian - Higher Tier*
Page 3
1 a. primavera; b. cugino; c. facile; d. libero; e. mesi
Page 4
2 a. veloce; b. efficiente; c. impermeabile; d. gratis; efficiente
Pages 5 and 6
3 (i) B; (ii) A; (iii) A; (iv) C
Page 7
4 A, D, F
Page 8
5 (i) C; (ii) B; (iii) B
Page 9
6 *Risposte possibili*: a. For studying a lot/For good attendance (during the school year); b. That a new important phase of their lives is about to start, in which they will face new challenges. He also hopes that the years spent at the school have been beneficial in helping them grow and learn useful things for their future; c. Performances by bands, theatrical performances and a final raffle; d. An all inclusive study trip to London
Pages 10 and 11
7 *Risposte possibili*: a. Fashion items worn by celebrities are very expensive and parents cannot afford to spend a lot of money to satisfy their children's requests./Young people who follow fashion are no longer able to express their individuality./There can be peer pressure about to follow a certain fashion./Young girls might get anorexic if trying to be like thin models; b. Parents should listen to their children and tell them that fashion does not have any positive effect on their lives and teachers should make students understand that clothing does not define personality; c. They can cause young people to become anxious and depressed when they no longer like them
Page 12
8 (i) D; (ii) A; (iii) C; (iv) D; (v) C; (vi) C
Page 13
9 *Risposte possibili*: a. (i) Teenage girls aged between 15 and 17 years who already play in official local football teams in the area of Ferrara; (ii) Via information leaflets and stands with medical staff outside the stadium; (iii) The participants were adult male professional footballers. There were no medical staff outside the stadium; b. (i) One needs to go to the Spal web site and fill in a form, and also pay 20 euros by credit card or Paypal. Those who don't have access to the Internet can either call one of the offices or go to the headquarters of the team and talk to an employee; (ii) A football and a basketball tournament together with Caterina Sarmenti, both linked to a special raffle
Page 14
10 (i) A, C; (ii) A, C
Paper 3 - *Reading and understanding in Italian - Higher Tier*
Page 61
1 *Risposte possibili*: a. People celebrate by wearing costumes in the streets of Venice, and by watching parades, small plays or music shows; b. The Flight of the Angel (Volo dell'Angelo) marks the opening of the celebration, there are shows, parades and other traditional ceremonies on the stage; c. About two weeks
Page 62
2 *Risposte possibili*: a. That they want to keep getting richer while making the poor ever poorer, ignorant and humiliated. She also thinks that the rich profit from war; b. For fear of being wrong, ridiculed or not getting food each day; c. That the situation wasn't fair, the world needed to be changed, war needed to be stopped, that everybody needs to have food and everything else, the right to have fun, be happy etc.; d. They had chosen the most evil people, namely the Germans, as friends and had brought them to Italy
Page 63
3 *Risposte possibili*: a. Matteo; b. Franco; c. Because he doesn't like studying and he would also like to earn some money to be independent; d. They were both very happy; e. Foreign Languages
Pages 64 and 65
4 (i) B; (ii) A; (iii) D; (iv) B; (v) D
Pages 66 and 67
5 *Risposte possibili*: a. Francesco; b. Michele; c. Roberta; d. Carla; e. Because it allows them to learn English well; f. Experience and connections
Pages 68 and 69
6 *Risposte possibili*: a. C, D, E; b. Because of its history, art and surrounding natural landscapes; c. By taking the bus from the nearby railway stations of Cecina and Pontedera. By car, by travelling along the road from Colle Val d'Elsa
Pages 70 and 71
7 (i) A; (ii) C; (iii) B; (iv) C; (v) C
Page 72
8 a. Inter; b. Inter; c. Milan; d. Juventus; e. Roma
Page 73
9 *Risposte possibili*: a. Dare informazioni su cosa fare in situazioni di emergenza ai bambini di diverse età; b. Sulla spiegazione/trattazione/descrizione dei concetti teorici più importanti/principali dell'emergenza sanitaria; c. Potranno mettere in pratica/sperimentare i concetti della prima parte del corso con delle tecniche di soccorso; d. Possono fare domande agli istruttori; e. Un attestato/certificato di partecipazione, un DVD con le tecniche di soccorso, un piccolo volume informativo e una maglietta
Page 74
10 In Italy many families sort some materials such as paper, glass and plastics for recycling. Their recycling helps save energy and raw materials. To reduce the traffic, many people go to work by bus, tube, or bike. Nevertheless/However, pollution is still a serious problem, especially in the big cities
Paper 4 - *Writing in Italian - Higher Tier*
Page 81
3 Nel tempo libero faccio molte cose: gioco ai videogiochi, suono la chitarra, leggo (libri) ed esco con i miei amici. Il fine settimana scorso siamo andati a vedere una partita di calcio allo stadio. Dopo sono tornato a casa e ho guardato un po' di televisione con i miei genitori. Secondo me, il tempo libero è molto importante/Secondo me, avere tempo libero è molto importante perché quando gioco con i miei amici, mi sento bene e posso anche imparare tante cose. L'anno prossimo andrò all'università e forse non avrò tanto tempo libero come adesso

Fonti delle fotografie
Pages 14 and 15: https://pinterest.com (*1*), https://wallpapercave.com (*2*), www.imdb.com (*3*), https://pinterest.com (*4*), www.mymovies.it (*5*), https://wall.alphacoders.com (*6*), www.spietati.it (*7*), www.moviemarket.com (*8*), www.hollywoodreporter.com (*9*), www.filmarena-eng.com (*10*), www.starmometer.com (*11*), www.amazon.it (*12*); **Page 17:** www.amazon.com; **Page 18:** www.valecenter.it (*Claudio*), www.imdb.com (*Roberto*), www.mymovies.it (*Nicola*); **Page 21:** www.cubemagazine.it (*Le tre rose di Eva*); **Page 22:** www.ludicer.it (*2*), https://tv.fanpage.it (*5*); **Page 29:** © RCS MediaGroup (*Corriere della Sera*), © GEDI Gruppo Editoriale (*La Stampa, La Repubblica, Panorama*), © Mondadori (*L'Espresso*); **Page 33:** www.justjared.com; **Page 38:** © Google; **Page 47:** www.vibe.com; **Page 61:** © Giulio Enaudi editore (*Io non ho paura*); **Page 62:** www.hungertv.com; **Page 64:** http://picpusdan.free.fr; **Page 179:** www.railbookers.co.uk (*le Alpi*), https://lacittaditeramo.blogspot.com (*gli Appennini*); **Edexcel** (on the Edilingua website) **Pages 51 and 52:** www.workdesign.com; **Pages 57 and 58:** netease.com

EDILINGUA